新形态产教融合
创新能力系列教材

# 新媒体营销与推广

李 月 ◎ 主编　李 珵　刘 文　李洲君 ◎ 副主编

电子工业出版社
Publishing House of Electronics Industry
北京·BEIJING

## 内 容 简 介

本书以新媒体为核心，以营销与推广为根本出发点，从新媒体营销准备、微信营销、社群营销、短视频营销、直播营销、微博营销、App 营销、二维码营销及新媒体写作平台营销 9 个方面进行了全面的讲解，从入门到精通，帮助读者快速掌握新媒体营销的技巧。

本书适合经济管理专业、数字媒体专业的本科院校在校生、高职院校在校生、中职院校经济管理类专业学生和相关教师，以及新媒体运营相关行业的新手。

未经许可，不得以任何方式复制或抄袭本书之部分或全部内容。
版权所有，侵权必究。

图书在版编目（CIP）数据

新媒体营销与推广 / 李月主编. 一北京：电子工业出版社，2023.4
ISBN 978-7-121-45302-1

Ⅰ.①新… Ⅱ.①李… Ⅲ.①网络营销－高等学校－教材 Ⅳ.①F713.365.2

中国国家版本馆 CIP 数据核字（2023）第 051743 号

责任编辑：刘淑敏　　　　　　特约编辑：李松明
印　　刷：三河市兴达印务有限公司
装　　订：三河市兴达印务有限公司
出版发行：电子工业出版社
　　　　　北京市海淀区万寿路 173 信箱　邮编 100036
开　　本：787×1 092　1/16　印张：16.25　字数：415 千字
版　　次：2023 年 4 月第 1 版
印　　次：2023 年 4 月第 1 次印刷
定　　价：59.80 元

凡所购买电子工业出版社图书有缺损问题，请向购书店调换。若书店售缺，请与本社发行部联系，联系及邮购电话：(010) 88254888，88258888。
质量投诉请发邮件至 zlts@phei.com.cn，盗版侵权举报请发邮件至 dbqq@phei.com.cn。
本书咨询联系方式：(010) 88254694。

# 前　言

将新媒体融入营销方式是社会科技进步的必然趋势。随着科技进步与经济的发展，新媒体营销方式的应用给企业带来机遇的同时，也带来了挑战。如何利用互联网、移动应用、手机短视频等一系列在高新科技承载下展现的媒体形态发布内容、与用户互动并最终达到经济变现是所有企业和营销从业者都非常关心的问题。创新营销模式，不仅能为企业节约成本，带来经济效益，还能成功提升产品品牌效应，创造更大的收益。

本书全方位覆盖新媒体营销与推广的相关内容，为读者设计了新媒体营销基础认知、新媒体营销准备、微信营销实战、社群营销实战、短视频营销实战、直播营销认知、微博营销认知和其他新媒体营销实战 8 个项目，完整地介绍了新媒体营销工作的内容。全书通过一个个任务发布与实施，搭建了理论结合实践的课程框架，每个任务均设置了"任务准备""任务实施""任务评价""拓展训练"等栏目，提升读者学习兴趣的同时助其厘清思路，从理解内容到掌握技巧，不断提升自己的实战技能，轻松、快速地做好新媒体营销与推广工作。

本书具有以下特色：

（1）案例支撑，栏目多样。本书以案例为引导，将每章的知识点通过具体案例呈现出来，并设有多个栏目板块，包括任务描述、思政案例导入、拓展练习等内容，让读者在学习每章之前能通过具有代表性的案例了解重难点知识。

（2）注重技巧，应用实战。本书不仅讲解了新媒体营销与推广的理论知识，还注重技巧的传授。通过本书的学习，读者从理解营销内容到掌握营销技巧，不断提升自己的实战技能，轻松、快速地做好新媒体营销与推广的工作，并在实战中得到应用。

（3）配套齐全，资源丰富。本书配有教学课件、微课视频、教学大纲、教学日历、电子教案、课后习题答案、期末试卷及答案等教学资源，选用本书的教师可以登录华信教育资源网（http://hxedu.com.cn）免费获取。

本书由李月老师担任主编，李珵、刘文、李洲君老师担任副主编。具体分工为：李月负责第 1、2、8 章的编写，李珵负责第 3、4 章的编写，刘文负责第 5、6 章的编写，李洲君负责第 7 章的编写。此外，易静老师对本书进行了统稿；隋东旭老师对书稿进行了细致的审读；出版社的编辑们给予了很多宝贵的修改意见；张暮瑶、张可心、杨伊纯、齐仁辉对本书的出版提供了很多帮助，在此一并表示感谢。

由于笔者知识水平有限，书中难免有错误和疏漏之处，恳请广大读者批评、指正！

# 目 录

## 第 1 章 新媒体营销基础认知 ...... 1

### 1.1 认识新媒体 ...... 2
- 1.1.1 新媒体的概念与特征 ...... 5
- 1.1.2 新媒体的类型 ...... 7
- 1.1.3 新媒体的发展趋势 ...... 8

### 1.2 认识新媒体营销 ...... 11
- 1.2.1 新媒体营销的认知 ...... 14
- 1.2.2 新媒体营销的形式 ...... 15
- 1.2.3 新媒体营销的误区 ...... 17

### 1.3 认识新媒体营销的岗位 ...... 19
- 1.3.1 新媒体营销岗位职责 ...... 20
- 1.3.2 新媒体营销岗位技能 ...... 21
- 1.3.3 新媒体营销职业规划 ...... 23

## 第 2 章 新媒体营销准备 ...... 27

### 2.1 新媒体用户认知 ...... 29
- 2.1.1 用户定位 ...... 31
- 2.1.2 用户画像 ...... 33
- 2.1.3 确定用户平台 ...... 36

### 2.2 新媒体内容定位 ...... 38
- 2.2.1 新媒体内容的认知 ...... 40
- 2.2.2 新媒体内容的表现形式 ...... 41
- 2.2.3 新媒体内容定位的流程 ...... 43
- 2.2.4 新媒体内容定位的原则 ...... 46

### 2.3 新媒体图文设计技巧 ...... 48
- 2.3.1 新媒体内容标题设计 ...... 50
- 2.3.2 新媒体图片设计 ...... 52
- 2.3.3 新媒体版式设计 ...... 55

## 第 3 章 微信营销实战 ...... 61

### 3.1 认识微信营销 ...... 63
- 3.1.1 微信营销的认知 ...... 65
- 3.1.2 微信个人号的营销价值 ...... 67
- 3.1.3 微信公众号的营销价值 ...... 68

### 3.2 微信个人号营销推广 ...... 70
- 3.2.1 微信个人号设置 ...... 72
- 3.2.2 微信好友互动 ...... 74
- 3.2.3 朋友圈内容营销 ...... 74

### 3.3 微信公众号营销推广 ...... 80
- 3.3.1 微信公众号设置 ...... 82
- 3.3.2 微信内容写作与推送 ...... 85
- 3.3.3 微信公众号营销活动 ...... 86

### 3.4 微信小程序营销推广 ...... 89
- 3.4.1 微信小程序搜索入口 ...... 92
- 3.4.2 微信小程序活动策划 ...... 98
- 3.4.3 微信小程序推广技巧 ...... 101

## 第 4 章 社群营销实战 ...... 105

### 4.1 社群营销认知 ...... 107
- 4.1.1 社群与社群经济 ...... 109
- 4.1.2 社群营销的概念 ...... 110
- 4.1.3 社群营销的价值 ...... 110

### 4.2 构建社群 ...... 113
- 4.2.1 明确社群对象 ...... 115
- 4.2.2 明确社群结构 ...... 116
- 4.2.3 指定社群规则 ...... 117
- 4.2.4 打造社群对外品牌 ...... 118

4.3 保持社群活跃度……123
  4.3.1 社群讨论……125
  4.3.2 社群分享……125
  4.3.3 社群打卡……126
  4.3.4 社群福利……129
  4.3.5 社群表情包……130
  4.3.6 线下活动……131
4.4 社群营销推广……134
  4.4.1 建设社群营销团队……136
  4.4.2 社群运营绩效评价……137
  4.4.3 社群商业变现……139

## 第5章 短视频营销实战……142

5.1 短视频营销认知……144
  5.1.1 短视频营销的概念……146
  5.1.2 短视频营销的表现形式……150
  5.1.3 短视频营销运营平台……152
5.2 短视频的制作与发布……155
  5.2.1 短视频的策划……156
  5.2.2 短视频的制作流程……158
  5.2.3 短视频的发布……160
5.3 短视频营销与推广……163
  5.3.1 短视频品牌账号的打造……165
  5.3.2 短视频的营销策略……167
  5.3.3 短视频的推广技巧……169

## 第6章 直播营销认知……172

6.1 直播营销认知……174
  6.1.1 直播营销的概念……177
  6.1.2 直播营销的特点……179
  6.1.3 直播营销的种类……180
  6.1.4 直播营销的平台……181
6.2 直播营销策略……183
  6.2.1 直播营销的基本流程……184
  6.2.2 直播营销的活动规划……185
  6.2.3 直播营销脚本策划……187
6.3 直播营销推广……190

  6.3.1 直播营销语言设计……192
  6.3.2 直播方法论……194
  6.3.3 直播间商品销售法……196
  6.3.4 直播间引流互动技巧……197
  6.3.5 直播间数据分析与复盘……198

## 第7章 微博营销认知……201

7.1 微博营销认知……203
  7.1.1 微博营销的概念……204
  7.1.2 微博营销的特点……206
  7.1.3 微博营销的价值……207
7.2 微博内容策划……210
  7.2.1 微博内容创意……212
  7.2.2 微博内容撰写……215
  7.2.3 微博活动设计……218
7.3 微博营销推广……220
  7.3.1 提升微博粉丝量……222
  7.3.2 提升微博活跃度……225
  7.3.3 打造微博营销矩阵……226

## 第8章 其他新媒体营销实战……229

8.1 App营销……231
  8.1.1 App营销的概念……233
  8.1.2 App营销的特点……234
  8.1.3 App的运营模式……235
  8.1.4 App的推广……237
8.2 二维码营销……240
  8.2.1 二维码营销的概念……242
  8.2.2 二维码营销的优势……242
  8.2.3 二维码营销推广……243
  8.2.4 二维码的运营模式……244
8.3 新媒体写作平台营销……247
  8.3.1 新媒体写作平台的类型……249
  8.3.2 新媒体写作平台的
      营销价值……250
  8.3.3 新媒体写作平台的运营……250

**参考文献**……254

# 第 1 章

# 新媒体营销基础认知

　　随着技术发展和人们消费习惯的转变,以报纸、杂志、广播、电视为代表的传统媒体日渐式微,而以 PC 终端和移动终端为代表的新兴信息传播媒体日益兴盛,推动了新媒体信息传播的进一步发展。以数字技术为代表的新媒体,其最大特点是打破了媒介之间的壁垒,消融了地域行政之间,甚至传播者与接收者之间的边界。在此环境下,新媒体营销应运而生。

　　本章介绍了新媒体的基本概念,新媒体的表现形式与发展前景,阐述了新媒体营销的认知与形式,指出了新媒体营销的误区,并系统地分析了新媒体营销岗位的职责和职业规划。旨在帮助初学者和从业人员打好基础,并能联系实际,对新媒体营销发展现状做出自己的判断。

**学习导图**

根据新媒体营销基础知识学习活动顺序,本单元学习任务可以分解为以下 3 个子任务,如图 1-1 所示。

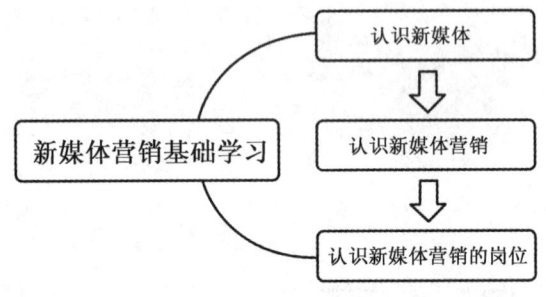

图 1-1　新媒体营销基础学习活动顺序

## 1.1　认识新媒体

 **【任务描述】**

进入互联网时代,人们对信息和文化的需求日益增长,各企业纷纷借助网络平台提升品牌形象,进行产品的营销和推广。技术融合使传媒产业的边界日渐模糊,不断催生出新的商业模式和市场。企业也通过各种新媒体平台(如微信、微博、抖音、小红书等)将产品信息推送给目标大众。那么新媒体是什么?新媒体有哪些表现类型?本任务要求初学者在认识新媒体的过程中,了解新媒体"新"在哪里,掌握新媒体的概念与特征、新媒体的类型,以及新媒体未来的发展趋势。

 **【思政案例导入】**

### 看 600 多岁的故宫如何保鲜

北京故宫博物院是在明朝、清朝两代皇宫及其收藏的基础上建立起来的综合性博物馆,是中国收藏文物最丰富的博物馆,是中国最大的古代文化艺术博物馆之一,是最具中国特色、最让中国人为之骄傲的文化名片之一,是当之无愧的博物馆界 C 位,超级大 IP。

"故宫博物院"微博作为故宫博物院官方微博,主要发布内容包括常设展览和特展信息、文物介绍、故宫景色、故宫壁纸、故宫与人的故事等。2017 年 7 月 1 日,一条"你好,七月"的微博被转发了一万多次。高转发量的原因是配图上蓝白相间的喜鹊吸引了网友们的注意,被称为"穿校服的披发少女"。截至 2021 年 5 月 24 日,故宫博物院微博粉丝数已达 1 016 万。

一直以来,"故宫淘宝"都在以"精分"的状态与大家进行互动,例如,在其官方微博评论区自称"本公",撒得了娇,卖得了萌。这样的互动不仅让用户觉得有趣,也塑造了极强的账号性格，在用户心中留下了深刻印象。

故宫博物院的官方微信公众号是"微故宫"，主要内容以展览介绍和游客服务为主，基本每周更新。而故宫淘宝微信公众号则紧跟社会潮流，延续搞笑风趣的风格，以一个段子手的形象面向大众。

2014年8月1日，故宫淘宝微信公众号刊登了《雍正：感觉自己萌萌哒》，通过数字技术，让《雍正行乐图》"活"了起来，古代与现代相互交融，故宫博物院通过微信这一新媒体平台，不断进行文创产品的创新和升级，让博物馆这个听起来历史感厚重、严肃的场所，也能很好地与年轻人交流。同时，也向年轻人传递了经典的文化、艺术，让年轻人更加喜爱传统文化。在互联网时代的今天，很多爆红于网络上的产品来得快去得也快，因此，故宫不断开发新产品，用新的创意、文案吸引更多年轻人。

2016年8月4日，时尚博主黎贝卡与故宫文化珠宝合作推出的联名款首饰"故宫·猫的异想"系列一上线，在短短20分钟内抢购一空，其中最受欢迎的项链更是一分钟内全部卖完。原计划两小时的预售，提前一小时四十分结束，公众号后台和故宫文化珠宝的微店瞬间涌入大量留言，希望补货："抢到手的都是玩游戏的吗？那么快！""下一次是什么时候？答应我下次准备10 000份好吗！"

故宫此次采用了饥饿营销的策略，前期通过大量广告促销宣传方式，勾起顾客购买欲，然后让用户苦苦等待，结果更加提高了用户购买欲，为未来大量的销售奠定了客户基础，维护了故宫文创的产品形象，并维持了较高的售价和利润率，是一个很成功的营销活动。

故宫从文创产品销售向文化服务提供转型，从线上服务、互动到线下活动的延伸，形成了较为完整全面的、以新媒体产品为首要接触渠道的产业体系。

故宫博物院通过历史改编、组合激发、用户驱动等方面获得了创新的天然素材，让一个个本无语言的文创产品变得活灵活现，并大力发展线下文化创意体验馆，让受众与故宫文化"零距离"接触。同时，通过在不同社交媒介及不同互联网平台上的曝光，让故宫形象不断与消费者相遇，使故宫建立与消费者紧密的品牌关系，传播内容以浓重的体验式营销为主，高度重视与消费者的相互沟通。在这个"网红"盛行的时代，故宫通过互联网的传播，不断成为朋友圈的热点、不断登上热榜头条、不断进行品牌升级。

【案例解读】

国家"十四五"规划明确提出，实施文化产业数字化战略，加快发展新型文化企业、文化业态、文化消费模式，壮大数字创意、网络视听、数字出版、数字娱乐、线上演播等产业。故宫博物院作为一个超级大IP，有着庞大的受众基础和源源不断的流量，发展势头迅猛。目前，故宫文创产品正以民众喜闻乐见的方式发展壮大，并通过新媒体平台，以创新思维将产品营销巧妙地融入现代人的生活中。同时用深厚的文化内涵走向年轻人、走向世界。

【思考问题】

北京故宫博物院通过新媒体平台将相关产品巧妙营销，这种方式是否也适合国内其他类型的消费品？如何能更好地运用线上线下相结合的方式进行营销？

【学习目标】

1. 了解新媒体的概念与特征。
2. 掌握新媒体的表现类型。
3. 熟悉新媒体的发展趋势。
4. 能够将常见的新媒体进行类型划分。

【任务分配】（见表1-1）

本任务为分组任务：学生分组讨论，写下平时关注或使用的新媒体平台，每组20个，对它们进行分类，并简单说明喜欢它们的理由。

表1-1 微信公众号分享任务分配表

| 班级： | | 组号： | | 组名： | |
|---|---|---|---|---|---|
| 角色 | 姓名 | | 学号 | | 任务分工 |
| 组长 | | | | | |
| 组员 | | | | | |
| | | | | | |
| | | | | | |
| | | | | | |
| | | | | | |
| | | | | | |

【任务准备】

引导问题1：什么是新媒体？它有哪些特征？

引导问题2：你习惯使用的新媒体平台有哪些，它们分别属于哪种类型？

【课前导读】

自从2019年起，每年农历新年，苹果公司都会推出一部用最新旗舰iPhone拍摄的短片电影。

2019年，苹果公司携手贾樟柯导演拍摄了贺岁广告《一个桶》。究竟桶里有什么？当路人开始疑惑时，年轻人为大家揭秘了年轻白领拎的水桶中是妈妈装的半桶鸡蛋半桶沙，也是家人的另一种爱。广告采用大众熟悉的桶为切入点，采用戏剧冲突的表述方式，将穿着西装的年轻人与农民工形成强烈的对比。在很大程度上，广告保留了贾樟柯导演洞察社会的风格，又保证了品牌信息的传递，用接地气的内容完成了品牌贺岁档传播的诉求。

2020年，微电影《女儿》上线时也引起了不小的轰动，影片通过对真实事件的改编，讲述了两对母女（三个人）在除夕夜团圆的故事。真实的故事内核加上高级的演绎技巧，让整个内容极具感染力。在整个内容中，以"团圆"为主题，无论是携女儿跑出租车，还是带着女儿喜欢吃的饺子寻找女儿，都彰显了中国人在春节这个节日里追求的团圆。

2021年1月29日，苹果公司的新春贺岁短片如约而至，苹果官方公众号发布了新春贺岁片《阿年》，由2020年金球奖提名最佳外语片《别告诉她》导演王子逸（Lulu Wang）执导，短片借用中国传统文化中的童话故事，讲述了主人公阿婷与年兽相遇并由此展开一段奇幻人生之旅的成长过程，鼓励人们带着好奇心去探索这个世界的未知，究竟山那边有什么，或许只有翻过那座山的人才知道。影片全程使用 iPhone 12 Pro Max 进行拍摄。

不难发现，苹果公司对中国新年的营销主题围绕着"回家""团圆""思念""成长"这几点，而每年的营销内容中，都提取了春节里的元素，从春运、离家到团圆与成长，每个故事都选取了包含节日气息的内容，保证了春节传播视角的独特性。每次短片正式发布前，苹果公司都会在微博、微信等各大社交平台为短片造势发酵，赚足噱头。苹果公司的高流量+导演与演员的知名度+易引起共鸣的情感营销，很容易引起社会的关注，在传达情感内容的同时传达了苹果公司的品牌理念。苹果公司官网在发布短片的同时，各大视频平台也会相继发布，成功地完成了大范围的跨平台传播。

【课堂讨论】

1. 你关注过苹果公司的这几部短片吗？
2. 你有转发这些短片的经历吗？
3. 你习惯使用哪些平台进行转发或分享？
4. 你怎样评价苹果公司的这一系列营销活动？

### 1.1.1 新媒体的概念与特征

"媒体"一词来源于拉丁语 Medius，音译为媒介，意指两者之间。媒体是传播信息的媒介，是人类用来实现信息从信息源传递到受众者的一切技术手段。媒体有两层含义，一是承载信息的物体，二是储存、处理、呈现、传递信息的实体。

**1. 新媒体的概念**

新媒体是相对于传统媒体而言的一种新兴媒体。20世纪60年代，新媒体（New Media）一词由时任美国 CBS（哥伦比亚广播电视公司）技术研究所所长戈尔德马克率先提出，用来特指与传统媒介相区别，基于电波及图像技术的广播电视、电影等新式媒体样态。它们是互动媒介，含双向传播，能将文本、音频、数字视频、互动多媒体、虚拟现实、互联网、聊天功能、手机、计算机和所有涉及计算的媒介结合起来。世界著名杂志《连线》将新媒体定义为"所有人对所有人的传播"。联合国教科文组织认为，新媒体是"以数字技术为基础，以网络媒体为载体进行传播的媒介"。清华大学新媒体研究中心的熊澄宇教授认为，新媒体是"建立在计算机信息处理和互联网基础上，发挥传播功能的媒介总和"。

新媒体是一个相对的概念，被视为新技术的产物，与传统媒体相辅相成，它也是一个时间概念，任何时间节点上都有比较"新"的媒体。在数字化时代，新媒体已经涵盖了几乎所有数字化的媒体形式：大数据、云计算、人工智能、VR、AR、物联网、移动终端等。

狭义上理解，新媒体是一种基于技术进步而产生的媒体形态，如互联网媒体、数字电视、电子阅读器、手机终端等。

广义上理解，新媒体是一种应用于信息传播的载体和形态，向用户提供数据服务、集成信息和娱乐服务。

可以从以下4个方面概括新媒体的内容，如图1-2所示。

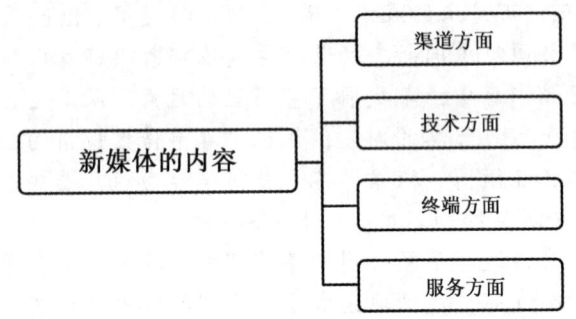

图1-2 新媒体的内容

渠道方面：互联网、宽带局域网、无线通信网和卫星渠道。
技术方面：利用数字技术、网络技术和移动通信技术。
终端方面：主要输出终端为电视、计算机和手机。
服务方面：向用户提供视频、音频、语音数据服务、游戏、远程教育等集成信息和娱乐服务。

**2. 新媒体的特征**

以数字技术为代表的新媒体，其媒介形态也因为新技术的诞生而呈现出多样化，与传统媒体相比，新媒体在表现形式上主要呈现以下5个特征，如图1-3所示。

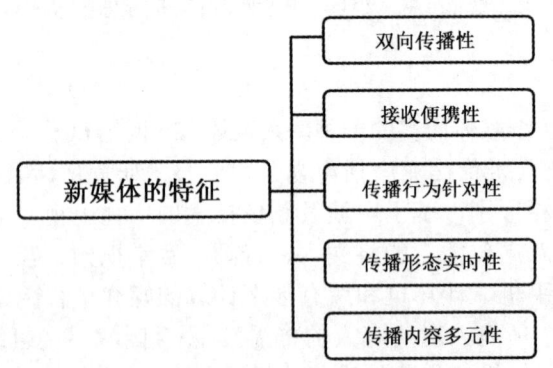

图1-3 新媒体的特征

（1）双向传播性。

传统媒体（如报纸、电台）的传播方式是发布者对接收者在特定时间的单向传播，是一种被动型的大众传播。新媒体的传播是双向的，能使用户积极参与，他们不再是被动的接收者，而是内容和信息的生产者，凭借共享的视觉空间和声觉空间（如视频类网站），使双向传播、对话和知识分享成为可能，增加了信息的传播效果。

（2）接收便携性。

传统媒体需要用户在固定的地点或工作场所接收信息，无线技术的发展使新媒体具备移动性和便携性的特点，为用户提供了空间自由和时间自由。手机和各种便携式播放器使用户可以随时随地浏览网页、收听节目及学习课程。

（3）传播行为针对性。

在大数据的支持下，新媒体可以广泛收集不同类型的资源并将其聚合，再针对精准化用户的需求传播给每一个用户，使其可以定制自己喜欢的节目、课程、文章等，充分满足不同用户的不同喜好。用户还可以在各大平台转载、评论、褒贬各路文章，自由表达观点。新媒体传播行为的针对性一方面使用户拥有主动权，掌握自由交流的快感；另一方面也带来了传播内容良莠不齐、个人隐私泄露等问题，为信息管理和监控带来了一定的挑战。

（4）传播形态实时性。

传统媒体在传播、发布内容时需要制作周期，通常要经过发现新闻→撰写/制作→编辑→审查的流程，然后在固定时段发行或播出。新媒体的传播速度远大于传统媒体，信息技术使每一个新媒体用户都可以成为内容发布者，接收信息的当下就可以通过直播、转播的方式发布自己的所见所感，新媒体平台的"推送"功能也能使用户随时查看、阅读一手信息。

（5）传播内容多元性。

与传统媒体单一内容的传播不同，新媒体的信息内容是文本、图像、音频、视频等不同媒介与智能终端的融合，还将会议、聊天、可视电话、学习、购物、理财等功能整合在一起，在传播内容时呈现多元化、融合化的特点。此外，用户通过搜索功能可以全网检索信息并随时储存，在一定程度上扩大了传播内容的深度和广度。

## 1.1.2　新媒体的类型

新媒体的"新"是相对意义的"新"，一百年后，如今的"新媒体"将被后来出现的新媒体吸收和代替，媒体形态的不断发展也必将使媒体种类不断丰富。从发展的顺序看，新媒体大致可以分为以下3种类型。

### 1. 移动新媒体

移动新媒体是以手机为代表的，基于无线通信技术，通过各种移动视听终端，传播和展示即时信息的个性化媒体。移动新媒体是网络媒体的延伸，除具有网络媒体不受时间、空间限制的优点外，还具有携带方便、覆盖人群广、交互性功能强大、信息获取量大、传播即时、更新快捷等优秀基因。在移动互联网发展的今天，移动新媒体真正跨越了地域和计算机终端的限制，信息的及时互动或暂时延迟得以自主实现，移动化的交互式体验逐渐成为常态。

### 2. 数字新媒体

数字新媒体在一定程度上指的是传统媒体经过数字化升级后的新形式，例如，数字电视、数字广播、户外LED等。自20世纪90年代以来，随着数字化技术的飞速发展，各大传统媒体都在积极地融入移动互联网浪潮，电视、报刊、广播都通过数字化进程演变成如今的将新材料、新技术、新设备合为一体的数字新媒体，融入人们的生活。

### 3. 网络新媒体

互联网的飞速发展标志着网络环境的形成与信息社会的来临，网络新媒体应运而生。在互联网环境下，用户之间可以无障碍交流、实现信息共享，在通过不同平台接收信息的同时，用户也可以主导创造、发布内容。随着5G技术的到来，信息传播效率会越来越高。常见的网络新媒体有网络电视（IPTV）、微博、微信、播客、互动视频、电子杂志等。

目前常见的新媒体平台及渠道形式如表1-2所示。

表1-2　常见的新媒体平台及渠道形式

| 平台 | 微信 | 微博 | 问答 | 百科 | 直播 | 视频 | 音频 | 自媒体 | 社区 |
|---|---|---|---|---|---|---|---|---|---|
| 渠道形式 | 公众号 订阅号 微信群 朋友圈 | 腾讯微博 新浪微博 | 知乎 分答 360问答 悟空问答 搜狗问答 | 百度百科 360百科 互动百科 | 映客 花椒 熊猫 斗鱼 YY 哔哩哔哩 来疯 虎牙 熊猫 | 抖音 快手 美拍 秒拍 优酷 小咖秀 小影 | 喜马拉雅 荔枝FM 蜻蜓FM 企鹅FM | 今日头条 百家号 大鱼号 一点号 网易号 简书 搜狐自媒体 | 豆瓣 百度贴吧 天涯社区 小红书 |

## 1.1.3　新媒体的发展趋势

在数字技术、网络技术的推动下，新媒体的发展已成为不可阻挡的潮流，动态地看待新媒体的发展，主要体现在以下5个方面。

### 1. 媒体形式方面：从视频化到直播化

随着5G时代的到来，拍摄、制作、上传视频的门槛大大降低，短视频迎来爆发式增长。在线视频的兴起，极大改变了年轻用户的消费习惯。以购物为例，人们更倾向于线上购物，尤其受疫情影响，这种趋势愈加明显。

着眼这种趋势，国内主流传统媒体（如《人民日报》等）正在准备上线视频聚合平台。目前，除传统意义上的新闻资讯外，生活服务、健康知识、历史钩沉、娱乐视频等泛资讯大规模进入新媒体内容生态。

### 2. 用户需求方面：移动性持续解放人类

目前，中国毫无疑问的已成为全球最大的移动终端市场，数据显示，截至2020年3月，我国手机网民用户数已达 8.97 亿人，较 2018 年增加了 9.87%，如图 1-4 所示。

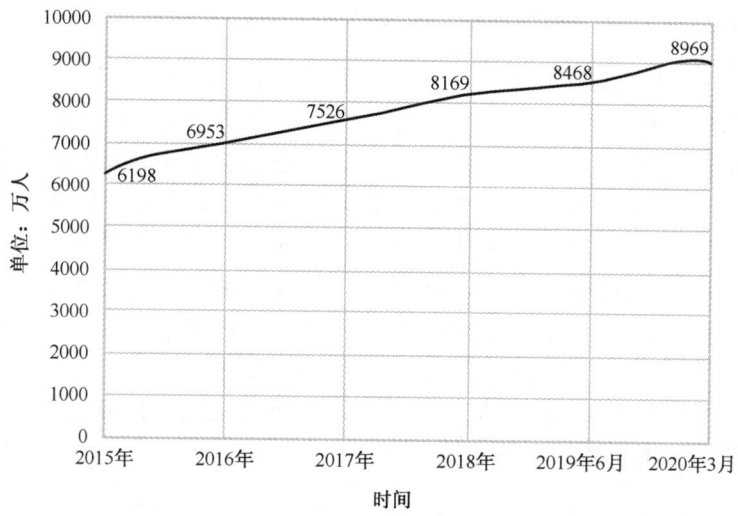

图 1-4　2015—2020 年 3 月中国手机网民规模统计

（数据来源：CNNIC、中商产业研究院）

与此同时，传统的报刊、广播、电视等媒体也在积极地与移动互联网进行融合。通过便携移动终端，人们可以利用碎片化时间随心选择各类媒体获取信息，大大优化了用户体验。新媒体传播的移动化趋势还在持续发展，将成为未来行业发展的重要方向。

**3. 媒体内容方面：从移动社交到移动新闻**

在新媒体盛行时代，媒体与受众的关系从单向灌输向双向互动转变。从简单交互到深度参与，直至出现（如微博、微信、抖音等）几乎完全由用户提供内容的产品，移动媒体已经完成了从即时通信工具向新闻发布平台的身份转变，用户更加接受自主化的阅读体验。为争夺用户市场，部分传统新闻媒体（如澎湃新闻、界面新闻、上海观察等）通过自建 App 完成了转型。用户的数量、停留时长、参与程度，代表媒体对受众的聚拢吸附能力、社会动员能力和行为塑造能力，构成了媒体视为生命的传播力、引导力、影响力和公信力。

**4. 经济盈利方面：从内容付费到分享经济**

现如今，信息消费已然成为我国最具活力的消费领域之一，《中国新媒体发展报告 No.11（2020）》称，新冠肺炎疫情期间，生鲜电商、在线办公、无接触服务等新数字化服务模式加速了生活服务数字化转型，让平台经济快速发展。中国互联网巨头纷纷抢占新赛道，强化超级 App 功能，新技术带动互联网应用边界不断扩张。资讯及门户类平台仍将以广告为支柱，专业服务类平台的营收重心逐渐向内容付费转移，而其他领域如教育、医疗、家政服务、二手交易等，用户通过借助社会化媒体平台，分享自己闲置资源、与他人共享资源并促成消费的"分享经济"正在慢慢改变着人们的传统消费观，改造传统社会的领域，如交通出行、租赁、旅游等。未来，用户自主传播的媒体创意效应将以更多的"分享经济"形式崛起,向更多领域拓展。

**5. 媒介技术方面:从"万物互联"走向"万物智能"**

新的传媒时代,新媒体更加广泛地渗入我们的生活,从"互联网+"到"+互联网",从"万物互联"到"万物智能"。电商、人工智能、VR技术、AR技术在未来5年至10年会大大改变我们的生活、经济和商业。阿里巴巴在过去的十几年,不断利用科技改变着我们的生活,从B2B到B2C,完整构建了一个电商生态体系。2014年,阿里巴巴收购文化中国,改名为阿里影业,并在影视版权、电影投融资、数字音乐、数字出版等领域留下深深的烙印。在虚拟现实方面,国外一些IT行业巨头也在不断拓展。据著名投资银行高盛估算,到2025年,VR/AR的硬件软件营收将达800亿美元,如果能走向大众市场,年营收有望达到1 820亿美元(数据来源于上方网)。

我们正在从"万物互联"走向"万物智能",如何通过技术感知场景,使用户连接服务变得更加智能是未来媒体的系统工程。

【任务评价】

**1. 学生自评(见表1-3)**

表1-3 新媒体基础任务学生自评表

| 班级 | | 学号 | | 姓名 | |
|---|---|---|---|---|---|
| 角色 | ○ 组长 ○ 组员 || 完成时间 | ||
| 任务 ||| 完成情况记录 |||
| 掌握新媒体的概念及特征 ||||||
| 熟悉新媒体的类型 ||||||
| 能够描述生活中的新媒体平台及其特点 ||||||
| 任务后的收获 ||||||

**2. 生生互评(见表1-4)**

表1-4 新媒体基础任务生生互评表

| 班级 | | 被评人学号 | | 被评人姓名 | |
|---|---|---|---|---|---|
| 评价者角色 | | 评价者学号 | | 评价者姓名 | |
| 任务 ||| 完成情况记录 |||
| 掌握新媒体的概念及特征 ||||||
| 熟悉新媒体的类型 ||||||
| 能够描述生活中的新媒体平台及其特点 ||||||
| 任务后的收获 ||||||

第1章 新媒体营销基础认知

### 3. 教师评价（见表1-5）

表1-5 新媒体基础任务教师评价表

| 班级 | | 被评人学号 | | 被评人姓名 | |
|---|---|---|---|---|---|
| 任务 | | 完成情况记录 ||||
| 掌握新媒体的概念及特征 | |||||
| 熟悉新媒体的类型 | |||||
| 能够描述生活中的新媒体平台及其特点 | |||||
| 任务后的收获 | |||||

【拓展练习】（见表1-6）

表1-6 新媒体基础拓展练习表

| 练习名称 | 新媒体平台初步认识 |
|---|---|
| 练习目的 | 了解新媒体平台在互联网经济中的作用 |
| 练习安排 | 挑选自己关注的10个抖音账号，分析这些账号的优点和缺点，并判断它们是否具有经济效应 |
| 练习小结 | 学生小组交流各自关注的账号类型和特点，教师根据讨论成果进行PPT展示，讨论分享中的表现，给每个小组打分 |

## 1.2 认识新媒体营销

【任务描述】

现如今，越来越多的新媒体形式冲击着我们的生活，从日常使用的终端产品到日常消费形态，企业的营销思维发生了巨大改变。无论是淘宝、抖音还是IPTV等，都可以看出新媒体营销较之传统营销在体验性、沟通性和差异性等方面的优势。那么，新媒体营销是什么？有哪些表现形式？新媒体营销的误区在哪里？

【学习目标】

1. 了解新媒体营销的概念。
2. 掌握新媒体营销的表现形式。
3. 认识并规避新媒体营销的误区。
4. 能够运用新媒体营销相关知识帮助企业实现多方位发展。

【任务分配】（见表1-7）

本任务为分组任务，学生分组讨论，列举出一个影响范围广的新媒体事件营销案例，并分析其营销过程，可以从事件的发生、借助的新媒体方式、新媒体营销途径等方面入手，将成果做成PPT进行演示，并组织全班讨论与评析。

表 1-7 新媒体营销任务分配表

| 班级： | | 组号： | 组名： |
|---|---|---|---|
| 角色 | 姓名 | 学号 | 任务分工 |
| 组长 | | | |
| 组员 | | | |
| | | | |
| | | | |
| | | | |
| | | | |
| | | | |

**【任务准备】**

引导问题 1：什么是新媒体营销？新媒体营销与传统营销相比，有哪些优势？

引导问题 2：近几年较为流行的新媒体形式有哪些？

引导问题 3：思考新媒体营销过程中会遇到哪些问题？

**【课前导读】**

近几年来，茶饮消费的个性化需求不断激发了新式茶饮的涌现。为吸引新式茶饮中的主力消费者，契合年轻消费群体的媒体使用习惯，利用新媒体进行新式茶饮营销推广是有效的手段与途径。自 2015 年新式茶饮出现后，该行业备受青睐，据不完全统计，截至 2020 年，我国新式茶饮行业的潜在市场规模接近 500 亿元。以 Web 2.0 技术的高速发展及社交媒体的崛起为背景，网红经济迅速发展，新式茶饮品牌中具有代表性的例如"奈雪的茶""喜茶""一点点""厝内小眷村"等凭借其独特新颖的产品在网络上引起了巨大讨论。社交媒体用户量不断提升，商家在微博、微信等平台精准投放广告，传播品牌价值。社交媒体营销已经成为整合营销传播的重要途径与方法。通过在线报道、评论，社交媒体所传递的信息在用户进行购买决策时起到了重要作用。以喜茶为例，其新媒体营销策略大致为以下 3 点。

### 1. 与网红"大 V"合作提升产品宣传

喜茶与社交媒体中具有大量粉丝基数与话语权的账号（即"大 V"账号）进行合作，邀请他们来到门店开展各种活动并赠饮，拍摄图片后要求"大 V"在微博等社交账号发表图片及推广软文，进行新产品的宣传推广，吸引其粉丝关注而后进行消费，在人们的脑海中加深对喜茶的印象。通过网红的自身影响力引起了粉丝的二次传播，进而增加品牌曝光度与影响力。

### 2. 利用官方社交账号塑造品牌形象

喜茶于创立初期就设立了官方微博账号，至今已有百余万微博粉丝，在此账号上发布新品信息、全新门店开设信息及粉丝反馈等博文，抓住了年轻用户猎奇的消费心理，让关注微博的用户可以第一时间发现喜茶的新产品动态，并且与用户维持紧密积极的互动，使用户积极查看其账号，关注其动态。同时，在微博上也会发布喜茶公益活动，提倡爱心公益，树立品牌形象。在喜茶官方微信小程序中设有新品信息及外送活动，另外还设有"喜茶百货"栏目，在这之中推出除现制茶饮外的其他商品（如瓶装茶、零食等），让用户对其产品有更为全面的了解。

### 3. 进行跨界联名增强品牌影响

喜茶创立至今，不仅通过茶饮和网络宣传被人们所熟知，更是通过与知名度较高品牌进行跨界联名的方式进一步扩大自身影响力。例如，与国民家电品牌九阳联名推出榨汁机、早餐机等一系列小家电，机身使用了喜茶品牌logo、多肉葡萄图标及芝士等喜茶元素图标，让人们在传统品牌身上看到新兴品牌的活力。通过官方微博宣传并采用转发抽奖等活动，提升了人们对于喜茶的认知度，从而扩大了品牌影响力，如表1-8所示。

表1-8　2017—2021年喜茶品牌联名一览表

| 年份 | 联名品类 | 联名品牌 |
|---|---|---|
| 2017年 | 美妆 | 美宝莲、贝玲妃 |
|  | 其他 | W酒店、小黄鸭、爱奇艺 |
| 2018年 | 食品 | 乐事 |
|  | 美妆 | 倩碧、百雀羚、玛黛丽佳、欧莱雅 |
|  | 服饰鞋包 | 塔卡沙、耐克、SSUR PLUS |
|  | 日用 | 冈本、得宝、MUJOSH |
|  | 其他 | GK电子竞技俱乐部、emoji、大英博物馆、Audrey Hepburn、INNERSECT |
| 2019年 | 食品 | 东来顺、文和友、好利来、老三样、出前一丁、奥利奥、OATLY、徐福记、阿华田、美珍香、电台巷、点都德、缸鸭狗、7喜、太二、密扇、M&M's |
|  | 美妆 | 科颜氏 |
|  | 服饰鞋包 | Aape、LEEX-LINE、太平鸟、熊猫商店 |
|  | 日用 | 杜蕾斯 |
|  | 其他 | 绿洲、美团外卖青山计划、简单生活节、芝麻街、Stanley、妙手回潮、茶之路RoadofTea |
| 2020年 | 食品 | 大龙燚、咀香园、和路雪、盒马、星期零、茶颜悦色、五芳斋、雀巢鹰唛、WonderLab、%ARABICA、shake shake、百利甜 |
|  | 美妆 | Fenty Beauty |
|  | 服饰鞋包 | 回力、阿迪达斯、NOWRE现客 |
|  | 日用 | 多芬、CONTIGO |
|  | 其他 | QQ音乐、汉仪字库、江南百景图、浦发银行、《清明上河图》 |
| 2021年 | 日用 | 威猛先生 |

新式茶饮作为当下投资和消费的热点，具有该行业特定的消费群体和营销特点。根据目前的情况来看，新式茶饮行业发展仍处于上升期。利用当下年轻人追捧的新媒体作为营销媒介，通过各类活动及广告植入增强其品牌曝光度和认知度是该产业惯用的营销模式。

**【课堂讨论】**

1. 你有运用微信平台购买过这些茶饮吗？
2. 你有转发、分享这些茶饮产品的经历吗？
3. 与传统奶茶店线下销售相比，新式茶饮的营销策略有哪些优势？
4. 除喜茶外，你有喜欢的茶饮品牌吗？说出它/它们吸引你的原因是什么？

### 1.2.1 新媒体营销的认知

**1. 新媒体营销的概念**

营销是指根据市场需要组织产品的生产，并通过销售手段将产品提供给需要的用户的过程。新媒体营销是指在互联网时代下，企业运用现代信息技术及电子技术，对互联网内的相关信息进行收集整理，并通过营销平台对企业的产品信息及价值形象进行传播，以达到提高企业经济效益的目的，是基于互联网、移动媒体及数字媒体技术，在网络环境下进行广告传播、产品促销等一系列的营销活动。简单来讲，新媒体营销是凭借新媒体平台的技术而开展的新型营销方式。

移动互联网及"互联网+"的发展赋予新媒体营销新的内涵发展空间，新媒体营销在互联网时代具有其独特的时代价值，不仅促进了企业的发展，而且逐渐改变了人们的生活。企业通过引入并运用新媒体营销可以充分激发消费者的积极性，并提高企业的经济效益，推动企业紧随时代发展。同时，新媒体系统可以针对营销过程的各个环节有针对性地做出调整，并对消费群体进行全面的了解，针对消费群体的不同需求进行更好的服务，为企业制定市场营销策略提供更加丰富的信息。

**2. 新媒体营销的优势**

新媒体营销的传播迅速、覆盖广泛、成本低、营销目的精确、互动性强等特征使新媒体营销与传统营销相比具有显著的优势，可以帮助企业更好地实现推广产品的营销目标。新媒体营销的发展通过持续增加并改进新的营销形式，以弥补传统营销的不足。

与传统营销模式相比，新媒体营销的优势主要体现在以下3个方面。

（1）新媒体营销加强了营销效果，控制了企业的营销成本。在互联网信息化时代，新媒体营销通过整合新媒体中的多种资源，利用网络平台的社交属性及其丰富的用户网络，并借助大数据的分析，使用户随时可以接收来自企业的营销信息，并对产品进行宣传和推广。由此，新媒体营销在发展中形成了独特的资源优势，使企业的宣传推广费用下降，可控制企业的营销成本，加强营销效果。

（2）新媒体营销可以借助互联网大数据的应用，更精准地定位用户需求，大幅提升营销效率。借助新媒体的后台数据并进行数据挖掘，进而发现用户群体的潜在购物需求，同时利用数据在用户群体中准确定位单一的用户，在营销的同时给予用户个性化的体验，实现精准营销。利用大数据把握用户喜好的企业可以精准地找到自己的目标用户。

（3）新媒体营销不仅可以提升营销方式的创新空间，而且可以更好地塑造企业的形象，有利于打造品牌效应，帮助企业更好地实现推广产品的营销目标。传统营销方式是硬性推广，而新媒体营销则增强了企业与用户沟通的互动性，能够取得更有效的传播效果。在营销活动中,企业不仅能够与用户进行更多互动,而且可以收集到更多的反馈信息,营销活动效果将事半功倍。

例如,苹果公司允许用户在 App Store 上传自己编写的应用程序,并由平台统一销售,应用程序每成功出售一次,程序作者便会得到一定比例的分成,在此基础上,苹果公司和应用程序作者实现了完美的共赢。凭借 App Store 中大量的应用程序和作者们自发的推广,苹果公司的移动设备销量也迅速增长。在用户的口口相传下,企业成了最大的受惠者。

### 1.2.2 新媒体营销的形式

在新媒体营销的策划定位中,在哪里开展营销活动成为有效进行营销策划的关键性步骤。新媒体产业迅速壮大,并已然成为各个领域所关注的热点,新媒体营销为企业创造了更广阔的营销平台,在很大程度上改变了市场格局及用户的消费行为与消费方式。企业营销人员必须了解并掌握不同新媒体营销平台的特点和风格,从而结合自身需求和平台特点开展营销策划活动,提升营销的效益。目前,新媒体营销常见的平台主要有社交平台及视频平台,新媒体营销的形式如图 1-5 所示。

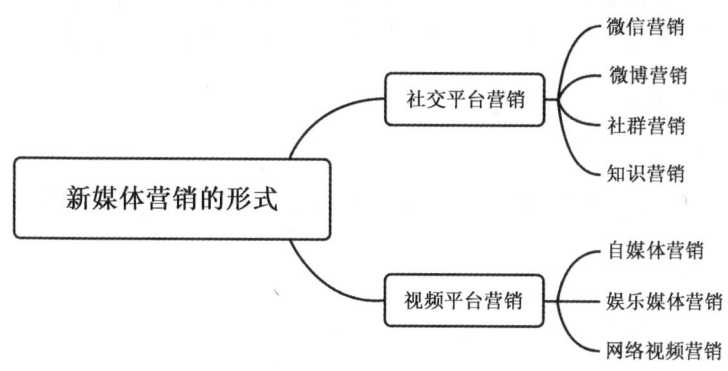

图 1-5 新媒体营销的形式

#### 1. 社交平台营销

社交平台营销是指企业利用微信、微博或 QQ 等社交媒体进行的营销活动。常见的利用社交平台进行的营销形式有微信营销、微博营销、社群营销、知识营销等。

(1)微信营销。

微信作为全民级的移动通信工具和目前流量最大的新媒体平台,已经渗入日常生活和商业活动中的方方面面。在微信平台上,常用的新媒体资源和工具包括微信朋友圈、微信群和微信公众平台。企业或个人可以通过使用微信的一系列功能,实现建立个人品牌、宣传产品信息、发布促销活动、开展产品销售、维护客户关系等目标的精准营销活动。使用微信不存在距离的限制,用户注册微信后,可与已注册微信的朋友联系,并订阅自己需要的信息。企业通过提供用户需要的信息来推广自己的产品,从而实现点对点营销。

(2)微博营销。

微博营销是当前使用比较广泛的新媒体营销模式,同时也是社交平台营销的重要表现形式之一，目前已建立起以"内容—粉丝—用户—变现"的商业生态闭环。微博不仅是一个广告营销平台，更是基于优质内容和社交关系帮助企业构建自身的新渠道和用户群体，增加社会化营销的赋能。该营销方式注重价值的传递、内容的互动、系统的布局、准确的定位，微博的火热发展也使其营销效果尤为显著。

（3）社群营销。

社群营销是基于圈子、人脉、六度空间概念而产生的营销模式。通过将有共同兴趣爱好的人聚集在一起，将一个兴趣圈打造成消费家园，通过向目标用户群体提供产品或服务，满足其需求的社会化营销过程。社群营销的核心是"人"，辅助因素是产品与服务。目的在于通过赋予品牌人格化的特征，努力在品牌和用户间形成情感，让用户保持对品牌的情怀，即情感依恋，从而积极热情、不计报酬地宣扬自己偏爱的品牌，甚至直接销售产品，如知乎、微博、小红书等。

（4）知识营销。

知识营销指的是向大众传播新的科学技术及它们对人们生活的影响，通过科普宣传，让用户不仅知其然，而且知其所以然，重新建立新的产品概念（包括产品知识、专业研究成果、经营理念、管理思想，以及优秀的企业文化等），并将它传递给潜在用户，逐渐让潜在用户形成对企业品牌和产品的认知，从而使用户萌发对新产品的需要，达到拓宽市场的目的，将潜在用户最终转化为现实用户的各种营销行为及过程。

**2. 视频平台营销**

视频平台分为短视频平台和长视频平台，主要指基于互联网提供有偿或免费的视频下载、播放服务的平台。常见的利用社交平台进行的营销形式有自媒体营销、娱乐媒体营销、网络视频营销等。

（1）自媒体营销。

自媒体营销传播的内容量大且形式多样，如今日头条，百度、搜狐、凤凰、UC等。自媒体营销是利用社会化网络、在线社区、微博、播客或其他互联网协作平台和媒体来发布和传播资讯，从而形成的营销、销售、公共关系处理和用户关系维护及开拓的一种方式。自媒体每时每刻都处于营销状态，强调内容性与互动技巧。

（2）娱乐媒体营销。

娱乐媒体营销是借助娱乐的元素或形式将产品与用户的情感建立联系，从而达到销售产品、建立忠诚用户的目的的营销方式。本质为一种感性营销，不是从理性上说服用户购买，而是通过感性共鸣从而引发用户的购买行为。个人或企业通过直播平台、微电影、网络音频，利用文字、图片、语音、视频等多种表现形式，实现与特定目标群体间全方位沟通的线上、线下互动营销。

（3）网络视频营销。

网络视频营销是指企业或个人以内容为核心，以创意为导向，利用精心策划的视频内容，实现产品销售与品牌传播的营销活动。网络视频营销兼具"视频"和"互联网"二者的优点，不仅感染力强、形式和内容多样、创意新颖，而且互动性强、传播速度快、成本低廉。当前，网络视频营销的呈现形式越来越多样化，例如，电视广告、宣传片、网络直播、H5动态海报、微电影、短视频等。

## 1.2.3 新媒体营销的误区

作为互联网时代下的营销模式，新媒体营销发展趋势迅猛，但同时也产生了一定的问题。

一些营销人员因为急于求成，可能陷入一些误区，这对营销的结果是非常不利的。下面介绍一些常见的新媒体营销的误区，以帮助营销人员规避错误，更好地实现营销目标。

### 1. 过于依赖互联网

虽然新媒体营销是基于互联网、移动媒体及数字媒体技术，在网络环境下进行广告传播、产品促销等一系列的营销活动，但并不只存在于线上。实际上，保持线上与线下营销方式的有效联系，企业才可以更好地提高新媒体营销的效果。线上销售与线下销售的有效结合，使企业不仅可以利用传统的线下销售，满足用户的购物体验，并通过与用户的直接沟通了解其消费需求，辅助线上销售，同时，企业可以借助线上销售平台，扩展营销覆盖范围，提升营销效率。企业的线上营销要确保宣传的真实性，并对产品有全面的介绍，及时解决用户的问题；而线下营销应保证产品质量及物流通畅，并通过完善售后服务、加强店员服务意识等工作来丰富购物体验，从而形成良好的商业循环模式。

由此可见，企业应该合理利用分众化的思维，根据新媒体发展进行多种营销模式分支的设置，以此满足目标用户群体的个性化需求。企业应建立并完善新媒体营销的危机应对机制，这是确保新媒体营销方式充分发挥效用的基础保障。危机应对机制的建立，可以帮助企业在瞬息万变的网络环境中保持良好的状态。

### 2. 专业营销知识储备不足

新媒体营销的操作方法虽然相对简单，但并非全无技术含量。而且一个企业新媒体营销活动的完美举办，需要一整支专业化的新媒体人才队伍。做好新媒体营销对员工素质有较高要求，提升营销人员的专业素养是确保新媒体下市场营销质量与效果的关键保障。因为新媒体营销的整个过程涉及多方面的工作，如文案设计、广告设计、进程管理、推广手段等，如此多的工作，没有多个团队成员间的相互合作是没办法出色完成的。

因此，企业不能忽视新媒体营销专业人才的储备，需要以传统营销知识为基础，培养适应新媒体营销的人员，并加强对新媒体营销人员的培训。既要巩固新媒体营销人员的职业素养，也要确保其职业道德，为开展各类型平台的新媒体营销活动奠定人才基础。

### 3. 过于重视新媒体营销形式而内容参差不齐

由于目前部分企业注重新媒体营销的形式，忽视新媒体营销的内容，导致新媒体营销的内容质量参差不齐，无法满足用户逐渐提升的精神需求。因此，优质内容的创作逐渐成为企业实现新媒体营销目标的重要环节。在此方面，企业可以加强对营销内容的重视程度，使营销内容在最短的时间内提高用户的兴趣，最大限度地吸引用户的注意力，提高用户对产品的购买欲望。而完善新媒体营销内容的具体措施是，企业可以构建完善的新媒体营销内容生产体系，培养专业的内容生产团队，设定营销内容的质量标准，并对初期创作的内容进行筛查，避免出现违规内容，确保最终展示在用户面前的是优质且有内涵的营销内容。

据此，企业在创作营销内容时首先要考虑用户群体的精神需求，创作并传播的内容要在赋予产品深层次内涵的基础上激发用户的购买兴趣，使产品为用户带来物质体验的同时，也可以满足其精神需求。发掘产品深层次的价值，需要企业创作出优质内容，并借助新媒体的优势，将所创作的内容大范围传播。同时，企业可通过分析大数据，不断产生符合当前主流审美与用户需求的创新内容，不断吸引用户。

【任务评价】

1. 学生自评（见表1-9）

表1-9　新媒体营销任务学生自评表

| 班级 | | 学号 | | 姓名 | |
|---|---|---|---|---|---|
| 角色 | ○ 组长 | ○ 组员 | | 完成时间 | |
| 任务 | | 完成情况记录 ||||
| 掌握新媒体营销的概念 | |||||
| 熟悉新媒体营销的形式 | |||||
| 能够初步分析一个新媒体事件的营销过程 | |||||
| 任务后的收获 | |||||

2. 生生互评（见表1-10）

表1-10　新媒体营销任务生生互评表

| 班级 | | 被评人学号 | | 被评人姓名 | |
|---|---|---|---|---|---|
| 评价者角色 | | 评价者学号 | | 评价者姓名 | |
| 任务 | | 完成情况记录 ||||
| 掌握新媒体营销的概念 | |||||
| 熟悉新媒体营销的形式 | |||||
| 能够初步分析一个新媒体事件的营销过程 | |||||
| 任务后的收获 | |||||

3. 教师评价（见表1-11）

表1-11　新媒体营销任务教师评价表

| 班级 | | 被评人学号 | | 被评人姓名 | |
|---|---|---|---|---|---|
| 任务 | | 完成情况记录 ||||
| 掌握新媒体营销的概念 | |||||
| 熟悉新媒体营销的形式 | |||||
| 能够初步分析一个新媒体事件的营销过程 | |||||
| 任务后的收获 | |||||

## 【拓展练习】（见表 1-12）

表 1-12  新媒体营销拓展练习表

| 练习名称 | 新媒体营销内容初步认识 |
|---|---|
| 练习目的 | 认识新媒体营销概念及营销形式，规避其误区 |
| 练习安排 | 1. 挑选一个自己感兴趣且知名的企业，从新媒体营销方面进行研究，总结出该企业是怎样利用新媒体进行品牌宣传进而出色营销的。<br>2. 以小论文的形式进行总结陈述，2 000 字以内 |
| 练习小结 | 学生小组交流各自的新媒体事件营销案例的分析过程与结果，教师根据讨论成果进行 PPT 展示，讨论分享中的表现，给每个小组打分 |

## 1.3 认识新媒体营销的岗位

### 【任务描述】

随着越来越多的企业开始重视互联网市场，企业对新媒体营销人才的需求逐步扩大，新媒体营销已成为热门职业之一。那么，新媒体营销的岗位职责是什么？新媒体营销的岗位技能有哪些？这些岗位的长期职业规划是什么样的？

### 【学习目标】

1. 了解新媒体营销的岗位职责。
2. 掌握新媒体营销的岗位技能。
3. 能够运用相关知识做出正确的新媒体营销职业规划。

### 【任务分配】（见表 1-13）

本任务为分组任务，学生分组讨论。选择一些特色文化、旅游景点、地方美食等开展新媒体营销活动，做出视觉表现好、文案吸引人、内容充实有趣的新媒体推广。将成果做成 PPT 进行演示，并组织全班讨论与评析。

表 1-13  新媒体营销岗位任务分配表

| 班级： | 组号： | | 组名： |
|---|---|---|---|
| 角色 | 姓名 | 学号 | 任务分工 |
| 组长 | | | |
| 组员 | | | |
| | | | |
| | | | |
| | | | |
| | | | |
| | | | |
| | | | |

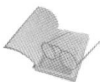

【任务准备】

引导问题1：你所了解的新媒体营销岗位有哪些？
引导问题2：新媒体营销岗位有哪些职责？
引导问题3：根据自身实际情况进行新媒体营销岗位优劣势分析。

【课前导读】

2020年9月，福建省职业培训中心启动该省首批新媒体营销岗位职业能力培训计划。据了解，新媒体营销是当今互联网时代的新生职业工种，随着相关企业对该岗位的需求量日益增加，从业人员的大量投入，目前普遍存在职业门槛起点高低不一的问题。此次的培训计划旨在进一步提升新媒体营销从业人员的职业素养和专业水平，掌握精准有效的新媒体营销技能，为社会输送更多优质人才。

福州市台江区统战部新阶联会长曾诚贤在接受媒体采访时表示，随着《中华人民共和国电商法》的施行及5G技术的普及运用，2019年直播电商行业迅猛发展，很多传统行业通过直播平台开始电商变现，如万科等。越来越多的电商平台开展内容化战略布局，如淘宝、京东等。直播界限的拓宽，带来了更多可能性。同时，也需要规范运用及汇聚更多能量与正确导向。相关市场缺乏标准化运作，直播从业人员杂乱，收入不稳定等问题日趋严重。如何规范市场，形成行业标准？如何产业共享，助力传统企业发展及深挖、传播社会正能量？这些问题日益凸显，当下的环境需要健全和完善一套行业标准，规范和引导行业及相关企业健康发展，服务政府治理；组建和聚合一批专家名师，培育和打造优质直播人才，服务在线教育；研究和建设一套个人主播培训及明星企业打造课程，组织和引领广大人群，助力产业共享及企业成长。

福建省职业培训中心启动的首批新媒体运营岗位职业能力培训计划将通过职业标准教学，促进新媒体运营行业逐步向规范化、职业化、艺术化发展。培训考核分为理论和实操两部分，考核合格后，可获得省人社厅颁发的《新媒体运营结业证书》。

【课堂讨论】

1. 你认为新媒体营销岗位培训需要教授哪些方面的课程？
2. 以直播主播岗位为例，你认为该岗位需要具备的技能有哪些？
3. 你认为文中所描述的新媒体营销岗位现状准确吗？应该怎样做好岗位规划？

【任务实施】

## 1.3.1 新媒体营销岗位职责

在互联网用户数量日益激增的背景下，越来越多的企业，尤其是中小企业，也开始重视互联网市场。与此同时，企业对新媒体营销岗位的设置越来越普遍。目前，新媒体营销人员主要参与的部门有技术部、市场部、运营部等，根据地区经济发展、行业、企业规模的不同，新媒体营销人员所属岗位也有所不同。归纳起来，主流的新媒体营销岗位主要包括新媒体推广专员、微营销专员/新媒体营销专员、新媒体营销运营专员、新媒体营销经理/运营经理、新媒体营销总监/运营总监等岗位，如图1-6所示。

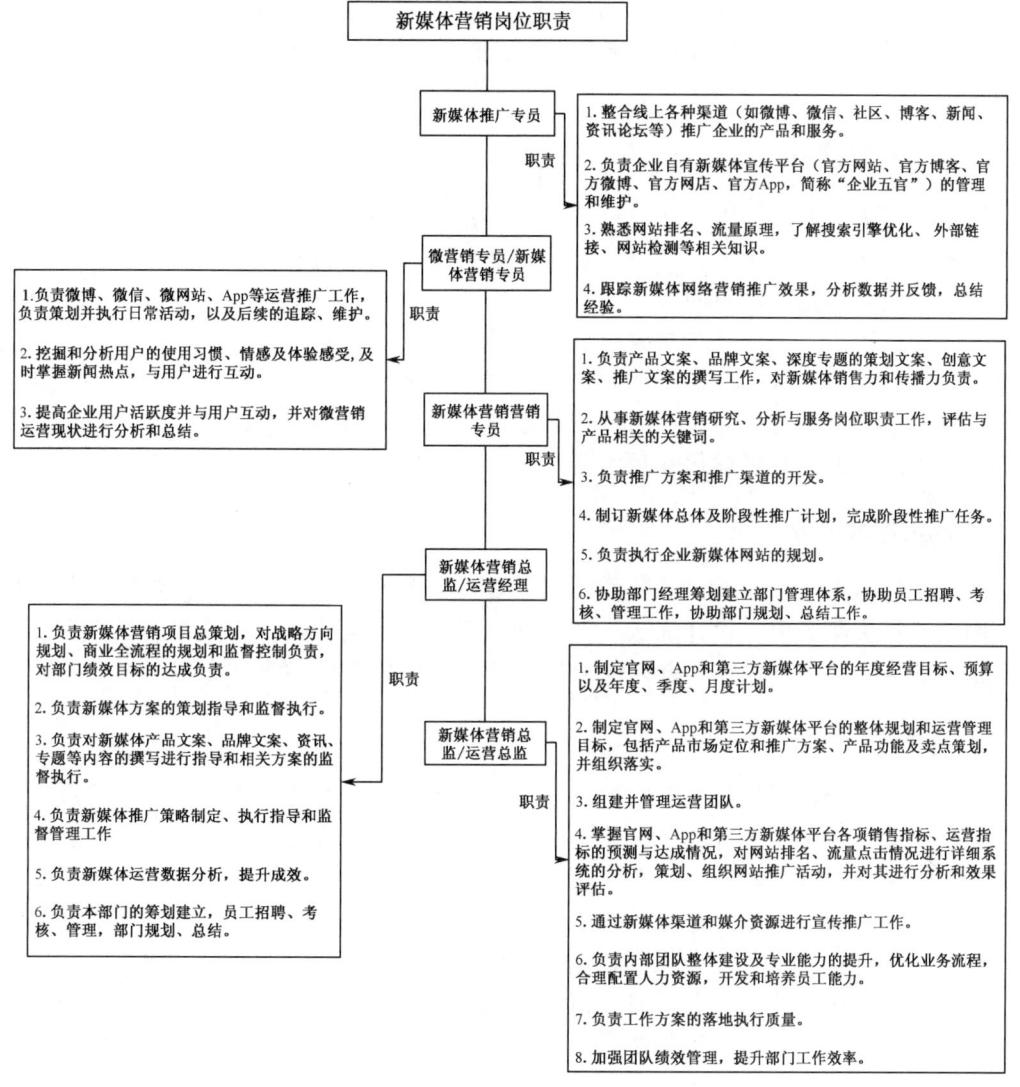

图1-6 新媒体营销岗位职责

## 1.3.2 新媒体营销岗位技能

新媒体事业的蓬勃发展，吸引了大量非媒体人的加入，但是一些职业要求让很多新人无法适应，专业人才急缺。各大招聘网站的数据均表明，现阶段大量公司急需新媒体营销人才，尤其对精细化新媒体营销人才的需求量极大，新媒体营销人才培养成为当下新媒体公司迫切需要解决的问题。新媒体营销的最终目的是能够产生实际的效益，因此，媒体人不能闭门造车，而要进行需求分析，与时俱进地研究新媒体对专业人才的能力要求，然后有针对性地学习与提升。

### 1. 文案撰写能力

在新媒体营销团队中必不可少的是编辑，新媒体编辑必须具备一定的文字撰写能力，在撰写方案与团队沟通时，要将思路用文字清晰地表达出来，做出优秀的选题策划大纲，如在撰写微博活动说明文字时，"转发微博两天"可能会被理解为两层含义：转发一条微博并保存两天，或两天都转发这条微博。优秀的文字能力能让用户避免歧义，读起来如沐春风。

### 2. 项目管理能力

新媒体团队中不可替代的是项目管理者，项目的推进需要计划、沟通、协作、执行、反馈等步骤。例如，发布一篇文章，管理者需要进行项目的整体管理工作。第一步，制作进度条，规划出文章发布的每个环节所需要的执行者和截止时间等细节；第二步，整理文章、美化图片文字，及时与编辑进行沟通；第三步，编辑对文章进行修改、添加、美化时，管理者要及时关注实时动态，积极调整收集相关素材；第四步，文章完成后，管理者要与推广专员进行商讨，布局发布渠道，推动热点的形成；第五步，监管推广效果，随时关注动态，做好优化和后续工作。

### 3. 人际沟通能力

新媒体营销不是一项独立的工作，必须要进行多方面的沟通。营销管理者要进行团队的沟通，将文案需求、设计需求、产品功能需求等准确传达至相关部门或小组。新媒体营销者还需要与客户沟通，随时了解客户需求并做好沟通的反馈工作。

### 4. 跟进热点能力

新媒体的平稳发展得益于日常的稳定运营，而跨越式的提升需要一个阶段爆发式的运营，如一篇"10万点击率"的文章。爆发式运营表面上看是由巧妙的创意或独特的思路得来，但深层次的原因是对用户需求的洞察力。爆款文章能达到10万点击率，是由于点破了读者的欢欣、孤独、迷茫等内心情感或兴趣点，达到情感的共鸣，从而获得读者的认同。新媒体的受众与传统报刊，电视等媒体的受众不同，以年轻人居多，因此，新媒体营销必须随时关注热点并及时跟进报道。如果只关注热点本身，而不关注热点的关联，很可能出现热点昙花一现的情况。因此，跟进热点并进行后续报道也非常重要。

### 5. 整合渠道能力

新媒体营销者通常面对两条渠道，一条是原本媒体上的渠道，包括线下活动、线下广告、线上媒体等；另一条是媒体的外部资源，如外部合作媒体、相关行业网站、微信公众号等。只有懂得渠道整合，借助更多资源的力量推动新媒体工作，才有可能将效果最大化，特别是与外部渠道跨界合作，会使受众眼前一亮。万物即平台，所见即媒体，任何地方都可以进行宣传。

### 6. 数据分析能力

新媒体营销者通常需要充当数据分析师的角色，懂得基本的数据分析，会使用Excel或更专业的数据分析工具进行数据分析、过程监控、数据总结等。新媒体营销管理者除对数据本身进行分析外，还要对团队业绩和职工绩效等进行考核和较量。

## 1.3.3 新媒体营销职业规划

职业规划是对职业生涯乃至人生进行持续系统的计划过程，是指个人与组织相结合，在对一个人职业生涯的主客观条件进行测定、分析、总结的基础上，对自己的兴趣、爱好、能力、特点进行综合分析与权衡，结合时代特点，根据自己的职业倾向，确定最佳的职业奋斗目标，并为实现这一目标做出行之有效的安排。在这个人才竞争的时代，职业生涯规划开始成为在人才争夺战中的另一重要利器，对企业而言，如何体现公司以人为本的人才理念，关注员工的持续成长，职业生涯规划是一种有效的手段；而对每个人而言，职业生涯是有限的，如果不进行有效的规划，势必造成生命和时间的浪费。因此，在想进入新媒体营销岗位之前，应对新媒体营销岗位有清晰的职业规划，结合自己的专业特点和兴趣爱好等，从新媒体营销的职业定位入手，运用一些数据分析模型，如SWOT分析法，在对自己有充分认识和了解的基础上做好自己的职业发展规划。

### 1. 新媒体营销岗位的职业定位

新媒体营销是随着微博、微信等社会化媒体、自媒体平台兴起后逐渐形成的一个岗位，根据招聘网站上多家企业对新媒体营销岗位职责的描述，新媒体营销人才应有清晰的职业定位，即学会利用新媒体渠道推广企业的品牌和服务，完成微博、微信、抖音等平台的创意素材收集和内容的发布；具有一定的热点敏感性，善于把握时机，寻找能引起传播的话题，利用新媒体平台增加粉丝关注并与粉丝互动；了解粉丝需求并挖掘需求，定期创意地开展新媒体营销活动，增加粉丝活跃度和关注度；按照企业要求定期推送产品信息，对推广的产品进行内容创作，包括文案的创作和编辑等。

### 2. 职业规划中的SWOT分析

（1）优势（Strengths）分析。

① 专业素质优势。专业和岗位相符合，且可以通过专业的知识和技能，并利用新媒体渠道为企业带来利益，是信息化时代和知识经济背景下对新媒体营销者的基本要求。

② 职业素养优势。职业素养是每个职场人应该具备的基本素养，新媒体营销者也一样，在自我评价时一定要时刻检讨自己是否具有正确的世界观、人生观和价值观；是否具有良好的职业道德、强烈的敬业精神和高尚的品行修养。如果具备了这些，说明自己具备了职业素养方面的优势。

③ 自己的兴趣爱好是否与岗位的发展相适应。新媒体营销者的工作就是利用新媒体平台进行营销，只有把自己的兴趣爱好与岗位要求相匹配，才能把职业变成事业。

（2）劣势（Weaknesses）分析。

优势与劣势是相对的，若存在劣势应该通过积极主动的学习、锻炼来变劣势为优势。

① 专业知识方面。专业领域如果涉及新媒体等相关方面应学习更加系统的知识，如果专业相差较大，则会有一定的差距。

② 职业素养方面。如果自己没有树立正确的人生观和价值观，对工作缺乏热情，缺乏积极性，那么在任何岗位都不可能做出好的成绩。

③ 人际交往方面。作为新媒体营销者而言，更需与大众进行交流、沟通，考虑大众的需求，如果缺乏人际沟通方面的技能，那么将很难做出业绩，新媒体营销者要积极培

养自己人际交往和沟通方面的技能。

（3）机会（Opportunities）分析。

机会分析分为内部机会分析和外部机会分析两种。内部机会分析主要是分析行业内部职业的发展机会，如职业内部管理人员数量及晋升条件等；外部机会分析主要指社会环境因素，在进行机会分析时应综合考虑内部机会和外部机会，并做出详细的分析总结。

新媒体营销者在做职业生涯规划时，首先要分析行业内部职业发展的机会，内部机会分析主要有以下 3 个方面。

① 基层管理人员数量，中高层管理人员数量。

② 现有基层管理人员和中高层管理人员的晋升条件。

③ 基层管理人员、中高层管理人员薪资增长空间。

外部机会分析有以下 4 个方面。

① 行业发展的趋势。

② 国家政策。

③ 公司所属地方人力资源发展状况和人才市场的活跃程度。

④ 外部环境中就业率和失业率的高低等。

通过对内外部环境中机会的分析，充分认识自己职业发展空间和机会多少，从而正确规划职业发展路径。

（4）威胁（Threats）分析。

威胁主要指对自己的职业生涯发展具有一定干扰性的外在因素，与机会是相对的，主要有以下 4 个方面。

① 向着同一职位发展的潜在的竞争对手。

② 新入职人员的学历或专业水平。

③ 所属地域就业状况。

④ 工作中与同事间的人际关系问题。

通过对这些威胁的正确认识，可以避开或化解这些威胁，甚至将威胁变为机会，如图 1-7 所示。

结合实际情况，在text位置填写内容即可

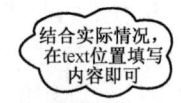

| 外部因素 | 内部能力 | |
|---|---|---|
| | 优势S | 劣势W |
| | text | text |
| 机会O | SO：增长型战略 | WO：扭转型战略 |
| text | text | text |
| 威胁T | ST：多种经营战略 | WT：防御型战略 |
| text | text | text |

图 1-7　职业规划中的 SWOT 分析

## 3. 职业发展目标的确定

通过对自己在专业素质、职业素养等方面的优势、劣势，以及职场环境中存在的机会与威胁等因素的分析，就可以规划自己的职业发展目标，根据自身的实际情况选择不同的职业发展路径。

## 4. 职业发展目标的实施与反馈

职业发展目标制定后，就要制订一套严格的切实可行的实施方案和具体的行动计划，更要注意落实行动计划。职业发展目标是一个理想化的规划，在实施的过程中必然会出现偏差，例如，因为客观环境因素的变化、个人主观因素的变化，或不可抗力等因素导致职业生涯目标无法按计划实施。所以对职业发展目标一定要进行动态管理，及时诊断职业发展各个环节出现的问题，找出相应的对策，对规划目标进行调整与完善。

【任务评价】

1. 学生自评（见表 1-14）

表 1-14　新媒体营销岗位任务学生自评表

| 班级 | | 学号 | | 姓名 | |
|---|---|---|---|---|---|
| 角色 | ○ 组长　　○ 组员 | | 完成时间 | | |
| 任务 | | | 完成情况记录 | | |
| 了解新媒体营销的岗位职责 | | | | | |
| 熟悉新媒体营销的岗位技能 | | | | | |
| 能够做出正确的新媒体营销职业规划 | | | | | |
| 任务后的收获 | | | | | |

2. 生生互评（见表 1-15）

表 1-15　新媒体营销岗位任务生生互评表

| 班级 | | 被评人学号 | | 被评人姓名 | |
|---|---|---|---|---|---|
| 评价者角色 | | 评价者学号 | | 评价者姓名 | |
| 任务 | | | 完成情况记录 | | |
| 了解新媒体营销的岗位职责 | | | | | |
| 熟悉新媒体营销的岗位技能 | | | | | |
| 能够做出正确的新媒体营销职业规划 | | | | | |
| 任务后的收获 | | | | | |

## 3. 教师评价（见表 1-16）

表 1-16  新媒体营销岗位任务教师评价表

| 班级 | | 被评人学号 | | 被评人姓名 | |
|---|---|---|---|---|---|
| 任务 | | 完成情况记录 ||||
| 了解新媒体营销的岗位职责 | |||||
| 熟悉新媒体营销的岗位技能 | |||||
| 能够做出正确的新媒体营销职业规划 | |||||
| 任务后的收获 | |||||

【拓展练习】（见表 1-17）

表 1-17  新媒体营销岗位拓展练习表

| 练习名称 | 认识新媒体营销岗位 |
|---|---|
| 练习目的 | 深入理解新媒体营销岗位 |
| 练习安排 | 1. 实际运营一个新媒体公众号，完成一次策划，内容表现形式不限（包括但不限于视频、漫画、文案、图片等）。<br>2. 以小组 PPT 形式汇报，并组织全班讨论与评价 |
| 练习小结 | 学生交流过程中遇到的问题与不足，以及自己在这次策划中做得最成功的地方，教师根据讨论成果进行 PPT 展示，讨论分享中的表现给每个小组进行打分 |

# 第 2 章

# 新媒体营销准备

互联网发展迅速,新媒体营销应运而生,在新媒体营销活动开展之前,需要做一系列的准备工作,首先要了解清楚新媒体营销用户是谁,他们有什么样的特征;其次要进一步进行新媒体内容定位,即运营的方向在哪里、主要的领域是什么;最后要结合新媒体图文设计相关知识完成营销内容推送,吸引用户目光。在平台营销中,内容的好坏至关重要,营销人员必须养成新媒体营销观念,并能联系实际,在新媒体运营数据分析的基础上,对新媒体营销发展现状做出自己的判断。

本章介绍了新媒体用户认知、新媒体内容定位须知、新媒体图文设计技巧,阐述了用户定位的概念和方式,指出了新媒体内容定位的表现形式和原则,并系统地分析了新媒体图文设计技巧的原则,旨在帮助初学者和从业人员更好地确定营销方向,改善营销效果。

**【思政案例导入】**

## 讲好民族品牌故事 助力企业海外传播

近年来,以华为、红旗、OPPO、比亚迪等为代表的中国民族品牌在国际上赢得了许多赞誉,消解了部分消费者对中国民族品牌的负面认知,但是海外消费者对中国民族品牌的信任度与西方发达国家品牌相比仍存在一定差距,成为中国民族品牌进军海外市场的一道屏障。随着越来越多的企业投身出海大潮,提升中国民族品牌在国际受众心目中的地位和影响力迫在眉睫。在技术驱动传播环境变革的背景下,讲好中国民族品牌故事是扭转海外消费者对中国民族品牌负面认知的有效路径。

自1958年红旗品牌创立以来,就成为中国民族汽车高端品牌代表之一,但其市场化道路并不是一帆风顺的。2018年以来,红旗突出塑造品牌内核,打造L、S、H、Q四大产品系列,2021年销量突破30万辆,4年时间增长60多倍。这背后与越来越重视创新的企业文化密不可分。红旗H9推出后,还陆续推出了H9敦煌版、白玉兰版和故宫版,这些车型与中国传统文化相结合,让人耳目一新。红旗品牌的销量不仅靠营销,还靠技术的支撑。一汽2021年研发总投入214.2亿元,取得63项关键核心技术突破,完成专利申请4 757件。其中,由一汽自主设计的国内首台V型8缸直喷增压发动机2021年完成试制,达到国际同类机型的领先水平。一汽与中国航天科技集团有限公司共同自主研发的国产雪车,打破了国外品牌长期垄断中国雪车市场的局面。一汽和比亚迪合资动力电池项目正式开工,该项目总投资135亿元人民币,全部达产后将满足100万台电动车配套需求,实现产值200亿元以上。比亚迪将与一汽强化合作,加速绿色技术就地就近转化落地,为做大做强民族汽车品牌贡献力量。

OPPO初入印度尼西亚时默默无闻,至今已成长为该国无人不晓的明星品牌,应归功于其品牌文化本土化策略。OPPO利用关键意见领袖强化品牌的本土化色彩,邀请印度尼西亚演艺圈最具号召力的艺人作为形象大使,消除用户的疑虑,树立了可信的国际品牌形象。

针对美国谷歌公司将停止提供安卓系统的技术支持一事,中国华为公司回应说,华为有能力继续发展和使用安卓生态,包括智能手机和平板电脑在内的华为产品及其服务在中国市场不受影响。面对霸凌和围堵岿然不动、保持坚挺,华为的这份自信鼓舞人心。这份信心来源于丰厚的技术积累和自主创新,其背后是华为未雨绸缪的远见、居安思危的忧患意识和多年艰辛苦练的技术内功。这份底气来自自身的真实力,背后是中国科技实力在世界舞台的崛起和日益强大的综合国力。华为是民族品牌的标杆,为各行各业树立了榜样,贡献了可贵的正能量。这份不惧"暴风骤雨"勇敢前行的坚挺,值得我们所有中国人学习并为之骄傲。

 **【案例解读】**

随着"一带一路"倡议的深入实施,"政策沟通、设施联通、贸易畅通、资金融通和民心相通"的"五通"模式让沿线国家逐步形成区域大合作格局。中国企业全球化迎来了前所未有的好时机,讲好中国民族品牌故事是中国企业海外传播的重要内容和抓手。

华为、红旗等民族品牌拥有中华优秀传统文化的信心与底气，有对他国文化理解与包容的大气，更有中国特色的品牌精神内涵与文化基因，这样才能向国际社会呈现立体的、负责任的中国民族品牌形象。

【思考问题】

华为、红旗等国家品牌通过自身的实力打造了具有中国特色的品牌文化精神和内涵，那么其他民族企业面对新媒体时代该如何走出自己的道路呢？

学习导图（见图2-1）

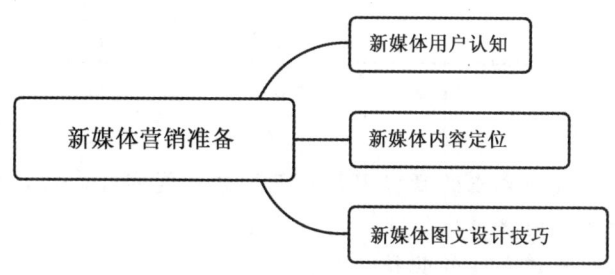

图2-1 新媒体营销准备学习活动顺序

## 2.1 新媒体用户认知

【任务描述】

企业要把握市场，在网络营销推广前，首先必须正确分析新媒体用户的特点，分析目标用户喜欢的是什么内容，明确影响用户购买行为的主要因素，因此，新媒体用户分析也是非常重要的工作之一。那么，怎么为企业找到真正的目标用户？怎么构建用户画像？怎样挑选出一个合适的营销平台？本任务将对新媒体用户相关知识进行介绍，包括如何进行用户定位、构建用户画像、用户平台确定等内容。

【学习目标】

1. 了解新媒体用户定位的含义。
2. 熟悉用户画像的特点和构建步骤。
3. 熟知当下流行的新媒体用户平台。
4. 能够运用用户画像相关知识为企业构建用户画像。

【任务分配】

本任务为分组任务：学生分组讨论，给华为手机的mate系列产品进行用户定位，从用户属性和用户行为的角度进行用户画像构建，并写出该产品都使用了哪些营销平台（见表2-1）。

表 2-1  华为用户画像构建任务分配表

| 班级： | | 组号： | 组名： |
|---|---|---|---|
| 角色 | 姓名 | 学号 | 任务分工 |
| 组长 | | | |
| 组员 | | | |
| | | | |
| | | | |
| | | | |
| | | | |

【任务准备】

引导问题 1：怎样找到真正的目标用户？怎样分析这些目标用户的特征？

引导问题 2：什么是用户画像？它是怎样产生的？

引导问题 3：如何选择合适的营销平台？

【课前导读】

2007 年以前，北京故宫博物院主要靠出售门票来获得收入，其文化衍生品主要是故宫的馆藏复制品，但其销量不乐观。此后，北京故宫博物院借鉴中国台北故宫的经验，学习其优秀的发展道路，生产文创产品，利用新媒体进行多角度全方位营销，吸引了一批批年轻人了解历史文化、购买文创产品。目前，在营电商渠道粉丝数均破 260 万人，5 年间销售额增长达到 9 亿元。北京故宫系列文创产品的新媒体营销是传统文化产业新媒体营销的典型案例之一。

### 1. 故宫文创产品的用户偏好分析

走访调查用户对故宫文创产品的喜爱显示，在文创产品的偏好上并不存在性别差异，消费水平对其影响也不明显，年龄的影响是比较显著的。首先，年龄与对文创产品实用性的要求负相关，对于年轻群体，实用性不是他们的首要考虑指标，但对于中老年人，产品实用是很重要的；其次，年龄与实体店对购买欲的刺激程度是显著正相关的，年轻群众习惯于网上购物，实体店对他们的吸引力并不如网上商城，而对于老一辈人，真实感受到实物的质感让他们更安心，也更加有购买欲；再次，年龄越大的人也越在意产品背后的文化含义，对于年轻人而言，产品的外观和潮流性是吸引他们的重要因素，他们在意的更多的是产品的潮流价值，而由于老一辈人更注重产品所蕴含的历史典故，因此更在意产品的文化价值。

### 2. 故宫文创产品的渠道策略

网络调查发现，故宫文创产品的分销渠道分为线上渠道和线下渠道。线下渠道为设置在故宫内及北京繁华商圈的实体店，所售产品与线上商城基本一致，方便游览故宫的游客参观购买，在实体店可以更直观地感受产品的质地、质量与设计。线上渠道主要包括"故宫淘宝""故宫博物院文创旗舰馆""故宫博物院文创馆"三个官方旗舰店，分别设置在淘宝、天猫和微信平台。虽然都是故宫的官方旗舰店，但是它们的风格并不相同，"故宫淘宝"和"故宫博物院文创馆"售卖文创产品，而"故宫博物院文创旗舰店"还包含票务、出版，就店内风格而言，故宫文创走的是高冷宫廷路线，而故宫淘宝走的是亲民路线。

**3. 故宫文创产品的推广策略**

在宣传推广方面，北京故宫主要利用微信、微博等新媒体平台，开设官方公众号、官方微博账号，通过发布微博软文、积极与网友和同行互动、借助网络热点话题三种手段进行宣传，吸引了大批粉丝，开发了大量的潜在用户。同时开发了多种App，如"故宫社区""皇帝的一天"等，使故宫得到了很好的侧面宣传。

北京故宫博物院作为博物馆的代表，在营销方面有许多值得学习和借鉴的地方。

**【课堂讨论】**

1. 你关注过故宫文创产品吗？是从哪些平台关注到的？
2. 你有从线上或者线下购买过故宫文创产品吗？
3. 你期待故宫文创产品在哪些方面有所改进？

## 2.1.1 用户定位

**1. 用户定位的概念**

新媒体营销活动越来越频繁，同时复杂性也不断增加。不论是企业还是个人，要想获得竞争优势都要先做好用户定位，得到用户的认同，增强自身的综合竞争力。企业在营销过程中，用户定位是至关重要的一环。只有了解自己的目标用户，才能根据这些用户的需求来提供相应的内容，使营销效果达到最佳。

用户定位主要包括以下两方面：用户属性和用户行为，如图2-2所示。

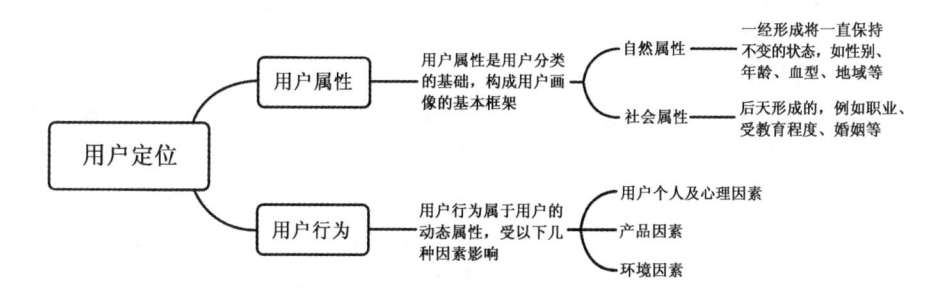

图2-2 用户定位的概念

（1）用户属性。

用户属性是用户分类的基础，构成用户画像的基本框架。

用户属性是指用户的自身分类属性，包括人的自然属性和社会属性。自然属性是指一经形成将一直保持稳定不变的状态，如性别、年龄、血型、地域等；社会属性则是后天形成的，处于相对稳定的状态，如职业、受教育程度、婚姻等。这些属性信息的不同可导致用户的收入水平、生活习惯和兴趣爱好不同，进而影响用户的消费行为。因此，要在开展营销计划前就做好用户属性的分析，找到符合自己产品和品牌定位的用户群体，这样才能针对这些用户群体更好地制订销售计划，刺激他们产生消费行为。

（2）用户行为。

用户行为属于用户的动态属性，由用户意向决定。用户意向就是用户选择某种内容的主观倾向，代表着用户愿意接受某种事物的可能性，是用户行为的一种潜在心理表现，如用户的各种爱好是用户行为分析内容。一般来说，影响用户意向的因素主要有以下3个。

① 用户个人及心理因素：每位用户自身的经济能力、兴趣爱好习惯等的不同，会有不同的商品购买意向；用户的心理、感情和实际的需求各不相同，也会产生不同的产品购买动机。

② 产品因素：产品因素主要包括产品的价格、质量、性能、款式、服务、购买方式的便捷性等因素，如在淘宝直播平台中，用户可以在观看直播的同时直接购买产品，这比传统视频营销结束后告知用户通过何种渠道进行购买便利得多。

③ 环境因素：环境因素会影响用户意向。如某热播剧引起人们对某个产品的关注，受该热播剧的影响，关注该产品的用户也会急剧增多。

用户定位是一个长期的过程，企业不仅要在营销计划开始前进行定位分析，还要在营销计划实施的过程中随时观察用户的变化，找出用户未被满足的需求和未被重视的感受，将其作为下一阶段营销计划的改进方向。

### 2. 用户定位时采集用户数据的三个维度

（1）用户的维度。

用户的维度指的是从用户行为的角度来采集数据。分析用户通过何种渠道接触企业的新媒体平台，以及他们在网站上做出了哪些行为，这些都属于从用户的维度来分析数据。有的用户通过直接输入网址找到企业的官方微博、微信，有的是从自己或朋友的微博、微信上看到的。这些不同的渠道产生的流量也各不相同。

用户进入新媒体平台后的活动也是重要信息。他们会点击哪些页面，在同一页面上停留多长时间，访问路径是从哪个页面到哪个页面等，都会成为产品决策的依据。通过这些数据，企业可以找出用户访问深度最高的渠道，加强该渠道的推广力度。

（2）营销的维度。

用户的维度针对的是用户来源，营销的维度主要是分析收入情况。新媒体营销渠道每天的订单数、每笔订单的金额大小、订单支付成功率、订单交付周期、用户退货率、用户投诉率、用户重复购买率、用户再次下单的周期等数据，都是新媒体营销者需要注意的环节。

此外，营销者还要关注平台上每天的内容产出量与新用户增加、老用户流失等情况，以便从中筛选出优质活跃用户。在各种用户画像中，优质活跃用户的画像非常重要，他们是其他用户的标杆。如果数据显示用户流失严重，就要及时调整经营策略了。

（3）产品和内容的维度。

新媒体营销的最终目标是销售产品。通过对每个用户购买的产品类型、平均每次购买的数量及金额、退换货的情况进行大数据分析，就能发现比较受欢迎的热门产品，进而做好促销计划。

优质内容是新媒体平台的标签,用户关注新媒体的初始动机是关注其分享的内容。新媒体营销者应该对平台上已发布的内容进行分类,可以按照文字、图片、视频等表现形式来划分,也可以按照电影、美食、运动、旅行、历史、军事、体育等标签来划分。新媒体营销者要时刻关注用户最感兴趣的标签,观察每个标签下的用户每天发布多少内容、内容质量、评论转发状况。如此一来,用户的兴趣爱好就一目了然了。

**3. 用户定位的流程(见图2-3)**

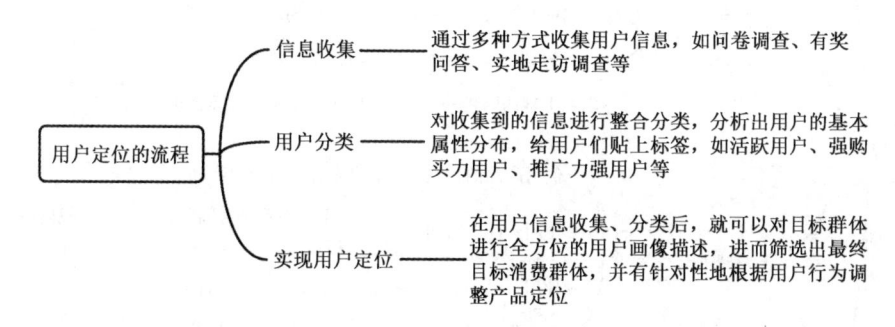

用户定位的流程
- 信息收集——通过多种方式收集用户信息,如问卷调查、有奖问答、实地走访调查等
- 用户分类——对收集到的信息进行整合分类,分析出用户的基本属性分布,给用户们贴上标签,如活跃用户、强购买力用户、推广力强用户等
- 实现用户定位——在用户信息收集、分类后,就可以对目标群体进行全方位的用户画像描述,进而筛选出最终目标消费群体,并有针对性地根据用户行为调整产品定位

图 2-3　用户定位的流程

## 2.1.2　用户画像

**1. 用户画像的定义**

用户画像又称用户角色,作为一种勾画目标用户、联系用户诉求与设计方向的有效工具,用户画像在各领域得到了广泛的应用。用户画像是团队用来分析用户行为、动机和个人喜好的一种图形表示,它能够将用户的各种数据信息以图形化的直观形式展示出来,让团队更加聚焦用户群体,对目标群体有更为精确的了解和分析。

用户画像主要利用存储在服务器上的海量日志和数据库里的大量数据进行分析和挖掘,通过收集与分析用户的社会属性、生活习惯、消费行为等数据,提炼出用户的信息全貌,这些信息可以实现对用户不同维度的特征进行标识,这就是用户画像的本质。用户画像技术现在已经应用到很多行业和领域,通过用户画像可以了解用户的生活习惯、挖掘和开发潜在的用户,实现精准化的群体定位,在产品的广告宣传、资讯媒体的推广等方面都取得了很好的应用效果。

**2. 描述用户显性画像**

用户的显性画像指的是市场调研者对用户群体的可视化特征的描述。想要完整地描述用户的显性画像,应该从基础特征、上网习惯、产品使用习惯和其他特征4个方面入手,如图2-4所示。

新媒体营销者完成对用户显性画像的描述后,就能初步建立起一个比较完整的用户档案,抓住其基本特征。如果跳过这个环节,就无法真正弄清楚用户的深层特征。

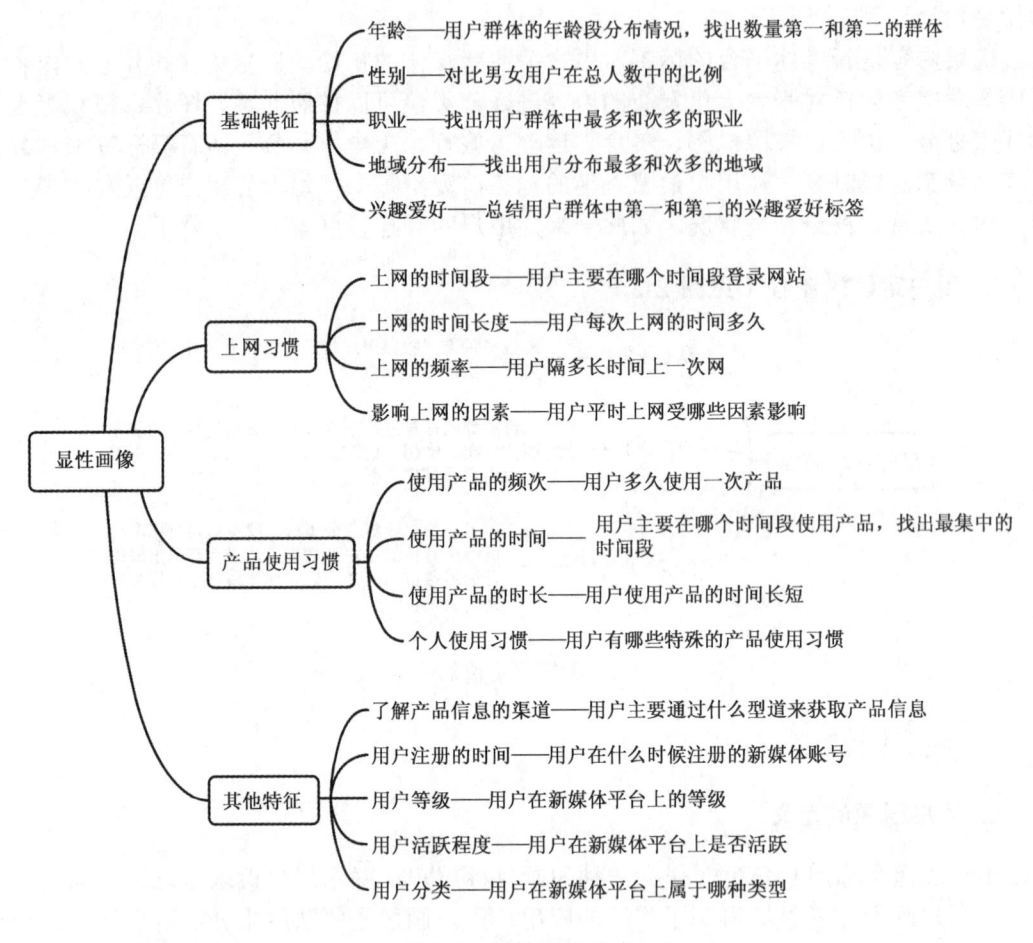

```
                    ┌─ 年龄——用户群体的年龄段分布情况,找出数量第一和第二的群体
                    │  性别——对比男女用户在总人数中的比例
         ┌─ 基础特征─┤ 职业——找出用户群体中最多和次多的职业
         │          │  地域分布——找出用户分布最多和次多的地域
         │          └─ 兴趣爱好——总结用户群体中第一和第二的兴趣爱好标签
         │
         │          ┌─ 上网的时间段——用户主要在哪个时间段登录网站
         │          │  上网的时间长度——用户每次上网的时间多久
         ├─ 上网习惯─┤ 上网的频率——用户隔多长时间上一次网
显性画像 ─┤          └─ 影响上网的因素——用户平时上网受哪些因素影响
         │
         │              ┌─ 使用产品的频次——用户多久使用一次产品
         │              │  使用产品的时间——用户主要在哪个时间段使用产品,找出最集中的时间段
         ├─ 产品使用习惯 ─┤
         │              │  使用产品的时长——用户使用产品的时间长短
         │              └─ 个人使用习惯——用户有哪些特殊的产品使用习惯
         │
         │          ┌─ 了解产品信息的渠道——用户主要通过什么型道来获取产品信息
         │          │  用户注册的时间——用户在什么时候注册的新媒体账号
         └─ 其他特征─┤ 用户等级——用户在新媒体平台上的等级
                    │  用户活跃程度——用户在新媒体平台上是否活跃
                    └─ 用户分类——用户在新媒体平台上属于哪种类型
```

图 2-4　显性画像分类

**课堂讨论**：试构想奶茶公司"一点点"的用户画像,并从显性画像方面分析。

### 3. 刻画用户隐性画像

用户的隐性画像是指市场调研者对用户内在深层特征的描述,主要包括以下 5 个方面,如图 2-5 所示。

```
    使用产品的场景 ─┐              ┌─ 用户的消费目的
                  ├─ 刻画用户隐性画像 ─┤ 用户的消费偏好
    使用产品的频次 ─┘              └─ 用户的核心需求
```

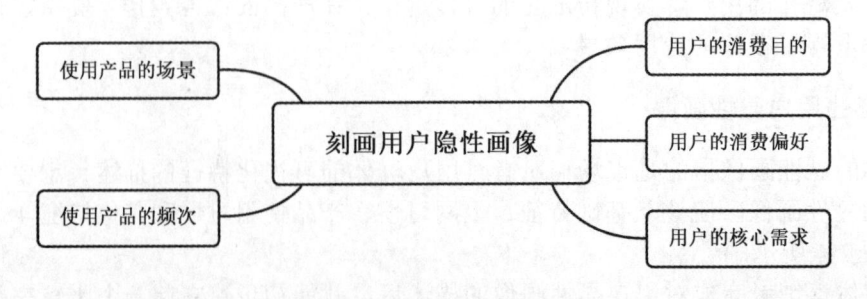

图 2-5　刻画用户隐性画像

（1）用户的消费目的。

毋庸置疑,用户的消费目的肯定是想利用产品的某种性能来解决某种问题。新媒体

营销者需要了解的正是这一点。消费目的的大小决定了用户愿意为此投入的成本、时间和精力。确认产品能否实现用户的消费目的是交易的起点。

（2）用户的消费偏好。

消费偏好包括对产品品牌、产品功能、审美特点、购买数量、购买方式等方面的取舍。不同的用户群体存在不一样的消费偏好。新媒体营销者不仅要设法让产品满足用户群体的消费偏好，还要设计出一个令他们感到满意的服务方式。

（3）用户的核心需求。

用户的消费目的对应了某个核心需求。他们的需求可能是追求实用价值，也可能是为了获得炫耀性消费的心理满足。调查目标用户群体最核心的需求是新媒体营销者赢得市场的关键。一旦抓准了核心需求，无论用户的需求曲线如何变化，都不会脱离营销者的掌控。

（4）使用产品的场景。

用户是在家里使用产品，还是在其他场所使用产品，也是新媒体营销者要清楚的一个重要问题。在不同的应用场景下，用户会表现出不一样的特征。

（5）使用产品的频次。

用户使用产品的频次反映了他们的需求水平，如有的产品容易消耗，用户的使用频率较高，新媒体营销者可以根据这些信息及时准备下一批供货。

通过描述用户的隐性画像，新媒体营销者可以挖掘出目标用户群体的深层特征。这将为企业的产品设计、宣传推广和售后服务提供足够具体的参考数据，从而不断改善用户体验，提高用户的品牌忠诚度。

4. 构建用户画像的步骤（见图 2-6）

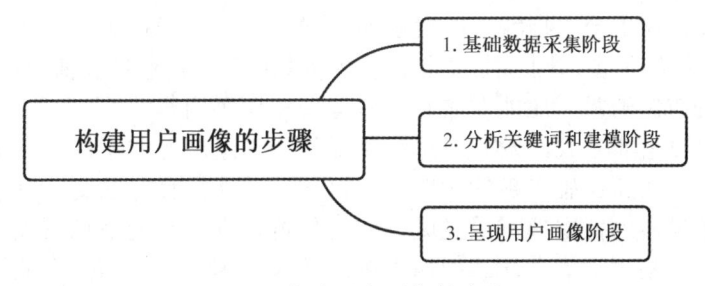

图 2-6 构建用户画像的步骤

（1）基础数据采集阶段。

新媒体营销者应该把宏观层面的数据和微观层面的数据结合起来。宏观层面的数据主要包括行业数据、用户总体数据、总体内容数据等，可以通过行业分析报告、产品前台数据和后台数据、第三方大数据分析等渠道进行数据采集。微观层面的数据主要包括用户属性数据、用户行为数据、用户成长数据、用户参与度数据、用户点击数据等，新媒体营销者可以通过产品前台数据和后台数据、第三方大数据分析、公司调研报告、用户访谈记录等渠道进行数据采集。

（2）分析关键词和建模阶段。

当新媒体营销者采集完描述用户画像所需的数据资料后，下一步就是分析和加工资料，提炼出用户群体的共同要素，将其化为关键词，为构建可视化模型打基础，然后再分析用户等级数据、用户行为数据和用户贡献等信息，并建立相应的用户模型。新媒体营销者要对关键词的出现频次进行排序，这样才能提取最能反映用户群体特征的共性关键词。

（3）呈现用户画像阶段。

经过上述两个环节，我们已经给目标用户群体贴好了个性标签，然后再描述出其显性画像和隐性画像，就能得到一个相对完整的用户画像了。当用户画像呈现出来后，新媒体营销者应当以此为依据来制定营销策略和营销规划。

### 2.1.3 确定用户平台

新媒体营销的平台众多，不同的平台有不同的用户群体，在企业新媒体营销过程中，平台的运营是一个极为重要的内容，而选择什么样的平台来运营是重中之重。如何筛选出最适合企业自身运营的营销平台是使营销效果最大化的关键。把握各个新媒体营销平台的特征，有利于帮助新媒体营销人员做好初期定位。下面介绍 5 种新媒体营销的常见平台。

#### 1. 社交平台

在各种营销平台中，社交平台是众多企业和商家乐于选择和拥护的，特别是微信、微博等的发展，更是为平台矩阵的建立提供了强大的助力。

（1）微信。

微信基于智能移动设备而产生，因其简洁的界面、便捷的操作等特点，使微信成为一款渗透率高、覆盖面广的主流即时通信软件，积累了大量活跃用户，并渗透到人们生活和工作的方方面面。微信营销正是建立在微信大量活跃用户的基础上的，其特殊的点对点营销模式、灵活多样的营销形式和较强的用户联系性，为微信营销提供了更多可能。

（2）微博。

微博随国外媒体平台"推特"的发展而兴起，是一个通过关注机制分享简短实时信息的广播式社交网络平台，网络上很多的最新动态几乎都是通过微博分享出来的。目前，微博不仅可以发布短消息，还能发布长文章与音视频等内容。

微博的用户数量非常大，发布信息和传播信息的速度都非常快，微博博主通过每天更新微博内容、发布粉丝感兴趣的话题，可以与粉丝保持良好的交流互动，培养起坚实的粉丝基础。如果微博博主拥有数量庞大的粉丝群，则发布的信息可以在短时间内传达给更多其他用户，甚至形成爆炸式的病毒推广效果。因此，不论是企业还是个人，都会选择将微博作为主要营销平台之一。

#### 2. 电商、资讯平台

电商、资讯平台是利用大数据获取流量，进而利用流量营销和推广，将流量转化为订单的主要平台。尤其是在移动电商快速发展的时代，以淘宝、京东为代表的电子商务平台被企业在营销推广中广泛使用，并逐渐催生出更多方式，更加成熟的推广策略。

（1）淘宝头条。

相对于整个淘宝，淘宝头条的定位是生活消费类媒体平台，企业新媒体营销者借助精准算法个性推送，内容生产者可以更高效率地获得更多曝光和用户关注。

（2）京东快报。

京东作为传统电商领域的领军企业，也在不断探索新的运营方式和更多功能，京东快报应运而生，成为京东主要的营销推广方式之一。京东快报定位于"生活方式内容聚拢平台"，通过丰富的内容形式向用户提供公告信息，如专业导购指南、新鲜生活资讯、优惠活动、兴趣空间、政策等，从而提高用户购买决策效率和留存率。

（3）淘宝直播。

淘宝直播定位于"消费类直播"，涵盖范围多种多样，商家通过这一平台和消费者直接互动，吸引用户下单，而这样确实也具有明显的效果。

### 3. 内容推荐平台

该类型中具有代表性的有哔哩哔哩、优酷、爱奇艺、小红书等视频平台和新闻资讯类平台，它们的主要作用是对上传到该平台的短视频内容进行推送，只作为内容的推送者。同时，视频平台中的弹幕还可以与用户进行互动，更方便地获得用户的反馈信息。内容推荐平台的最大特点是平台本身就积累了大量的用户，用户黏性强。内容推荐平台虽然有大量的原始流量且用户质量极高，但是有利就有弊，优质的平台对内容的审核要求也极高。

### 4. 问答平台

知识问答是新媒体营销的常见表现形式，其对应的营销平台有很多，如百度知道、知乎等。问答平台营销是一种以内容质量获取粉丝的方式，其内容在搜索引擎中可以获得较高的权重，能够获得较好的排名，具有较为精准的营销效果。同时，由于问答平台注重知识和经验的分享与传播，可以帮助企业和个人获得良好的口碑。

### 5. 社区论坛

社区论坛中聚集了大量的潜在用户，在其中进行营销可以引流，聚集人气，是活动或品牌推广的不错选择，如百度贴吧、豆瓣等都是较为常见的社区论坛。其中百度贴吧基于百度搜索引擎的庞大用户群体，其人数众多，营销价值较大，适合进行产品引流与推广；豆瓣可以提供图书、电影、音乐唱片的推荐、评论和价格比较，以及城市独特的文化生活，其内容的可信度更高，更适合进行品牌的累积与建设。

## 【任务评价】

### 1. 学生自评（见表 2-2）

表 2-2　新媒体用户认知任务学生自评表

| 班级 | | | 学号 | | 姓名 | |
|---|---|---|---|---|---|---|
| 角色 | | ○ 组长 | ○ 组员 | | 完成时间 | |
| 任务 | | | 完成情况记录 | | | |
| 了解新媒体用户定位的含义 | | | | | | |
| 熟悉用户画像的构建流程 | | | | | | |
| 熟悉当下流行的新媒体平台 | | | | | | |
| 任务后的收获 | | | | | | |

## 2. 生生互评（见表2-3）

表2-3 新媒体用户认知任务生生互评表

| 班级 | | 学号 | | 姓名 | |
|---|---|---|---|---|---|
| 角色 | ○ 组长　　○ 组员 | | 完成时间 | | |
| 任务 | | | 完成情况记录 | | |
| 了解新媒体用户定位的含义 | | | | | |
| 熟悉用户画像的构建流程 | | | | | |
| 熟悉当下流行的新媒体平台 | | | | | |
| 任务后的收获 | | | | | |

## 3. 教师评价（见表2-4）

表2-4 新媒体用户认知任务教师评价表

| 班级 | | 学号 | | 姓名 | |
|---|---|---|---|---|---|
| 角色 | ○ 组长　　○ 组员 | | 完成时间 | | |
| 任务 | | | 完成情况记录 | | |
| 了解新媒体用户定位的含义 | | | | | |
| 熟悉用户画像的构建流程 | | | | | |
| 熟悉当下流行的新媒体平台 | | | | | |
| 任务后的收获 | | | | | |

### 【拓展练习】（见表2-5）

表2-5 新媒体用户认知拓展练习表

| 练习名称 | 初识新媒体营销用户 |
|---|---|
| 练习目的 | 了解用户定位在新媒体营销中的重要性 |
| 练习安排 | 挑选自己喜欢的一个商品企业，分析该企业消费者的用户特点 |
| 练习小结 | 学生小组交流各自关注的企业类型和用户特点，教师根据讨论成果、PPT展示、讨论分享中的表现，给每个小组打分 |

## 2.2 新媒体内容定位

### 【任务描述】

对于企业而言，传统媒体时代依靠传播平台进行营销的方法逐渐被淘汰，转而发展为通过提供目标用户感兴趣的"内容"，与用户建立良好的关系，从而达到提高营销效果的目的。

那么什么是新媒体内容营销？新媒体内容的表现形式有哪些？怎样进行新媒体内容定位？本任务要求新媒体营销人员在学习过程中，了解内容营销的概念，熟悉新媒体营销的不同表现形式，学会怎样进行新媒体内容定位，让新媒体内容更加吸引用户。

## 【学习目标】

1. 了解新媒体营销内容的概念。
2. 熟悉新媒体内容的表现形式。
3. 掌握新媒体内容定位的原则。
4. 能够对新媒体内容进行准确定位。

## 【任务分配】

本任务为分组任务：学生分组讨论，选择一个自己感兴趣的微信公众号，总结出该公众号推送文章的表现形式，并列举3篇有特色的内容输出案例，分析该案例的内容定位过程与优缺点（见表2-6）。

表2-6 新媒体内容定位任务分配表

| 班级： | | 组号： | | 组名： | |
|---|---|---|---|---|---|
| 角色 | 姓名 | | 学号 | | 任务分工 |
| 组长 | | | | | |
| 组员 | | | | | |
| | | | | | |
| | | | | | |
| | | | | | |
| | | | | | |
| | | | | | |

## 【任务准备】

引导问题1：新媒体内容营销的表现形式有哪些？

引导问题2：新媒体内容营销的定位过程是怎样的？

## 【课前导读】

人民文学出版社（以下简称人文社）是新中国成立以来历史最久、规模最大的文学出版机构之一。面对新媒体的红利，人文社在多变的媒介环境中大刀阔斧地改革，先后创立了微博、微信公众号、今日头条、微店、抖音、快手等账号，并在近两年全力开发出版直播，新媒体营销成绩斐然。

### 1. 灵活运用新媒体平台，做好网格化与创新化

在早期"双微"阶段，人文社就十分重视新媒体的互动功能，从培育作家、评论家等意见领袖到组建人文社媒体微信群，这一系列行为使图书产品能够在社交媒体第一时间迅速发酵。在豆瓣读书、今日头条、喜马拉雅等新媒体平台中，同样能看到人文社的官方运营账号。短视频的兴起又加速了人文社对抖音和快手的研究，人文社不仅通过内

容创意与有效互动成长为百万粉丝"大V",还为传统出版机构参与短视频营销提供了样本。为了进一步提升转化率,人文社加速了线上销售渠道建设。一方面,人文社与当当、京东等电商平台深度捆绑;另一方面,人文社搭建自营线上微商城——人文之宝,逐步构建起门类齐全、覆盖面广、转化率高的网络矩阵。

### 2. 找准新媒体定位,做文学出版的垂直领域

品牌新媒体的发展带来了传播路径、传播方式及传播速度的转变,但优质内容才是图书营销的核心要素。因此,出版机构需要寻找内容资源与新媒体的契合点,根据出版社的产品特点进行新媒体布局。以人文社微信公众号为例,其推送内容既包括海内外名家的优秀文本片段,也包括雅俗共赏的主题活动,倡导用优质思想点燃阅读之光,如在《毕飞宇笔下,那些乘风破浪的女性》一文中,公众号结合热门综艺节目,对毕飞宇作品中的女性人物进行重新审视,这引起了广大读者对女性群体的深度关怀,进而形成对毕飞宇图书作品的文学纵览和人文思考,最终转化为实际购买力。

### 3. 人文社新媒体营销的启示

人文社从精准定位、平台创新等方面发力,既有效稳固了自身在文学出版领域的王牌地位,积累了广阔的读者群体,也成功促进了图书产品线的全面升级,品质和销量节节攀升。根据人文社的营销经验,出版机构应当主动跟进行业态势,遵循传播规律,从品牌意识、用户意识、工具意识等方面调整新媒体营销策略,让图书魅力和文化传承更加持久。

【课堂讨论】

1. 你浏览过人民文学出版社的文章吗?
2. 你从哪些平台关注过人民文学出版社的哪些内容?
3. 你最喜欢的有关人民文学出版社的宣传平台是哪个?

## 2.2.1 新媒体内容的认知

完成新媒体用户分析工作后,营销人员开始策划内容,而内容的核心首先应该围绕满足用户的好奇心、自我表达、身份认同及自我社交分享的需要进行。

### 1. 新媒体内容的概念

新媒体内容是指企业营销人员利用新媒体渠道,向用户传递与企业有关的文字、图片、音频或视频等数字信息。内容是一切用户行为的入口,同时也是获取用户信任的第一步,在社交化的今天,每个个体都是一个媒体、一个传播源。优质的内容不仅能快速形成强黏性的流量池,还可以打造企业品牌或个人IP,成为品牌和IP进行快速裂变的强有力的工具。

### 2. 新媒体内容营销的概念

内容营销是指通过新媒体平台,如微信公众号、微博文章、电子杂志等,生产发布

有价值并可以吸引用户的内容,从而刺激目标用户参与并消费的一种行为及营销模式。随着内容营销在新媒体时代的发展,各大媒体及企业注意到其特色后,将传统方式转换成为内容营销策略。内容营销随着网络社交的发展呈现大开放趋势,与此同时,内容营销的发展更加迅速。

传统的营销模式习惯于直接展示产品,并通过重复品牌的形式吸引用户。内容营销打破了传统营销的固有模式,企业首先需要了解用户想了解的信息,然后针对这类信息进行主动且专业的解答,通过帮助用户解决实际问题的方式培养起用户对品牌的信任度,最后再顺理成章地引导用户购买产品。

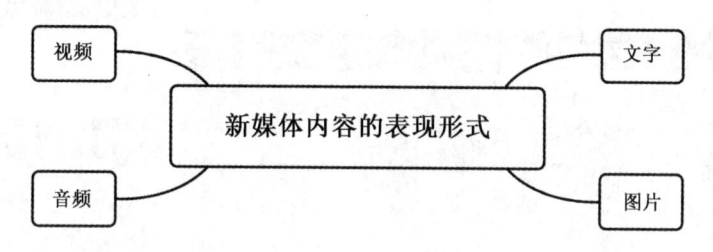

## 2.2.2 新媒体内容的表现形式

新媒体内容的表现形式非常丰富与多样化,文字、图片、视频、音频等元素是常见的内容表现形式,这些元素都具有不同的表现力与特点,可以充分满足新媒体营销内容的呈现,如图 2-7 所示。下面分别对其进行介绍。

图 2-7 新媒体内容的表现形式

### 1. 文字

文字是内容信息最直观的表达,可以准确传递内容的核心价值,不容易使用户产生理解错误。同时,文字的表现手法多样,不同的文字写作方法可以带来不同的营销效果,可以快速吸引用户的注意并引起用户的共鸣。标题、短微博、长文章等形式的新媒体营销内容中常采用纯文字的形式进行展示。

### 2. 图片

图片比文字具有更强的视觉冲击力,可在展示内容的同时给予用户一定的想象空间。新媒体营销中的图片内容展示可以全部是图片,也可以将文字作为图片的一部分融合到图片中,使图片既能鲜明地表达主题,又能快速提升用户的阅读体验,但要注意文字在图片中的比例及文字的大小要适宜,以保证查看图片时文字内容能清晰展示且不遮挡图片的效果。

### 3. 视频

视频记录的内容可以直接作为营销内容,运用品牌故事、历史人文、活动记录、另类表达的形式呈现,实现对营销内容的传播与推广,这也是当前视频内容在进行营销时运用商业定制模式的主旨,也可以通过多媒体技术的运用及内容的表达达到营销主题。视频与文字、图片形式相比,不会受到板块空间的限制,能够对营销内容进行压缩,使内容全面呈现，然后运用动态、直观的方式将资料内容传递给观看者。例如，公众号"o面面俱到o"，内容定位为动画专业毕业设计展示，该公众号的文章大多数以视频为主、文字解释为辅，如图2-8所示。

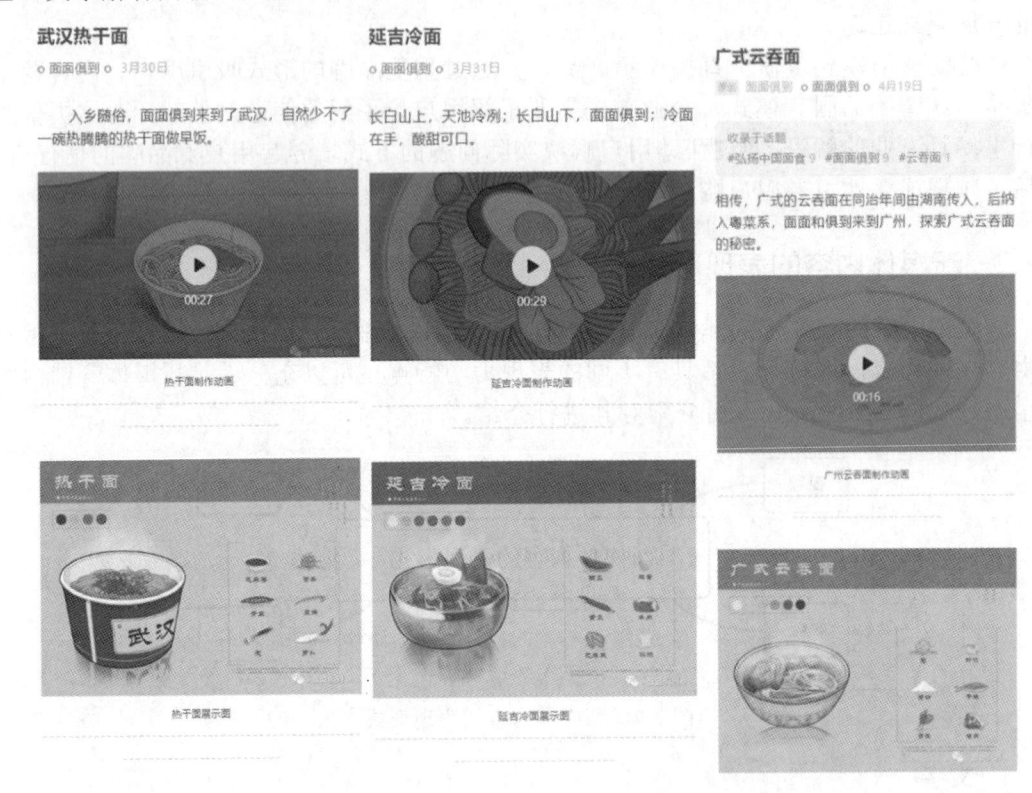

图2-8 "o面面俱到o"公众号内容展示

### 4. 音频

除文本、图片和视频外，音频也是常用的新媒体营销内容表现形式。音频更具有亲和力，能够快速拉近与用户之间的距离，可以加深与用户之间的互动。但音频收录过程中可能由于外界的干扰使信息收录不完整，影响用户对信息的接收，导致错失重要的内容。因此，以音频方式进行新媒体营销时，要保证录音环境没有多余的噪声，做到吐字清晰、语速适当、用语简明，以让用户容易理解和接受为重点。例如，公众号"考研政治徐涛"的"背诵上岸计划"栏目，推文内会放入一段音频，供考研学子在辛苦背诵知识点之余，以另一种方式边缓解压力边记忆考研政治知识点，如图2-9所示。

综合以上几种新媒体内容的表现形式可以发现，不同的表现元素有不同的优缺点，新媒体营销者可以综合利用不同的表现形式，集合多种内容的特点，降低用户阅读内容时的疲劳感和枯燥乏味。但需要注意，并非要将每种内容的表现形式都集中在同一篇内容中，要注意合理搭配各种内容元素，尽量为用户带来一种极致的阅读体验。

图片、视频和音频等内容形式会产生较多的流量，当用户没有足够的网络流量时可能会放弃阅读内容，因此应合理控制内容的大小。

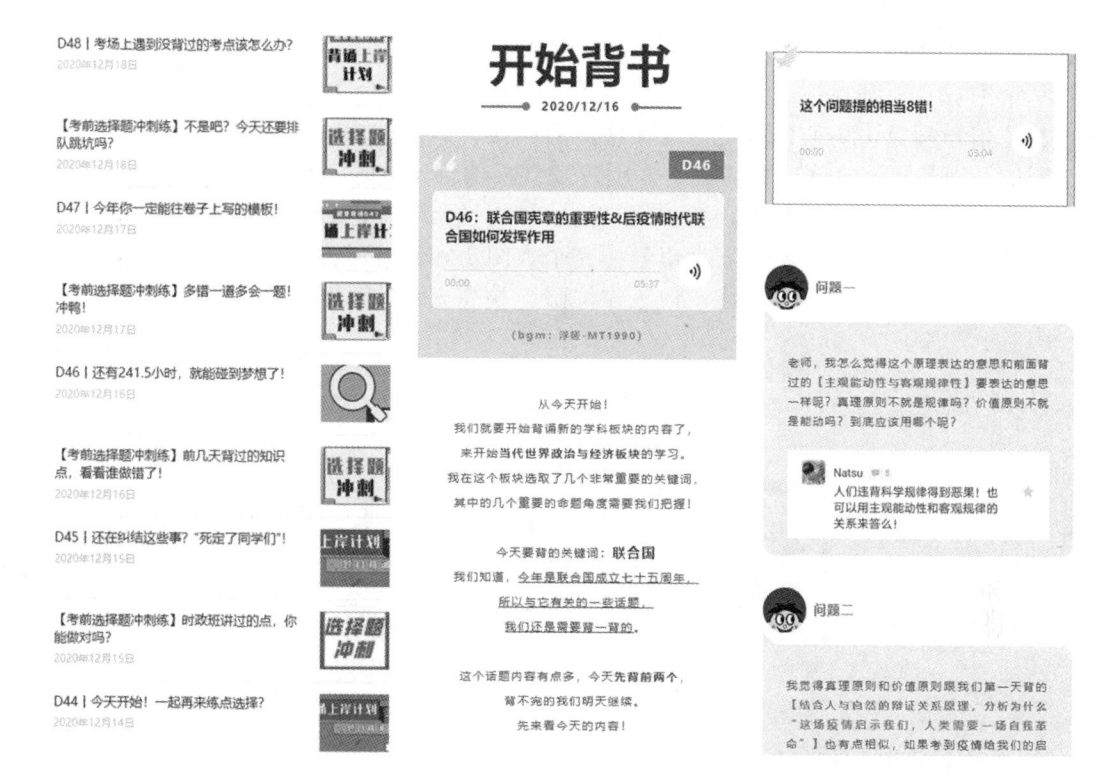

图 2-9 "考研政治徐涛"公众号内容展示

## 2.2.3 新媒体内容定位的流程

新媒体内容营销区别于传统的产品营销，通常需要以内容为载体进行市场推广，加快品牌传播，增进产品销售。要实现内容营销，全面、灵活、准确、流行的内容基础和营销策略必不可少，新媒体内容定位流程如图 2-10 所示。

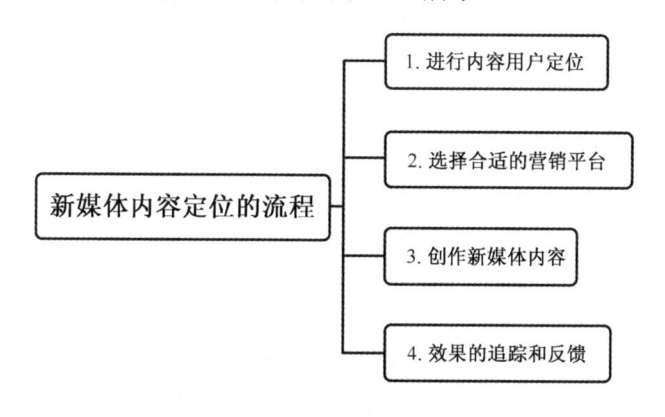

图 2-10 新媒体内容定位的流程

### 1. 进行内容用户定位

首先需要新媒体营销者考虑一个问题：要为哪些用户服务？用户是内容营销的中心，拥有用户才能够实现最终的营销效果。在一个大范围的用户群体中，并不是每位用户都能为产品创造价值，用户对产品的接受度、了解度都会影响最终的销售效果，企业不可能在每个用户身上都投注成本，因此需要进行用户定位，尽可能缩小投入范围，为核心用户构建用户画像，为他们制定营销策略，提高推广的精准性。

例如，网易严选官网，目的在于为用户提供高性价比的好产品，如图2-11所示。主要目标用户为年轻群体，其中，核心用户为一二线城市注重性价比的年轻上班族和追求品质生活的小资青年。他们随着学识学历、个人阅历和经济能力的提升，追求好看好用的商品，对品质敏感度高于价格，但工作忙碌，缺少充足的时间打理生活。

图2-11　网易严选官网首页

### 2. 选择合适的营销平台

在众多的新媒体营销平台中，不同的平台有不同的用户群体，每个平台都有其特点和优势，如何使营销效果达到最佳，选择适合的营销平台显得尤为重要。新媒体发文的形式多种多样，有文字、视频、音频、图片等形式，选择以哪些形式进行营销推广，就可以选择对应平台进行宣传。但是，新媒体营销者应该注意，不要盲目跟风，要根据团队的优势和新媒体的特点做选择。

例如，日食记文化传媒有限公司的宣传以拍摄美食视频为主，文字解释为辅，因此，该公司做推广时就会选择可以上传视频的新媒体营销平台，如微博、微信、哔哩哔哩等，如图2-12所示。

### 3. 创作新媒体内容

在进行新媒体内容创作时，结合业务本身与企业远景，做合适的内容创作选题，一般要关注内容的3个标准：专业性、趣味性、新闻性。针对不同的用户群体，3个标准应有不同的侧重。对于特定领域与行业更倾向于专业性，专业度高的内容更受欢迎，用户黏性更高；趣味性可以作为内容的切入口，在开放性的大众平台，用户一般不需要特别精准的内容，可以将"趣味性"作为传播的基本点，如抖音、快手等平台；而新闻性在某些平台表现得越来越强，如微博更像"大V"的新闻发布平台。

需要注意的是，新媒体传播中的优质内容，其表现形式是多种多样的，但其价值观应永远是积极向上的。与传统媒体相比，新媒体内容生产更偏向于表达个体的情绪与观点，但真正能打动人心、引发大众共鸣的内容，还是能够帮助人们把握复杂现实、聚焦内心感动、充满生活动力的内容。

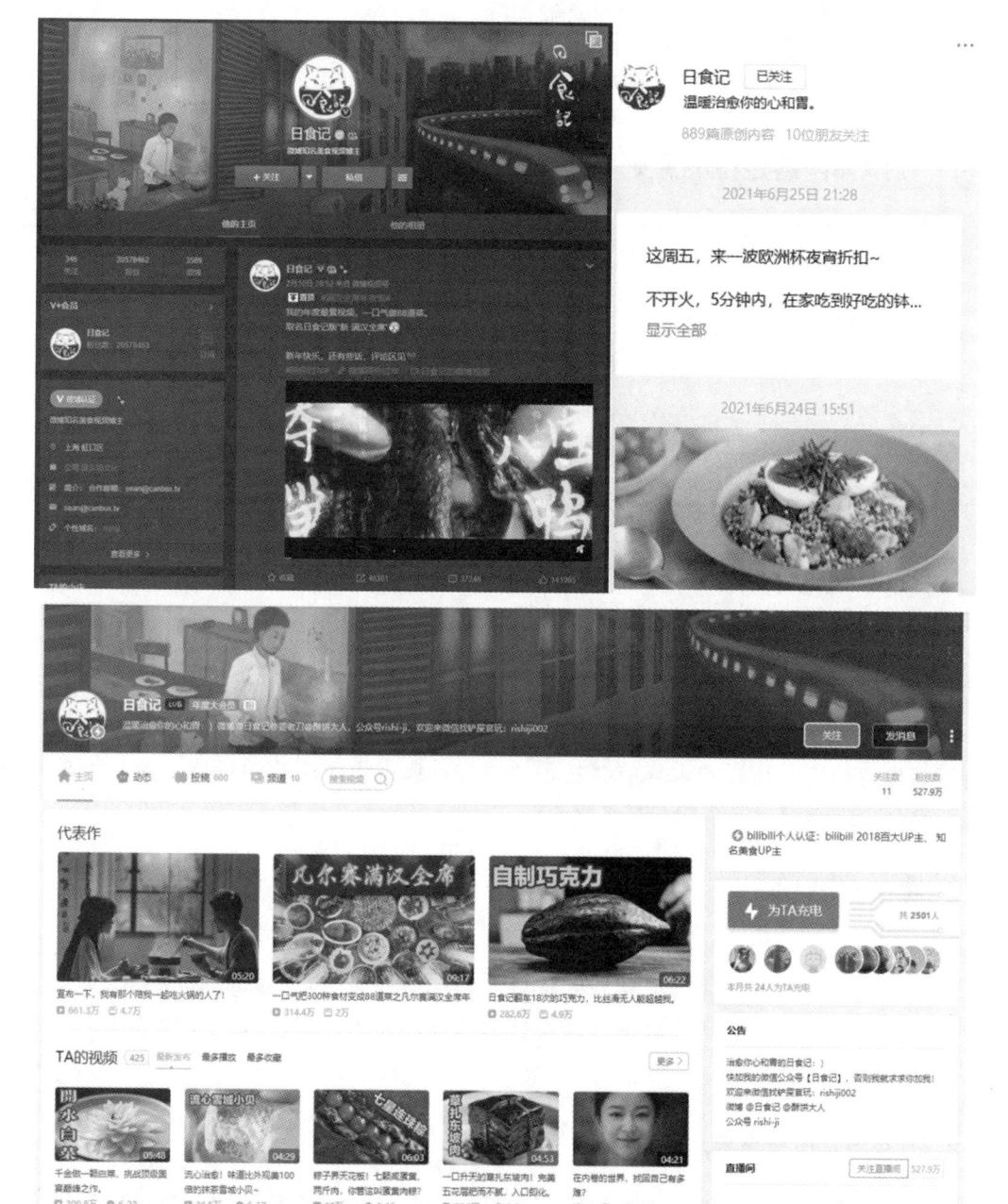

图 2-12 日食记的微博、微信、哔哩哔哩账号主页

**4. 效果的追踪与反馈**

一般来说，衡量内容营销的质量和效果可以参考内容制作效率、内容传播广度、内容传播次数、内容转化率等指标。根据各项指标的实际数值对内容营销的效果进行评价和判断，再对表现不佳的指标进行优化改善，从而获取更大的营销价值。

内容营销需要企业进行长期的坚持和沉淀，要将"内容"这个观念深入用户的心中，甚至形成用户对品牌的固有印象，因此，必须培养一个好的内容营销习惯。企业要坚持更新，创造更多优质的内容，持续向用户分享有价值的信息。

### 2.2.4 新媒体内容定位的原则

内容定位可以帮助新媒体营销人员确定营销的方向，内容的定位要满足以下 4 个原则，如图 2-13 所示。

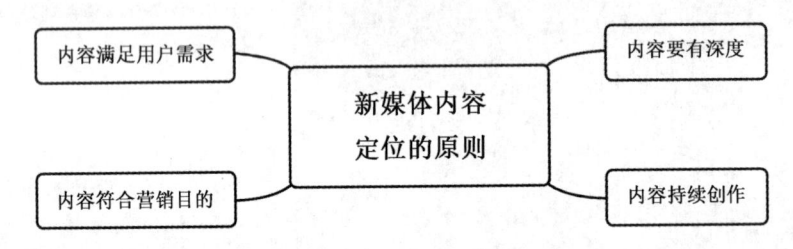

图 2-13 新媒体内容定位的原则

**1. 内容要有深度**

有深度的内容才是人们真正想看的。新媒体内容创作可以将不同的产品联系起来，巧妙嵌入一个推送内容中，这样才会更加有深度和说服力，引导用户的发散思维，用户才会感到更有价值。这样的内容能够紧扣传播点，体现出对用户的价值，并与用户形成心理共鸣。

**2. 内容持续创作**

在新媒体内容创作中，结合运营时间安排，不间断地创作内容，从构思到成品花费的时间、精力、成本，使内容以某一固定频率持续展现给用户。除此之外，还可以引导用户创造内容，用户也有自我表现和获得社会认同的需求，很多人创作内容并不完全为了利益。

**3. 内容满足用户需求**

针对用户群体选择内容，不论提供的是价值还是服务，本质是能够满足用户某方面的需求，让读者在阅读中感受到你的心意，还能解决自身的问题。推送的内容要让用户看完后认为是对自己有帮助的，从而建立品牌的地位和影响力。

**4. 内容符合营销目的**

要想做好新媒体内容策划，必须围绕新媒体内容策划的目的进行，持续提供具有用户价值、符合用户预期的优质内容。营销的目的不同，内容的方向就不同，要呈现给用户的侧重点也就不同。

## 【任务评价】

### 1. 学生自评（见表 2-7）

表 2-7　新媒体内容定位任务学生自评表

| 班级 | | | 学号 | | 姓名 | |
|---|---|---|---|---|---|---|
| 角色 | ○ 组长 | | ○ 组员 | 完成时间 | | |
| 任务 | | | 完成情况记录 | | | |
| 掌握新媒体内容的相关概念 | | | | | | |
| 熟悉新媒体内容的表现形式 | | | | | | |
| 能够描述新媒体内容定位流程 | | | | | | |
| 熟知新媒体内容定位需要遵从哪些原则 | | | | | | |
| 任务后的收获 | | | | | | |

### 2. 生生互评（见表 2-8）

表 2-8　新媒体内容定位任务生生互评表

| 班级 | | | 学号 | | 姓名 | |
|---|---|---|---|---|---|---|
| 角色 | ○ 组长 | | ○ 组员 | 完成时间 | | |
| 任务 | | | 完成情况记录 | | | |
| 掌握新媒体内容的相关概念 | | | | | | |
| 熟悉新媒体内容的表现形式 | | | | | | |
| 能够描述新媒体内容定位流程 | | | | | | |
| 熟知新媒体内容定位需要遵从哪些原则 | | | | | | |
| 任务后的收获 | | | | | | |

### 3. 教师评价（见表 2-9）

表 2-9　新媒体内容定位任务教师评价表

| 班级 | | | 学号 | | 姓名 | |
|---|---|---|---|---|---|---|
| 角色 | ○ 组长 | | ○ 组员 | 完成时间 | | |
| 任务 | | | 完成情况记录 | | | |
| 掌握新媒体内容的相关概念 | | | | | | |
| 熟悉新媒体内容的表现形式 | | | | | | |
| 能够描述新媒体内容定位流程 | | | | | | |
| 熟知新媒体内容定位需要遵从哪些原则 | | | | | | |
| 任务后的收获 | | | | | | |

## 【拓展练习】（见表2-10）

表2-10 新媒体基础拓展练习表

| 练习名称 | 新媒体内容定位初步认识 |
|---|---|
| 练习目的 | 了解内容在新媒体营销中的重要性 |
| 练习安排 | 挑选自己关注的一个企业型微博账号，分析这个账号的内容定位是什么，以及该账号是怎样表现内容的 |
| 练习小结 | 学生小组交流各自关注账号的内容特点，教师根据讨论成果进行PPT展示，讨论分享中的表现，给每个小组进行打分 |

## 2.3 新媒体图文设计技巧

### 【任务描述】

对网络营销推广而言，最主要的是建立企业与用户及公众之间的联系，因此，如何通过图文设计组合成新媒体营销内容就显得至关重要。那么，如何设计一个优秀的新媒体内容标题？如何合理排版新媒体内容中的图片与文字？本任务要求新媒体营销者掌握新媒体图文设计技巧，了解新媒体内容标题设计，掌握新媒体图片设计、版式设计，帮助新媒体营销者制作出高点击率、高转发率的图文内容，提高营销效果。

### 【学习目标】

1. 了解新媒体内容标题设计。
2. 掌握新媒体图片设计技巧。
3. 熟悉新媒体版式设计原则。
4. 能够初步进行新媒体图文设计。

### 【任务分配】

本任务为分组任务，学生分组讨论，挑选两种文章类型为图文结合的公众号，每个公众号挑选两篇最喜欢的文章，在遵从新媒体内容标题设计原则、图片设计原则、版式设计原则的前提下，进行文章版面重设计。将设计成果做成PPT进行演示，并组织全班讨论与评析（见表2-11）。

表2-11 新媒体图文设计技巧任务分配表

| 班级： | | 组号： | 组名： |
|---|---|---|---|
| 角色 | 姓名 | 学号 | 任务分工 |
| 组长 | | | |
| 组员 | | | |

续表

| 组员 | | | | |
|---|---|---|---|---|
| | | | | |
| | | | | |
| | | | | |
| | | | | |

### 【任务准备】

引导问题1：怎样设计文章标题更能吸引读者注意？

引导问题2：怎样进行新媒体图文排版？

### 【课前导读】

"玩车教授"作为汽车垂直类公众号，用通俗易懂的语言向用户深入浅出地阐述了枯燥无味的汽车知识和导购资讯，如图2-14所示。探究"玩车教授"，可以为新媒体营销者规划方向和内容创造提供方向。

图2-14 "玩车教授"微信公众号文章展示

#### 1. 原创漫画，画面感强

相比单纯的文字，漫画风格更容易被读者接受。所以"玩车教授"的原创团队针对用户需要，定制多种风格且文字较少的趣味漫画穿插在推文中，减轻了读者文字阅读的负担，迎合了读者"好玩""有趣"又能学到汽车专业知识的心态。

### 2. 真人情景剧

比起看长篇大论的文字描述，人们更喜欢看故事。"玩车教授"洞悉到了读者爱看故事的心理，于是用叙事电影的形式表达广告车主的优点。真人情景剧广告插入在广告文案中增强了文章的可视化和可读性。

### 3. 拟人化评车

"玩车教授"把用户比较感兴趣的汽车话题，以拟人化调侃的形式呈现，让广告更加生动有趣，被接受度更高。

"玩车教授"的成功来源于其独特的雅痞风格和清晰的定位，一个兼备有趣且专业的汽车导购资讯公众号，使其能在龙争虎斗的公众号市场存活下来并受到众多用户的喜爱，离不开其团队对内容的严格把控。虽然广告是不可避免的存在，但是为了使植入显得更加软性合理，"玩车教授"在广告创意上更加突出了"好玩"的特性。随着短视频的快速崛起，其对图文公众号的生存造成了严重的威胁。新榜2019年公众号年报提到，视频浏览量比图文阅读量高出83.7%。想要在竞争激烈的市场中立于不败之地，公众号需要不断地探索更多的可能性与创新性。

【课堂讨论】

1. 你有关注过"玩车教授"这个公众号吗？
2. 你认为该公众号文章的标题会吸引你点进去阅读吗？
3. 通过阅读该公众号文章的内容和图片，你会购买公众号推荐的产品吗？

## 2.3.1 新媒体内容标题设计

标题最先吸引用户，好的标题能引起用户的注意并点进去阅读文章。因此，拟写营销内容的标题就显得十分重要，设计一个好的新媒体内容标题，是每个新媒体营销者必须掌握的技能。

### 1. 标题拟定前的准备工作

标题是否成功、是否具有吸引力成为营销是否成功的前提。首先，在拟定标题前要对文章的目标用户进行定位，只有明确标题的潜在消费人群才能精准定位，实现营销信息的准确推送并提高点击率。如标题"小个子女生春季甜美穿搭"就精准地将目标用户群体定位为个子娇小的女士，让这部分消费群体看到后就忍不住打开文章。

其次，标题还要传达出与文章正文内容相符的完整的信息。换种说法，标题就是文章正文内容的一个缩影，用户通过标题能够对文章正文的内容有所了解，以判断是否符合自己的阅读需要。

最后，标题还要具有吸引力，让用户看到标题第一眼就有想要阅读的欲望。

### 2. 拟写标题前的注意事项

（1）明白文章标题的作用。

要想给文章取一个合适的标题，首先要清楚标题的作用。能让用户点进去看文章，就获得了一定的阅读量、点击量，而阅读量与点击量在一定程度上就意味着财富，如图 2-15 所示。

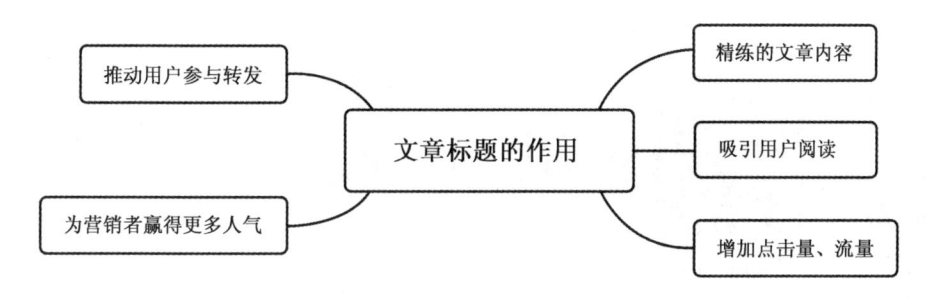

图 2-15　文章标题的作用

（2）了解标题创作的原则。

遵循标题创作的原则，可以更好地设计出标题。标题创作原则主要有以下几方面，如表 2-12 所示。

表 2-12　文章标题创作原则

| 换位思考原则 | 拟定文章标题时，不能仅仅站在自己的角度想要推出什么，而是要站在用户的角度思考，假如自己是用户，会用什么关键词搜索该文章对应的问题。这样写出来的文章标题会更接近用户心理，文章搜索排名也会更靠前 |
|---|---|
| 创新原则 | 新颖创新的标题容易引起人们的好奇心，吸引到被文章内容方面问题困扰的用户关注。一篇文章如果想要发挥价值，首先必须被平台收录，平台收录最重要的一点是要原创，因此，营销者一定要根据收录原则对文章的标题进行全新创作，在新颖的同时，还要紧跟时事、热点、流行语，这样才能被平台快速收录 |
| 分阶段原则 | 如果在文章中阶段性地嵌入了软文广告，那么要考虑到用户在不同阶段搜索该文章中涉及产品的关键词是不同的。相应地，在撰写文章标题时也要针对用户所处的阶段，在标题中加入不同的关键词，这样才能达到精准网络营销的效果 |
| 关键词原则 | 关键词是文章引流的制胜法宝，多个关键词作为标题的文章，通常能有更高的阅读点击量 |

（3）标题要体现文章主旨。

一个好标题的衡量方法有很多，而标题是否体现文章主旨就是衡量标题好坏的一个主要参考依据。在碎片化、浅阅读的时代，文章标题要体现出有价值的文章主旨，才能赢得用户信任，紧紧抓住用户。文章标题的创作要尽量写得详细、细致，这样才能给用户更可信的感觉，也就越有吸引力。如在标题里加入具体的数字，从而给用户更为直观的感受。

例如，"湛嘉诚"是一个分享 UE4 知识的公众号，文章题目提炼出文章内容，可以让用户快速找到自己需要学习的内容所对应的文章，如图 2-16 所示。

**课堂讨论**：请为"茶颜悦色"的一篇公众号设计一个题目，该篇文章的主题为"五一劳动节将推出新的饮品，大家敬请期待"。

图 2-16 "谌嘉诚"微信公众号文章题目展示

## 2.3.2 新媒体图片设计

图片是进行网络营销推广时的利器,是新媒体营销与运营的另一大表现形式,它不仅能为用户带来具有冲击力的视觉体验,还能增加文章的可读性,提高用户对文章的阅读兴趣。学会掌握新媒体图片的设计方法可以帮助新媒体营销者更好地进行图文结合,写出具有吸引力的营销内容。

### 1. 新媒体内容图片分类(见表 2-13)

表 2-13 新媒体内容图片分类表

| 账号头像 | 一个优秀、吸引眼球的头像胜过千言万语,它能带给用户视觉上的冲击,达到文字不能实现的效果 |
| --- | --- |
| 文章主图 | 在公众号上推送文章时,都会配一些图片,只有头条文章所配的图片比例是最大的,这张图片被称为文章主图。文章主图的设置会影响用户点开文章阅读的概率,一张有特色、清晰的主图能瞬间吸引用户的眼球,使用户有兴趣进一步阅读。在选取文章主图时,需要考虑的是图片的大小、比例是否合适 |
| 文章侧图 | 文章侧图是指除头条文章外的文章所配的图片。虽然文章侧图所占比例较小,但也不可以忽视它的作用,好的文章侧图能提高文章的阅读量,并且能够给用户带来良好的阅读体验 |

### 2. 新媒体内容图片设计原则

新媒体营销者如果想要吸引用户眼球,以公众号为例,图片设计方面可以遵从以下 6 个原则,如图 2-17 所示。

## 第 2 章 新媒体营销准备

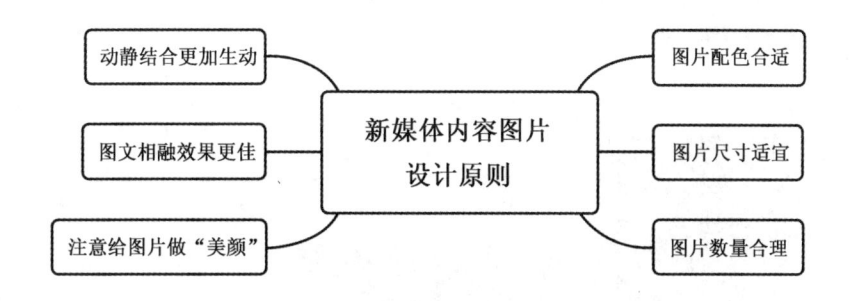

```
                  动静结合更加生动              图片配色合适
                                新媒体内容图片
                  图文相融效果更佳    设计原则      图片尺寸适宜
                  注意给图片做"美颜"             图片数量合理
```

图 2-17 新媒体内容图片设计原则

（1）图片配色合适。

图片配色合适能够给用户一种赏心悦目的感觉，想要让自己的公众号图片吸引用户，需要做到以下两点，如表 2-14 所示。

表 2-14 图片配色要点

| | |
|---|---|
| 图片色彩明亮 | 在没有特殊原因的情况下，公众号的图片尽量色彩明亮，这样能带来更多点击量。很多用户在阅读文章时希望能有一个轻松愉快的氛围，不愿在压抑的环境下阅读，而色彩明亮的图片能给用户带来轻松的阅读氛围 |
| 与文章内容相适宜 | 选择图片时，需要考虑图片是否与公众号所发表的文章内容相适宜，如果公众号推送的内容比较沉重、严谨，就不可使用太过跳跃的颜色，因为这样会不协调 |

（2）图片尺寸适宜。

公众号中的每张图片尺寸都要大小适宜，应尽量将单张图片的存储容量控制在 1.5～2 MB，并在这个存储容量限制下，选取效果最佳的图片格式进行图片制作。避免由于图片过大，需要过长时间加载而消耗阅读时间。

如果公众号定位的读者一般习惯在晚上睡觉前阅读文章，而这个时间段人们基本待在家里，可以使用 Wi-Fi，那么就可以为用户提供更清晰的图片，让用户拥有更好的阅读体验。

（3）图片数量合理。

图片的数量取决于公众号的内容定位，每个公众号都有自己的特色，有的公众号在排版时会使用多图片的形式，也有公众号在排版时选择只使用一张图片。公众号推送的图文越多，所用的侧图就会越多；推送的图文越少，所用的侧图也就越少。例如，"非遗所思"公众号会向用户展示各种非遗知识，这样的内容就需要图文结合，因为纯文字或纯图片都不能很好地展示非遗文化，如图 2-18 所示。

（4）注意给图片做"美颜"。

使用图片给公众号增色时可以通过一些方法给图片"美颜"，让图片更有特色，吸引更多用户。给图片"美颜"的方法主要有以下两种，如表 2-15 所示。

表 2-15 图片"美颜"的方法

| | |
|---|---|
| 图片拍摄时"美颜" | 公众号使用的图片来源是多样的，对于自己拍摄图片的公众号来说，只要在拍摄图片时，注意好拍照技巧、拍摄场地布局、照片比例布局等，就能达到给图片"美颜"的效果 |
| 图片后期"美颜" | 拍完照片后，或对从其他地方得到的图片不太满意，可以进行后期修图，如使用美图秀秀、Photoshop 等软件，使图片变得更加符合内容，吸引用户的眼球 |

图 2-18　"非遗所思"公众号内容展示

(5) 图文相融效果更佳。

文字与图片融合,借文字描述图片内容的同时,用图片使文字要表达的意思更生动、形象,两者相辅相成,提高文章的阅读量。例如,"伏见桃山"公众号的推送文章采用图文相融的方式展现给读者,有趣的图片搭配彩色的文字,给用户一种活力满满、心情愉悦的感觉,以此吸引更多用户前去购买,如图 2-19 所示。

图 2-19　"伏见桃山"公众号内容展示

（6）动静结合更加生动。

很多公众号在放图片时会采用 GIF 动图形式，这种动图能为公众号吸引不少用户。相对于传统的静态图，GIF 格式让图片更有动感，它的表达能力更强。静态图可以定格美丽的瞬间，动态图可以演示一个动作的整个过程，图片动静结合，效果会更突出。

3. 新媒体内容图片的作用

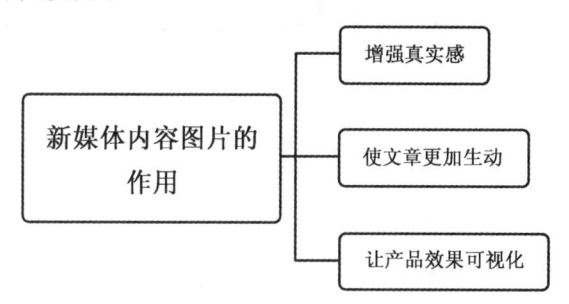

图 2-20　新媒体内容图片的作用

（1）增强真实感。

营销者在微信公众号发布文章时配上图片，能够给用户带来最直观的视觉感受，增强真实感。企业在推送产品广告文章时，配上图片是产品推广最为有效的方法。同时，在使用图片展示产品详情时，还可以通过产品的包装、文字描述等让产品看起来更具创意，吸引用户眼球。

（2）使文章更加生动。

写文章时，如果不配图片，文字再优美，它的吸引力也会大打折扣。过长的纯文字会显得枯燥，容易使用户产生阅读疲劳，对长篇幅的纯文字会选择性地跳过不阅读。在文章中加上图片会更加形象，能够达到引导用户的效果，能让用户视觉感官和思维受到图片的影响，对产品的认可度有一定的提高。

（3）让产品效果可视化。

商家在推送的产品宣传、推广文章中嵌入与广告文案相适应的图片，能够让用户直观地看到产品，同时也能够提前看见使用该产品的效果。

**课堂讨论**：挑选一个你日常关注的文章中有图片的公众号，从新媒体内容图片设计原则方面分析该公众号的某篇文章。

## 2.3.3　新媒体版式设计

一篇排版舒适的文章会让用户愿意继续阅读。文字描述可以表现营销的内容，但不管营销内容的质量多么上乘，如果没有良好的排版就会给用户带来不良的阅读体验，影响文字内容的表达效果。将文字排版设计好，保证高质量的输出，才可以持续吸引读者关注。下面将介绍 5 个新媒体版式设计原则，如图 2-21 所示。

1. 排版风格统一

给文章内容排版，应选择合适的排版风格，在追求版式特色的同时也要注意版式的简洁，在一篇文章中不要使用太多的排版方式。有时简洁的版式反而会在众多杂乱的版式中自成一股清流，拥有自己的特色，吸引更多用户。例如，海底捞火锅公众号的"开饭了"栏目的统一风格为一个视频+和视频内容对应的图片,配色和文字排版都是统一的样式,如果用户对一篇文章感兴趣,就会吸引他阅读更多同一栏目的文章,如图2-22所示。排版风格统一的意义表现在以下两个方面,如表2-16所示。

图 2-21　新媒体版式设计原则

图 2-22　"海底捞火锅"公众号内容展示

表 2-16　排版风格统一的意义

| 提高效率 | 选择好排版风格后,在以后的文章排版过程中能够节省很多排版时间,从而极大地提高工作效率 |
| --- | --- |
| 形成自己的风格 | 选好符合内容的排版风格能够形成属于自己平台的独特风格,从而与其他平台形成差异化,吸引更多读者 |

## 2. 色彩搭配适宜

文章内容排版时要特别注意色彩的搭配。不同的色彩搭配会给人不同的感受,同时也能表现出不同的文章风格。在选择颜色时,首先,应保证所选颜色与文章中已有图片的色彩相符;其次,所选颜色应突出表现文章的风格,使整个版面看起来协调统一。一篇文章,切忌多于三种颜色,1~3 种颜色搭配即可。颜色过多,整个版面会显得十分繁杂且不美观,同时也容易使文章内容失去重点。当所选颜色数量不够用时,可以调整同一色系颜色的深浅,以示区分。这样既保证整篇文章颜色统一,也增加了颜色的层次感,视觉效果更好。在进行文章内容排版时,色彩搭配主要包括以下两个方面,如表2-17所示。

表2-17 色彩搭配原则

| | |
|---|---|
| 文字的色彩搭配 | 对于大部分文章而言,文字是一篇文章中的重要组成部分,是用户接收文章信息的重要渠道。合适的颜色搭配,可以使文章整体版式有特色和变化,阅读时不会感到单调和疲劳,满足用户对阅读舒适感的要求,进而提升文章阅读量和流量 |
| 图片的色彩搭配 | 图片同样也是文章中的重要组成部分,有的文章中只有一张图片或全篇都是图片。选取图片时应注意图片清晰、色彩饱和、符合文章主题 |

### 3. 文字间距适宜

文字排版的间距把握很重要,尤其是对用手机浏览文章的用户来说。文字间距主要包括3个方面:字符间距、行间距、段间距。

表2-18 文字间距分类

| | |
|---|---|
| 字符间距 | 字符间距是指横向字与字的间距,字符间距宽与窄会影响文章的排版,并且会影响阅读体验,但是在公众号的后台,并没有可以调节字符间距的功能按钮,可以先在其他编辑软件上编辑好,然后再复制粘贴到微信公众号平台的文章编辑栏中 |
| 行间距 | 行间距指的是文字行与行之间的距离,行间距决定了每行文字的纵向间距,行间距的宽窄也会影响文章的篇幅长短。选择合适的行间距会增强文章的排版效果 |
| 段间距 | 文字的段间距是指段与段之间的距离,段间距也同样决定了每段文字的纵向间距。可以根据自己平台用户的喜好选择合适的段间距 |

例如,公众号"艺院动画"文章的排版设置为行间距1.5倍,段间距48,图文结合,排版较为舒适,如图2-23所示。

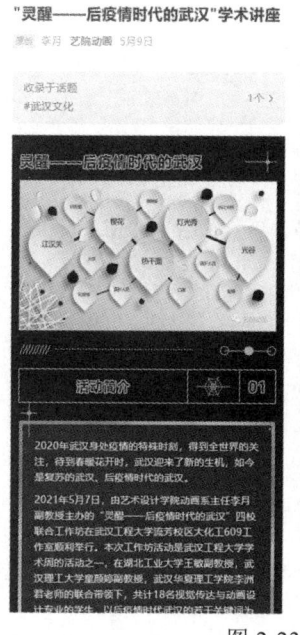

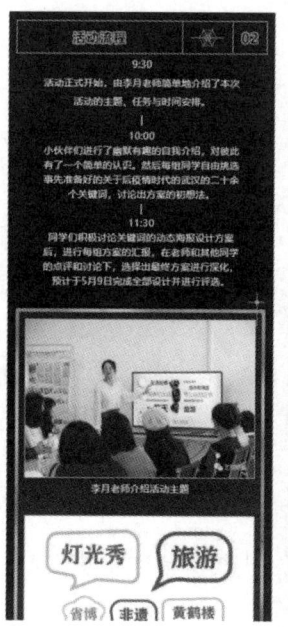

图2-23 "艺院动画"公众号内容展示

### 4. 文字大小适宜

为文章的内容选择合适的字号，也是排版工作中需要考虑的事项。合适的字体大小会让版面看起来更和谐。微信公众号平台提供了无数种字号设置选项，可根据公众号受众群体的用户属性来设置文字大小，如图2-24所示。

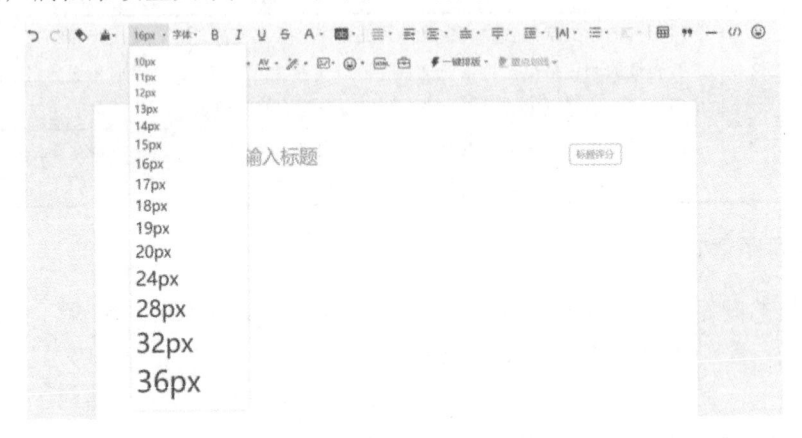

图 2-24　微信公众号平台的字号设置功能

### 5. 图文结合适宜

虽然现在文章的内容有语音、视频等多种样式，但是大多数公众号的文章还是以图文结合为主，如图2-25所示。

图 2-25　图文结合排版——兰蔻官方公众号

在进行文章图文排版时,如果想让版式看起来舒适,需要注意以下两方面,如表2-19所示。

表 2-19 图文结合式排版注意事项

| 整体统一 | 在同一篇文章中,用到的图片与版式要一致,给用户比较统一、有整体性的感觉 |
|---|---|
| 图文间距合适 | 1. 图片与文字间要隔开一段距离,不能太紧凑。如果图片与文字隔得太近,会让版面显得很拥挤,阅读体验不佳<br>2. 图片与图片之间要有一定的距离。如果两张图片之间距离过近,就会造成这是一张图的错觉。尤其是连续放多张图片时,特别要注意图片之间的距离 |

**课堂讨论**:挑选一个你日常关注的文章类型为图文结合的公众号,从新媒体版式设计原则方面分析该公众号的某篇文章。

## 【任务评价】

### 1. 学生自评(见表 2-20)

表 2-20 新媒体图文设计技巧任务学生自评表

| 班级 | | 学号 | | 姓名 | |
|---|---|---|---|---|---|
| 角色 | | ○ 组长 ○ 组员 | | 完成时间 | |
| 任务 | | 完成情况记录 ||||
| 了解新媒体内容标题设计 | |||||
| 熟悉新媒体图片设计原则 | |||||
| 掌握新媒体版式设计原则 | |||||
| 任务后的收获 | |||||

### 2. 生生互评(见表 2-21)

表 2-21 新媒体图文设计技巧任务生生互评表

| 班级 | | 学号 | | 姓名 | |
|---|---|---|---|---|---|
| 角色 | | ○ 组长 ○ 组员 | | 完成时间 | |
| 任务 | | 完成情况记录 ||||
| 了解新媒体内容标题设计 | |||||
| 熟悉新媒体图片设计原则 | |||||
| 掌握新媒体版式设计原则 | |||||
| 任务后的收获 | |||||

## 3. 教师评价（见表2-22）

表2-22　新媒体图文设计技巧任务教师评价表

| 班级 | | 学号 | | 姓名 | |
|---|---|---|---|---|---|
| 角色 | ○ 组长 | ○ 组员 | 完成时间 | | |
| 任务 | | 完成情况记录 ||||
| 了解新媒体内容标题设计 | |||||
| 熟悉新媒体图片设计原则 | |||||
| 掌握新媒体版式设计原则 | |||||
| 任务后的收获 | |||||

## 【拓展练习】（见表2-23）

表2-23　新媒体图文设计技巧拓展练习表

| 练习名称 | 初步认识新媒体图文设计技巧 |
|---|---|
| 练习目的 | 了解新媒体图文设计技巧在新媒体营销中的重要性 |
| 练习安排 | 挑选自己关注的一个图文结合类、商品售卖型公众号，分析该公众号文章的图文设计特征，对其中一篇文章进行重设计并发表 |
| 练习小结 | 学生小组交流各自关注的公众号类型和特点，教师根据讨论成果进行PPT展示，讨论分享中的表现，给每个小组进行打分 |

# 第 3 章

# 微信营销实战

　　移动互联网在改变人们生活方式的同时,也改变了企业一贯的营销模式。在未来,任何企业只要抓住了市场营销发展的趋势,就能抓住消费者。微信营销的出现与发展恰好给个人和企业创造了一个无限广阔的市场空间。对用户来讲,微信不仅是朋友间点对点的通信工具,更是建立彼此信任关系的平台。

　　本章介绍了微信营销,包括微信个人号、微信公众号和微信小程序的营销推广。本章阐述了微信营销的概念和价值,系统地分析了微信个人号、微信公众号、微信小程序的设置和推广技巧,旨在帮助初学者和从业人员熟练掌握微信营销,并能联系实际对不同的情况给出应对方案。

## 【思政案例导入】

### 国货"出圈"

东京奥运会期间,随着"马拉松铜牌得主穿的是匹克""难民代表团衣服赞助是恒源祥"等话题纷纷喜提热搜,"蛰伏"很久的中国老字号企业再次走进国人的关注列表。这些曾被贴上"低端""土气"标签的老国货,缘何再次进入年轻人的视野?

早在此次奥运会开幕式上,身着蓝色套服的难民代表团吸引了全球目光。随后,恒源祥集团通过官方微信公众号认领了这套定制礼仪服饰,并表示"用蔚蓝底色象征宁静,让流离失所的国际难民能找到栖息地,不再流离失所"。许多网友直呼"这是中国人骨子里的温良""啥也不说了,以后多支持国货!"。不只有恒源祥,在这一届东京奥运会的赞助商行列中,匹克成为黑马,悄悄承包了新西兰、巴西、比利时、斯洛文尼亚等七国队服。安踏更是随着中国运动健儿频频登上领奖台,刷爆了朋友圈。这些厚积薄发的国货正在突破国际大牌的重围,向世界展示中国品牌的力量。

此前,鸿星尔克通过紧急捐赠5 000万元物资驰援河南灾区这一"破产式捐款"而走红。被唤起家国情怀的网友们疯狂"扫货"线上门店,各地线下门店也被抢购一空,连鸿星尔克总裁吴荣照都出面呼吁网友"理性消费"。随着热度暴涨,湖南省岳阳市平江县文化旅游广电体育局官方微信公众号称,从即日起至2021年7月31日,平江县部分景区将对穿戴"鸿星尔克"和"贵人鸟"品牌产品,吃白象方便面或喝汇源果汁的游客提供优惠措施。不论从消费者还是企业的角度出发,大家的行为和出发点都是值得肯定的,企业的社会责任担当体现无遗,消费者也传递出了积极的价值观。

## 【案例解读】

在加速推进形成"双循环"的新发展格局下,中国制造迭代崛起,国货爆品频频"出圈",迎来全新的国货品牌成长机遇。国货们一夜成名的背后是国潮崛起的缩影。但不可忽视的内核是多年"苦练内功"的产品创新与积累。国货可继续通过微信等新媒体平台,将品牌与新鲜事物、热门话题、互联网化语言及潮流产品相结合,乘势而上,让新国潮从一时红变"长红"!

## 【思考问题】

除了服饰类国货,还有哪些其他类型国货品牌也在逐渐出圈?新茶饮、新能源车、新消费品等国货品牌又是怎样崛起的?

## 学习导图（见图 3-1）

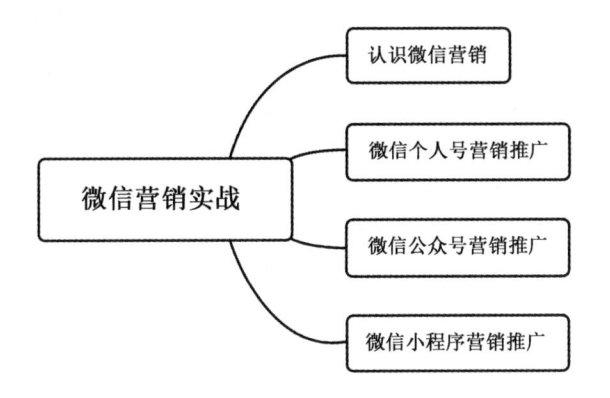

图 3-1 微信营销实战学习导图

## 3.1 认识微信营销

### 【任务描述】

微信是移动互联网浪潮中最闪耀的明星之一。它不仅以便捷的支付功能改变了很多人的消费习惯，而且让社交媒体走向深度社交阶段。与其他互联网平台不同，微信朋友圈往往是线上线下一体化的，强大的社交功能与支付功能让微信成为新媒体营销的一件利器。那么，微信营销是什么？微信营销的特点又是什么？微信个人号营销和微信公众号营销的价值分别是什么？本任务要求初学者在学习后，了解什么是微信营销，掌握微信个人号和微信公众号的营销价值。

### 【学习目标】

1. 了解微信营销的概念。
2. 掌握微信个人号的营销价值。
3. 熟悉微信公众号的营销价值。
4. 能够区别微信个人号与微信公众号之间的差异。

### 【任务分配】

本任务为分组任务，学生分组讨论，写下平时关注的微信个人号和微信公众号各 3 个，分析它们的营销价值是在哪些方面体现出来的。将成果做成 PPT 进行演示，并组织全班讨论与评析，如表 3-1 所示。

表 3-1　微信营销实战任务分配表

| 班级： | | 组号： | 组名： |
|---|---|---|---|
| 角色 | 姓名 | 学号 | 任务分工 |
| 组长 | | | |
| 组员 | | | |
| | | | |
| | | | |
| | | | |
| | | | |
| | | | |

## 【任务准备】

引导问题1：什么是微信营销？

引导问题2：微信个人号和微信公众号的营销价值分别是什么？

## 【课前导读】

"中国银行北京分行"微信公众号是中国银行携手微信公司在微信端的试点，自2020年6月正式上线以来，每月都策划运营了大型的主题活动，如6—7月的"招兵买马"、8—9月的"壁纸点点来"、10月的"幸福满墙"、11月的"中行伴我游"、12月的"欢乐砸金蛋"等活动都是在微信基础上进行的策划、开发和运营，如图3-2所示。从数据可以看出，做活动及推广比没做活动情况下的粉丝多10倍以上。

图 3-2　"中国银行北京分行"公众号内容展示

同时，由于此账号可以实现直接在线预约购买贵金属、预约大额现金、预约货款、汇率查询等高级功能，转化而来的用户都成为铁杆粉丝，而且借助地理位置，实现本地O2O便携式办理业务，走出一条服务的新路。此公众号在未来12个月的活动都已经策划完毕，每月都会给广大中行用户带来惊喜大礼，这无疑给我们带来无限期待。

【课堂讨论】

1. 你有关注过中国银行北京分行这个微信公众号吗？
2. 你是从哪些渠道注意到中国银行北京分行微信公众号的？
3. 你会分享自己认为优秀的微信公众号到朋友圈吗？

### 3.1.1 微信营销的认知

微信作为一款社会化的工具，构建了人与人、人与物、人与虚拟环境、人与企业的连接，是企业开展网络营销的利器。

#### 1. 微信营销的概念

微信营销是一种创新的网络营销模式，是一种使用手机、平板电脑中的移动App进行区域定位营销，并借助微官网、微信公众平台、微会员、微推送、微活动、微支付等开展的营销活动。

微信营销主要体现在以安卓系统、苹果系统的手机或平板电脑中的移动客户端进行的区域定位营销，商家通过微信公众平台，结合微信会员卡管理系统展示商家微官网、微会员、微推送、微支付、微活动，已经形成了一种主流的线上线下互动营销方式。

#### 2. 微信营销的特点

作为纯粹的沟通工具，企业与用户之间的微信对话是私密的，不需要公之于众，亲密度会更高，企业完全可以进行一些真正满足用户需求与个性化的内容推送。微信营销具有以下7个特点，如图3-3所示。

（1）传播信息精准高效。

微信中动态信息的关注或被关注都是现实生活中某种关系的直接或间接映射，也就使得信息的服务具有特定性。微信具有分组和地域控制的功能，可以实现信息的精准推送。以语音、视频、图片、动画、音乐等信息为传播内容，进行同步或异步传播，传播效率较高。同步和异步的结合丰富了社交方式与手段，为人们快节奏的生活提供了方便，符合现代社会交往的需要。

（2）多样化的传播功能。

微信用户可以建立沟通群组，形成有序的群体传播。这种相对私密的社交网络对群体传播有很大的影响。以往人类的群体传播通常是公开的，而微信群组突出的是熟人型的群体传播，因此并不是混乱的组合，而是比较精确的沟通，不追求无限度地扩大人员规模，而是讲究小而精。

除此以外，微信还具有商业化的传播功能。商业化产品主要涉及微信支付、微店、朋友圈广告、付费游戏、付费表情与公众号推广等。微信公众平台越发火热，已经成为

```
                        ┌─ 传播信息精准高效
                        ├─ 多样化的传播功能
                        ├─ 曝光率高
        微信营销的特点 ──┼─ 成本低廉
                        ├─ 即时性强
                        ├─ 互动性强
                        └─ 针对性强
```

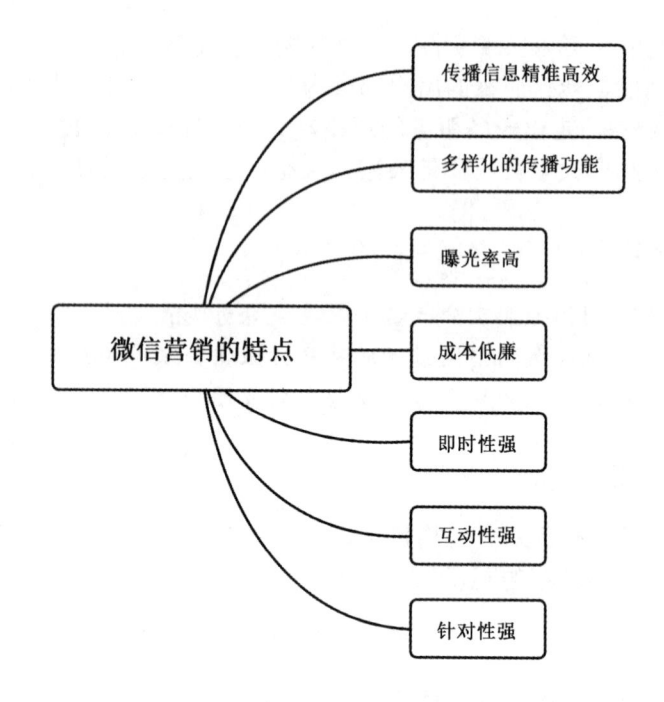

图 3-3　微信营销的特点

企业、媒体、公共机构、各界名人与个人用户的重要运营平台。其功能主要包括大规模推送多媒体信息、按特定的兴趣指示进行定向信息推送、一对一互动、多样化开发和智能回复等。这些功能为公众平台的实际运营带来了媒体、营销、客服公共服务等多个应用方向，为微信的多样化发展提供了重要机遇。

（3）曝光率高。

微信营销不同于微博营销，需要时时刷新，在进行微博营销时，企业的推广信息会被湮没在海量的微博信息中，而微信在某种程度上强制了信息的曝光，因为用户接收信息前必须关注公众号，因此，微信公众平台信息的到达率是100%。微信营销还可以实现用户分组、地域内的精准消息推送，这也是微信营销吸引人的地方。因此，做微信营销的企业不需要将时间花在大量广告投放上，只需要制作好精美的文案，定时定量，控制好用户接收信息的频率与质量，以保证用户的忠诚度。

（4）成本低廉。

一般而言，传统的电视、报纸、广播、电话及互联网等营销方式都需要企业投入大量的资金成本，而目前微信的所有功能均不收取使用费，企业基于微信这一免费平台开展微信营销，无须花费高昂的营销费用。

（5）即时性强。

基于移动互联网的便利性，使用智能手机的用户可以随时随地获取各类信息。相对于计算机而言，智能手机不仅能实现各种功能，而且方便携带，用户可以在第一时间接收并反馈信息，这为企业进行微信营销能够取得良好效果奠定了基础。

（6）互动性强。

从某种意义上来说，微信的出现解决了企业在管理客户关系上的难题。当用户有欲望把对产品或进店服务的体验，以及个人提出的建议告知企业时，微信公众平台就能为他们提供平台。只要用户发送信息，微信客服就能即时接收，并对信息做出相应回复和解释。企业与用户通过微信能够快捷且良好地互动，有利于维护用户关系，进而提升营销效果。

（7）针对性强。

微信营销属于"许可式"营销，多数企业都是先通过推广将老用户加入公众平台，然后再通过老用户的口碑传播及自身宣传等方式将潜在用户加进公众平台。只有这些用户在主动关注某个微信公众平台之后，才会接收到它们的信息，而愿意对其做出关注行为的用户往往都是企业的目标人群，因此，这种营销方式针对性较强。

### 3. 微信营销策略

（1）做好引流拉新。

引流拉新是微信营销的目标。首先要清晰市场定位，明确产品是什么、受众群体是谁、这群人有什么共同的特征、他们的需求点是什么、对什么比较感兴趣、能给他们提供什么样的价值信息等，再引流到微信上。

例如，你的朋友圈大多数都是"80后""90后"的年轻女性，那么可以从变美、如何维护美的角度分享资讯，这样能博得关注，传播效果也会更佳。

（2）IP塑造建立信任感。

朋友圈是通过建立信任进行营销的。所以，除了要进行互动，同时也要把自己包装成所在行业领域的专家，为用户传递干货价值，获得用户的认可。

（3）用阶梯式成交法。

例如，你的教育培训课程是1 999元，没有知名度及信任度前难以出售。因此，可以通过59元试听3节，还能额外获取相对应的教学礼包的广式推广，等到用户试听后，进一步搜索用户的需求，再推送课程，这时他们对价格就不会那么抵触了。

## 3.1.2 微信个人号的营销价值

个人微信是一款跨平台的通信工具，支持单人、多人参与，通过手机网络发送语音、图片、视频和文字。微信个人号基于人与人之间的链接，基于社交网络的强关系，基于移动终端，是更倾向于个人生活的沟通与分享的社交营销平台。

微信个人号的营销价值主要体现在以下3点，如图3-4所示。

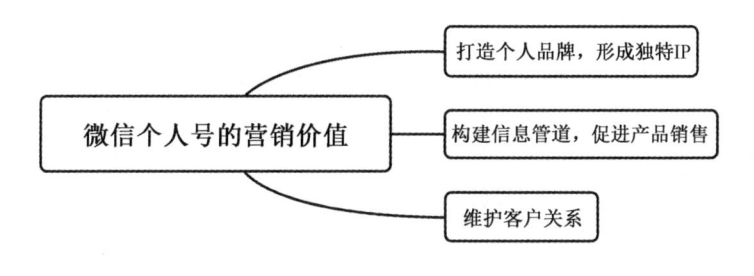

图3-4 微信个人号的营销价值

### 1. 打造个人品牌，形成独特IP

企业需要建立企业的品牌，个人也需要建立个人的品牌，无论是建立企业品牌还是个人品牌，都是一个长期的过程，良好的个人品牌有助于产品的销售，也是良好人脉维系的开始。微信个人号可作为信息传播载体，在符合大众消费心理和审美心理的前提下，形成个人商业价值，所以打造个人品牌是微信个人号营销价值之一。

**2. 构建信息管道，促进产品销售**

通过朋友圈进行产品信息发布、微信聊天进行销售跟进、微信付款完成购物闭环，实现新型社交电商。有了个人品牌会更好地促进产品销售，因为只有粉丝认可你，信任你，才会产生成交。

**3. 维护客户关系**

现在很多销售人员在电话沟通或当面交流后都会询问用户微信号，目的是方便维护与用户之间的关系。微信个人号维护用户关系的营销价值是最大的，建立情感才会有信任，有了信任自然会有交易。

### 3.1.3 微信公众号的营销价值

微信公众平台是给个人、企业和组织提供业务服务与用户管理能力的全新服务平台，定位于品牌、服务和信息传播，是基于企业和消费者之间的连接，是基于品牌和用户的弱关系，内容编辑和功能设置均需在 PC 端完成，是更倾向于作为品牌自媒体的信息传播与互动工具。

微信公众号在企业网络营销过程中的价值主要体现在以下 5 个方面。

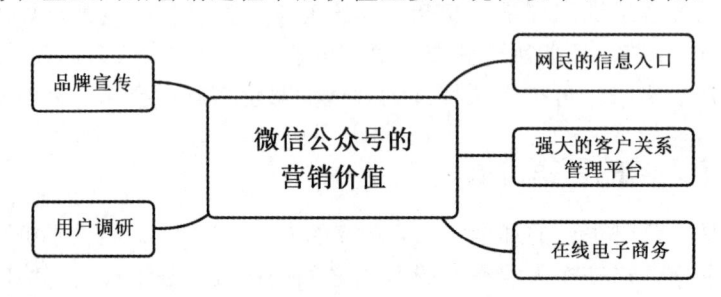

图 3-5 微信公众号的营销价值

**1. 网民的信息入口**

在 PC 互联网时代，网民多使用关键词在搜索引擎进行检索，而移动互联网的信息入口基于 App 个性化的推送和选择，用户可以通过直接关注企业微信公众号来主动获取企业推送的品牌或促销信息。

**2. 强大的客户关系管理平台**

微信公众平台为企业提供了高级接口，可以方便与企业系统对接，从而实现用户的平滑过渡，便于进行用户关系管理工作。微信公众平台提供了用户分析、内容分析、菜单分析、消息分析、接口分析、网页分析、标签分组、自动回复等高级功能，可以通过自动分析来实现市场营销、销售管理和用户服务，从而实现开发新用户、留存老用户、增加企业市场份额的营销目的。

#### 3. 在线电子商务

微信公众号具有支付功能，用户在收到推送的产品或促销信息后，可以使用微信付款购买，无须跳转到其他电商平台，从而实现营销的完整闭环。

#### 4. 用户调研

微信公众平台的用户群精准，便于开展调研工作。大型公司一般有专门的产品研发部门来负责，或找第三方公司发放问卷、电话调研。这些方式不仅成本高且数据不精准，而通过微信可以直接接触与自己相关的精准用户群体，从而省去大笔经费。

#### 5. 品牌宣传

可以通过图文、视频、动画、富媒体等传播载体将品牌信息通过微信触达用户，用户还可以进行点赞，转发，评论等互动，在接收品牌营销信息的同时参与到品牌互动传播，极大降低了企业营销成本。

## 【任务评价】

### 1. 学生自评（见表 3-2）

表 3-2　认识微信营销任务学生自评表

| 班级 | | | | 学号 | | 姓名 | |
|---|---|---|---|---|---|---|---|
| 角色 | | ○ 组长 | ○ 组员 | 完成时间 | | | |
| 任务 | | | | 完成情况记录 | | | |
| 掌握微信营销的概念及特征 | | | | | | | |
| 熟悉微信个人号和微信公众号的营销价值 | | | | | | | |
| 能够区别微信个人号与微信公众号之间的差异 | | | | | | | |
| 任务后的收获 | | | | | | | |

### 2. 生生互评（见表 3-3）

表 3-3　认识微信营销任务学生自评表

| 班级 | | | | 学号 | | 姓名 | |
|---|---|---|---|---|---|---|---|
| 角色 | | ○ 组长 | ○ 组员 | 完成时间 | | | |
| 任务 | | | | 完成情况记录 | | | |
| 掌握微信营销的概念及特征 | | | | | | | |
| 熟悉微信个人号和微信公众号的营销价值 | | | | | | | |
| 能够区别微信个人号与微信公众号之间的差异 | | | | | | | |
| 任务后的收获 | | | | | | | |

## 3. 教师评价（见表3-4）

表3-4 认识微信营销任务学生自评表

| 班级 | | 学号 | | 姓名 | |
|---|---|---|---|---|---|
| 角色 | ○ 组长　○ 组员 | | 完成时间 | | |
| 任务 | | 完成情况记录 | | | |
| 掌握微信营销的概念及特征 | | | | | |
| 熟悉微信个人号和微信公众号的营销价值 | | | | | |
| 能够区别微信个人号与微信公众号之间的差异 | | | | | |
| 任务后的收获 | | | | | |

## 【拓展练习】（见表3-5）

表3-5 认识微信营销拓展练习表

| 练习名称 | 初步认识微信营销 |
|---|---|
| 练习目的 | 了解微信营销的特点 |
| 练习安排 | 挑选自己关注的3个微信公众号，分析这些公众号的特点和营销价值 |
| 练习小结 | 学生小组交流各自关注的账号类型和特点，教师根据讨论成果进行PPT展示，讨论分享中的表现，给每个小组进行打分 |

# 3.2 微信个人号营销推广

## 【任务描述】

在这个碎片化的移动互联网时代，微信是最常用的移动端应用之一。近年来，微信个人号营销逐渐成为社交电商的重要途径，作为微信营销的组成部分，一直拥有较高的营销热度。对于需要建立个人品牌的新媒体营销者来说，微信个人号是一张非常直观的个人名片，掌握微信个人号的营销方法可以为新媒体营销者带来不错的营销效果。那么，设置微信个人号需要注意哪些？怎样较好地与微信好友互动？朋友圈内容营销技巧又是什么？本任务要求初学者掌握设置微信个人号的要点，了解与微信好友互动的方法，掌握朋友圈内容营销的技巧，学会营销推广微信个人号。

## 【学习目标】

1. 了解设置微信个人号的注意要点。
2. 熟悉微信好友互动的方法。
3. 掌握朋友圈内容营销的技巧。
4. 能够营销推广微信个人号。

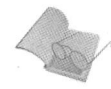

## 【任务分配】

本任务为分组任务，学生分组讨论，每人写下朋友圈列表里的两个个人营销号，从微信个人号的设置点出发进行分析（见表3-6）。

表3-6 微信个人号分享任务分配表

| 班级： | | 组号： | 组名： |
|---|---|---|---|
| 角色 | 姓名 | 学号 | 任务分工 |
| 组长 | | | |
| 组员 | | | |
| | | | |
| | | | |
| | | | |
| | | | |
| | | | |

## 【任务准备】

引导问题1：设置微信个人号需要注意什么？

引导问题2：怎样更好地营销朋友圈内容？

## 【课前导读】

微信朋友圈自开放广告功能以来，大量商家融入，催生了一种新的网络营销方式，即朋友圈营销，这种营销方式基于微信这个强大平台显示了极大的吸金能力。作为最常用微信的用户群体，微信传播的很多特征与大学生的心理是相匹配的，如精准传播与大学生主观个性的心理相吻合、强关系与大学生从众心态相吻合、深度社交与趋同心理相吻合等。微信朋友圈营销通过朋友圈发送消息、晒单、分享购物心得等方式，将产品直接或间接推荐给平台用户，以获得精准营销的成效。

当微信朋友圈进入大学生视野之后，他们的社交需求与安全需求得到了充分满足。基于此，微信朋友圈营销逐渐解决了大学生包括吃住行在内的生理需求、卖家与买家自由购买的尊重需求，以至于代替了其他媒介。现在微信朋友圈营销慢慢成为大学生消费者接触时间较长的营销手段，用于人际交往、外出购娱等的消费支出占比数值逐渐上升，且在大学生消费结构中占据较大比例，随着身边朋友圈影响、营销信息的深入、广告形式的变化等，大学生消费目的已经发生了改变。

## 【课堂讨论】

1. 你有在朋友圈购买东西的经历吗？
2. 你认为在朋友圈购买东西方便吗？
3. 你认为什么样的朋友圈营销文案广受当代大学生喜爱？

### 3.2.1 微信个人号设置

微信个人号通过添加用户为好友，在互动形式上更为多样和直接，可以随时随地与用户沟通交流。微信个人资料中有 4 个比较重要的组成部分，分别是昵称、头像、微信号和个性签名。对于微信个人营销号而言，微信个人资料中的这 4 个部分都具有重要意义，如图 3-6 所示。

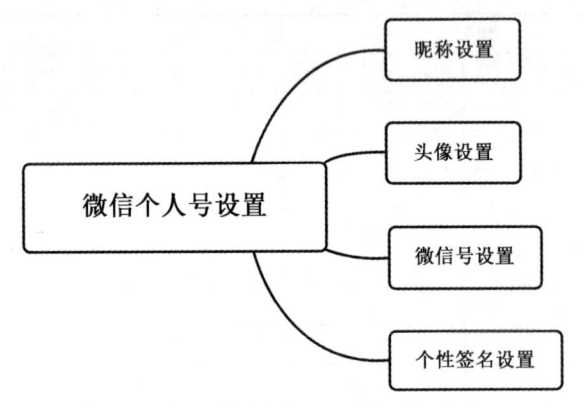

图 3-6 微信个人号设置要点

**1. 昵称设置**

微信昵称是用户好友之间的第一印象，一个简单的昵称可以内涵丰富，直接传达各种相关信息；其次，昵称还应当简单、容易记忆，名字不宜过长，太长的名字也不容易被记住。另外需要注意，微信昵称中尽量不要有生僻字，如果一个人不认识微信昵称中的字，一般不会主动传播该微信号。

如果在多个新媒体平台中都开展了营销策略，最好在不同新媒体平台中使用相同的昵称。特别是当一个人已经具有一定知名度和影响力时，此时的昵称就相当于一个鲜明的个人品牌，设置相同的昵称可以进一步扩大个人品牌的推广效果。

**2. 头像设置**

头像的设置应坚持认知与品牌并重的原则。微信头像代表个人形象，与昵称一样，可以快速建立起他人的第一印象，节约沟通成本。

首先，头像不仅直接影响用户的第一印象，还与个人的专业度，品牌形象相挂钩，因此,建议选择与自己的专业或职业贴近的风格，如果某微信个人号的标签是情感咨询、心理健康等，那么头像风格最好是温和轻松的；如果某微信个人号的标签是理财、职场等，那么风格可以是职业的、严谨的，能够给用户信任感。例如，个人号"怪怪助"的定位是宣传该个人的潮玩作品和产品，因此选择了一张自己的作品细节图作为头像，让好友更加直观地了解该个人号的作品，如图 3-7 所示。

其次，微信个人号的头像设计应坚持简单大方、具有美感的原则，能够符合一般大众的审美特征。同时，也要注意图片的清晰度。如果使用了低分辨率的图片，会给人以粗制滥造、随意的感觉，并且在视觉体验上很不友好，容易造成好友对其信任度的降低。

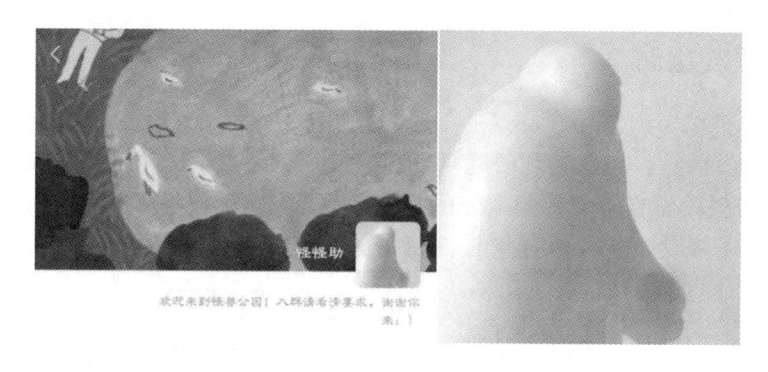

图 3-7　个人号"怪怪助"头像展示

最后，应注意勿经常性、随意地更换头像。在微信的"发现"功能里，显示的只有微信头像，而不显示微信名称，频繁更换头像会给好友的记忆带来压力，不利于微信个人号品牌的建立和维护。

### 3. 微信号的设置

微信添加好友的方式多种多样，其中一种方式是直接搜索对方的微信号进行添加。如果微信号的设置融合了如字母大小写、数字、下画线和减号的组合，对主动添加好友的用户来说极为不便，而且稍不留意，可能还会出现错误而导致无法搜索到原本想要添加的好友。微信号与微信昵称一样，应当遵从简单易搜索，并最好能与微信昵称相关联，方便用户搜索添加。

### 4. 个性签名设置

个性签名相当于微信公众号的功能介绍，用简短的文字介绍自己，以便好友在较短的时间内对该账号主体有大致的了解。但是，不同于微信公众号较为简单直接地介绍平台的功能，微信个人号在微信好友列表中，相互之间是较为平等、亲近随意的关系，因此，其个性签名也应接地气，文字不宜过多。例如，个人号"插画—壹清—"是一个线上教授插画的个人号，其个性签名设置为"中国美协会员，插画课程授课"，首先介绍了自己的专业地位，其次说明了自己的职业，话语简单但定位很准确，好友可以快速定位。

图 3-8　个人号"插画—壹清—"个性签名设置展示

### 3.2.2 微信好友互动

微信个人号可以实现与用户好友的即时对话。即使没有立刻回复消息，消息也不会因过期而无法回复。因此，用户遇到问题可以随时发送信息到个人号进行咨询，营销者收到信息后也可以立刻做出答复，提高双方的沟通效率。评论、点赞等活动都是很好的方法，合理掌握与微信好友之间的互动能够提高营销的效果，微信好友互动要点如图 3-9 所示。

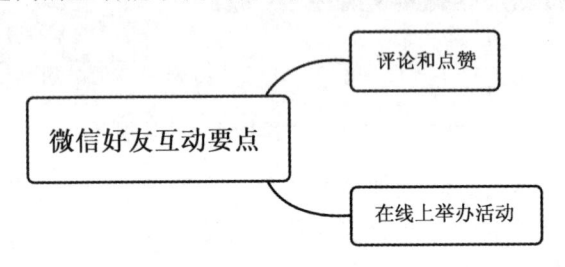

图 3-9　微信好友互动要点

首先，评论和点赞是消息本身所赋予的自然交流状态。好友能对营销者发布的信息进行评论和点赞，营销者也可以对好友的日常信息进行评论和点赞。这是一种双向的信息交流方式，可以加深与好友之间的关系，但要注意互动要以真实、有趣为主。在分析自己朋友圈的评论和点赞信息时，适当挑选活跃度高、互动能力强的好友进行互动，可以更好地维护关系。

其次，在线上举办活动，各种福利和奖励活动具有很大的吸引力。可以在微信朋友圈以物质奖励或福利赠送的方式鼓励他人对活动图文进行转发、点赞，开展良性有效的互动，增加黏性。如果技术允许，还可以在朋友圈发布有意思的小游戏，吸引好友参与和转发。在设计朋友圈活动时，可以通过配图的形式说明活动的相关信息，如活动时间、参与条件、参加流程等。

另外，在活动开始之前，可以提前在微信朋友圈预热，提醒好友准时参加，也可以适当保持神秘感，引起好友的兴趣。

### 3.2.3 朋友圈内容营销

**1. 朋友圈内容营销原则**

微信朋友圈是展示自己形象的常用窗口，也是微信个人号营销的重要途径。微信朋友圈营销高效、直接、精准的特点有助于实时掌握用户行为信息，了解用户意向，抓住用户需求，实现精准获客。想要利用好朋友圈，发挥最大的营销价值，首先必须设计好朋友圈的内容。朋友圈内容设计可以参考以下 4 个原则，如图 3-10 所示。

（1）精准定位产品，提高服务水平。

针对产品多样的问题，做好线上线下市场调查，根据用户偏好重新定位产品，淘汰一些无人问津的产品，彰显产品特色。价格尽量与同类电商市场同步，或略低于同类电商市场。用户之所以选择在朋友圈购买产品，除信任外，对价格也比较敏感，他们认为"朋友圈"的产品本身是友情价，因此，有必要抓住用户心理进行产品定价。除产品之外，

```
                        ┌─ 精准定位产品,提高服务水平
                        │
                        ├─ "对症下药"发布,精准定位客户
    朋友圈内容营销原则 ──┤
                        ├─ 优化产品内容推广,提高朋友圈互动频率
                        │
                        └─ 适度的软广告
```

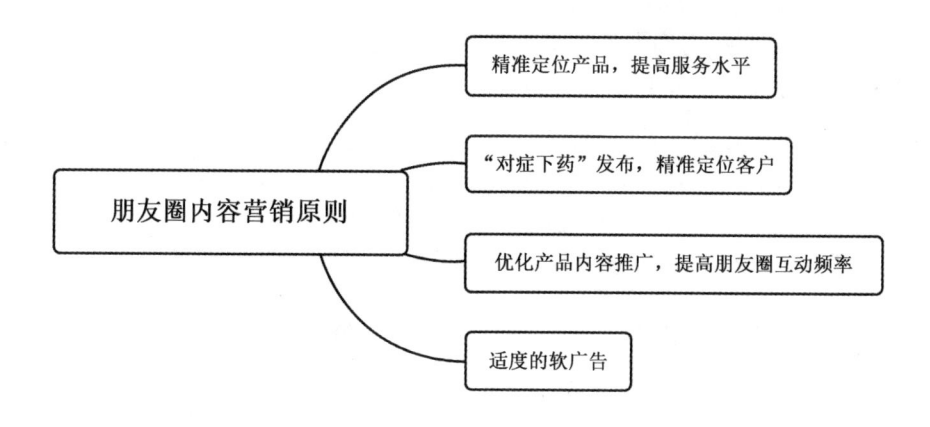

图 3-10　朋友圈内容营销原则

还应该提高服务水平,售前不夸大和虚假宣传,售后对有质量问题或无理由退款退货的用户应了解原因,多站在用户的角度看待问题,做好连接上游和下游消费链之间的纽带,让用户放心、无忧购买产品。

(2)"对症下药"发布,精准定位用户。

高成交率来源于更精准的定位,对于朋友圈广告而言,将广告推广给合适的人更有利于产品宣传。这里的"对症下药"主要表现在两方面:一是根据用户的风格类型"对症下药",二是根据用户的关系"对症下药"。前者主要表现为根据用户的类型进行推广,如某一条广告比较幽默诙谐,可以设置给指定分组的年轻人群;后者主要表现为根据用户的关系深浅程度进行推荐,如对刚结识不久的用户,可以推荐一些客单价不高的产品,对有了信任基础或交易记录的用户,可以进一步推荐客单价较高的产品等。

(3)优化产品内容推广,提高朋友圈互动频率。

优化产品内容,首先,控制刷屏的频率,尽可能减少刷屏的次数,让用户在逛朋友圈时,保持轻松愉快的心情,减少广告信息太多带来的压力。其次,优化产品内容,塑造形象专业的特点,在品牌宣传、产品展示和团队文化等方面尽可能完善,让用户看一眼就知道产品质量如何。发文的内容不能千篇一律地复制粘贴,要有自己的想法,需要注意的是,在朋友圈推广时最好附带一张或几张图片,以提高宣传的有效性。最后,在编辑好内容后,发朋友圈的时间也要注意,有相关调查数据显示,7:00—8:00、12:00—13:00 和 21:00—22:00 为最佳发朋友圈的时间。例如,个人号"怪怪助"发文时间一般在21:00—22:00,该时间段忙碌一天的学生或上班族会看手机放松一下,此时发朋友圈容易引起注意。此外,在朋友圈切忌一味地发广告、发截图,要经常做一些特惠活动,让用户点赞、评论;反之,也要经常给别人的朋友圈点赞、评论,提高朋友圈互动频率,拉近与用户和潜在用户的距离,增强产品的影响力,如图 3-11 所示。

(4)适度的软广告。

软广告是一种委婉、真实、润物无声的广告,可以用产品故事、人物生活等包装,如某微信个人号在朋友圈发布"看到这张图,你想对我说什么?",然后搭配一张能引起话题的产品图片,这种方式就属于软广告。软广告要在频率、长度、数量等方面适度:频率适度是指不要在间隔较短的时间里频繁发布广告;长度适度是指广告内容不宜太长,尽量在简短的内容中保证文字轻松有趣;数量适度是指不要在一条状态中添加过多的产

品信息，否则，不仅需要花费用户更多的精力进行阅读，不方便用户快速做出购买决策，还容易使用户因为选择太多而放弃决策。

图3-11　个人号"怪怪助"发朋友圈时间展示

2. 微信朋友圈内容创作方法（见图3-12）

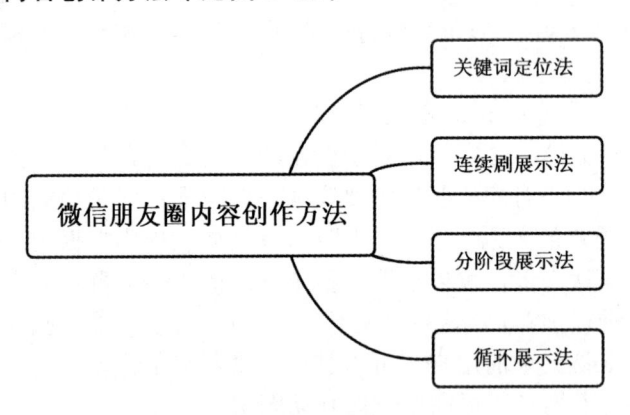

图3-12　微信朋友圈内容创作方法

（1）关键词定位法。

朋友圈内容的创作如果没有一条明确的主线，会显得杂乱无章。要想通过朋友圈打造有鲜明特色的个人形象，可以采用关键词定位法进行内容创作。根据营销需求，思考想要塑造的个人形象关键词，如美食达人、运动达人、环保主义者、高效能者等。每个微信个人号可以使用3个左右的关键词定位自己的形象，然后围绕这几个关键词创作朋友圈内容。

（2）连续剧展示法。

现在利用微信朋友圈推广的人越来越多，在一些重要活动或新品上架时，如果只在朋友圈里发布一条信息很难引起关注。在这种情况下，可以采用连续剧式的创造方法，通过铺垫预热、活动播报、活动全方位展示、后续报道等系列内容吸引用户持续关注。例如，个人号"怪怪助"发售一款新品时，从角色设计、作品展示到抽奖发售都会发朋友圈宣传，使用户有一种见证成长的感觉，并吸引用户购买，从而达到营销效果，如图3-13所示。

（3）分阶段展示法。

每个产品的推广都有一个循序渐进的过程，朋友圈的内容创作也可以采用分阶段展示法。在不同推广阶段创作不同的内容，展示的侧重点也会有所不同。

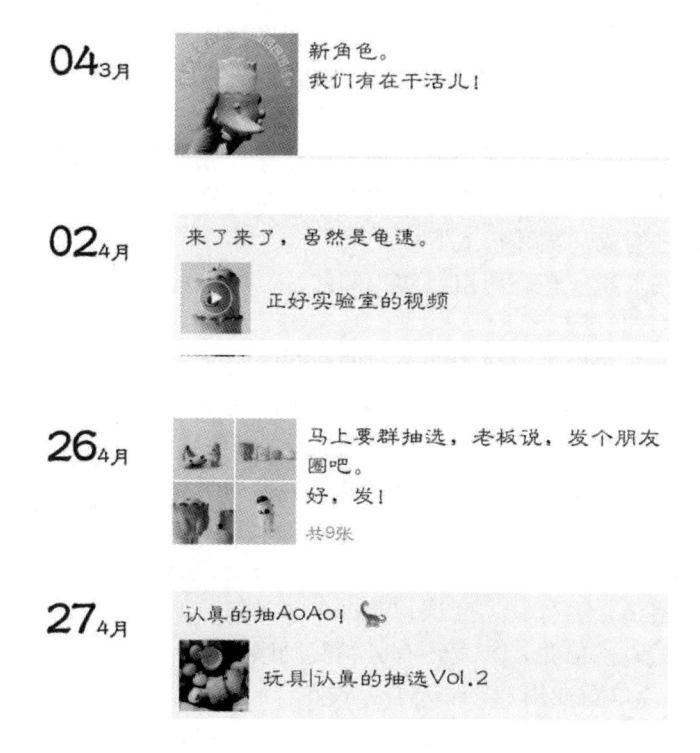

图 3-13　个人号"怪怪助"发售新品的朋友圈宣传展示

（4）循环展示法。

重要的内容要在朋友圈重复展示，高频率出现。产品植入用户内心需要较长时间，这就需要我们将产品的理念、爆款产品、重要人物等信息不断地在朋友圈里重复发布，可以定时，也可以多角度不断展示。

**3. 朋友圈营销技巧**

（1）朋友圈的文案是"我"和"你"之间的对话。

它是私人的、个人化的，而不是对大众说话。哪怕朋友圈的好友都会看到，但他们都是独立的个体，而每个个体都希望得到特别的对待。

例如，我最近有一些关于生活的感悟，不知道你是不是也有同感。昨天碰到了一个很久没见的朋友××××……

就像这样，用第一人称把用户带进自己的故事里，然后用小故事阐述自己的论点。如果是为了某些营销目的，最后再把点落在结果上。

（2）在朋友圈推广产品时，用老用户的案例来推要比说某关键意见领袖或明星的效果好。

因为大多数人相信使用过的人的真实感受，所以，建议推广产品时，可以用身边的案例。

例如，昨天看了下自己的购物车，发现我这一年买面膜花了 18 643 元，但说实话，真正觉得有用的就这两款。不是什么牌子，但对于像我这种敏感肌肤的人，很合适。6 月份的时候去××玩,脸被晒得非常痒,回酒店敷上这个面膜,睡觉的时候就舒服多了。

应注意:这里尽量把细节填完整,如时间、地点和人物,更令人信服。

(3)每天发一篇读书笔记,要用实体书,配上读后感或是对于书中某个概念的想法,也可以把需要表达的内容写在纸上。

如果用户每天看到的都是电子类的信息,视觉会产生疲劳,这时一张实体书的照片或一张手写图片,都可以为用户的眼睛带来舒缓,从而注意到你要输出的信息。

(4)不要把自己的成功描述得太容易。

很多人都会晒收入和一些证明自己实力的图片。收入可以晒,但也要晒出自己的辛苦和获得这一切努力的过程。

例如,今天终于把购物车里放了3个月的包包给清了,为了这个包,这3个月每天做PPT课程到两点,一套课程,卖了4万块,奖励下自己,继续努力。

(5)把选择权交给用户,让大家看到你的成长。

朋友圈最基础的概念是互动,不是用来发单的电商平台。主动和用户互动的方式是让他们帮你做选择。例如:

① 今天终于要做自己的第一张讲师海报了,大家帮我看看用哪个头像比较好一些,最好是专业又不失格调。另外,这套课程我准备了半年,倾注了自己所有的职业技能,感兴趣的同学可以随时私信我,转发还有分销奖励哦。

② 昨天聊了第一单企业用户,今天去正式签合同。大家帮忙想想我是穿正装呢?还是穿得比较休闲一些?有点兴奋,自己的努力,还是有成果的。

应注意:不要问开放性问题,要准备好答案,让用户选择,否则会降低互动率。

(6)生活类朋友圈要发,但不是随便发。

想让自己的朋友圈变得有趣,就一定要发生活类朋友圈,如果朋友圈全是工作,用户会觉得你是一个只会赚钱的工作狂,那不是潜在用户想要的生活。

但是发生活类朋友圈,内容一定要能从侧面映射你的成功。如"今天终于申请下来××银行的大额信用卡,盼了好久终于达到了这个存款级别"等内容,不要生硬。

(7)内容具有分享性。

一个人的朋友圈毕竟用户有限,尤其是一些对引流技巧不太擅长的运营者。怎样才能让用户把内容分享出去,让更多的人来添加好友?

① 图片要精美,分享出去有面子。例如,分享知识点时,可以去小红书上找相关的封面,然后下载下来,再在图片上留下自己的微信签名。

② 朋友圈话语引导。例如,做美妆产品,分享皮肤护理技巧时,在朋友圈内容的最后可以说"大家可以把这个技巧分享给有××皮肤问题的朋友,说不定能帮她节省下好多时间和钞票呢"。

(8)找到同频的用户,观察竞品的朋友圈。

大部分人都陷在自己的思维怪圈里,跳不出来。例如,某人曾经很长一段时间,因朋友圈转化效果不好,每天都在思考复盘,但意义不大。最后,有朋友指点他加一些做社群的人,看看他们是怎么运营的。于是,他从各大社群里,加了整整50个玩私域流量的好友,每天看他们的朋友圈,拆解案例,总结对比,终于找到了问题所在。

## 【任务评价】

### 1. 学生自评（见表3-7）

表3-7　微信个人号营销推广任务学生自评表

| 班级 | | | 学号 | | 姓名 | |
|---|---|---|---|---|---|---|
| 角色 | | ○ 组长 | ○ 组员 | 完成时间 | | |
| 任务 | | | 完成情况记录 | | | |
| 掌握微信个人号设置的要点 | | | | | | |
| 熟悉微信好友互动的方法 | | | | | | |
| 掌握朋友圈内容营销的技巧 | | | | | | |
| 能够营销推广一个微信个人号 | | | | | | |
| 任务后的收获 | | | | | | |

### 2. 生生互评（见表3-8）

表3-8　微信个人号营销推广任务生生互评表

| 班级 | | | 学号 | | 姓名 | |
|---|---|---|---|---|---|---|
| 角色 | | ○ 组长 | ○ 组员 | 完成时间 | | |
| 任务 | | | 完成情况记录 | | | |
| 掌握微信个人号设置的要点 | | | | | | |
| 熟悉微信好友互动的方法 | | | | | | |
| 掌握朋友圈内容营销的技巧 | | | | | | |
| 能够营销推广一个微信个人号 | | | | | | |
| 任务后的收获 | | | | | | |

### 3. 教师评价（见表3-9）

表3-9　微信个人号营销推广任务教师评价表

| 班级 | | | 学号 | | 姓名 | |
|---|---|---|---|---|---|---|
| 角色 | | ○ 组长 | ○ 组员 | 完成时间 | | |
| 任务 | | | 完成情况记录 | | | |
| 掌握微信个人号设置的要点 | | | | | | |
| 熟悉微信好友互动的方法 | | | | | | |
| 掌握朋友圈内容营销的技巧 | | | | | | |
| 能够营销推广一个微信个人号 | | | | | | |
| 任务后的收获 | | | | | | |

## 【拓展练习】

表 3-10　新媒体基础拓展练习表

| 练习名称 | 微信个人号营销推广初步认识 |
| --- | --- |
| 练习目的 | 了解微信个人号在微信营销中的重要性 |
| 练习安排 | 挑选自己关注的两个微信个人号，分析这些账号的营销优点和内容营销技巧 |
| 练习小结 | 学生小组交流各自关注的账号类型和特点，教师根据讨论成果进行 PPT 展示，讨论分享中的表现，给每个小组进行打分 |

## 3.3 微信公众号营销推广

### 【任务描述】

微信公众号是在微信公众平台上申请的应用账号，微信公众平台是腾讯公司在微信基础上开发的功能模块，是当今新媒体营销宣传的常用平台。通过微信公众平台，个人和企业都可以打造自己专属的特色公众号，在公众号上可以通过文字、图片、语音、视频等形式与特定群体进行全方位的沟通和互动。那么微信公众号如何设置？公众号文章需要注意哪些写作和推送技巧？微信公众号的常见营销活动有哪些？本任务要求初学者在认识微信公众号营销推广的过程中，了解微信公众号如何设置、掌握微信内容写作与推送技巧，熟悉微信公众号营销活动有哪些。

### 【学习目标】

1. 了解微信公众号如何设置。
2. 掌握微信内容写作与推送技巧。
3. 熟悉微信公众号营销活动有哪些。
4. 能够针对不同的活动策划对应的微信营销活动。

### 【任务分配】

本任务为分组任务，学生分组讨论，为某营利性企业的公众号策划一次五一劳动节活动，并拟发表推文，每组推文 3 篇，分析该推文的推广影响。

表 3-11　微信公众号分享任务分配表

| 班级： | | 组号： | | 组名： |
| --- | --- | --- | --- | --- |
| 角色 | 姓名 | | 学号 | 任务分工 |
| 组长 | | | | |
| 组员 | | | | |

续表

| 组员 | | | |
|---|---|---|---|
| | | | |
| | | | |
| | | | |
| | | | |

## 【任务准备】

引导问题1：微信公众号如何设置？

引导问题2：微信公众号有哪些推送技巧？

## 【课前导读】

"种草"作为当下年轻人喜欢用的网络流行词汇之一，几乎每时每刻都会被提起。"种草"是人与人之间互相分享的一种方式，靠的是口碑与相互信任，从"种草"到"拔草"，是让用户对产品产生认同、信服、购买决策的过程，产出令人信服的种草内容。随着社交媒体的高速发展，打破了用户之间的交往屏障，不断拉近了人与人的交往距离，"种草营销"这种推广新模式逐渐被大众接受。利用微信公众号推广"种草营销"平台将得到事半功倍的效果，微信公众号平台推广有以下两种优势。

### 1. 使用人群消费能力强

大部分使用微信的人群年龄在20~40岁，他们大多数是学生和商务人士，具有一定的经济能力和消费需求，且消费观念较为前卫，对新鲜事物有着极大的好奇心与购买欲，为微信公众号平台经营打造了强力的后备军。

### 2. 宣传和营销成本低

当微信公众号平台宣传积累到一定流量后，可在推文中直接投放广告。微信推文中的广告具有持续性，能发挥更好的效果，节省了通过其他途径投放广告的费用，吸引目标消费者参与，从而达到预期的推广目的。

但是微信公众号推广也有不足之处，针对微信公众平台信息推广扩散性低、用户之间互动较少，可以从以下两个方面进行改进。

（1）提高信息推广扩散性全面化宣传。充分利用自有平台，定期对微信公众号进行宣传。以文字加图片的形式，利用QQ空间、微信朋友圈、微博等途径推送公众号，以此增加公众号的展现率，增加关注量。微信开通"在看"功能后，用户可以浏览朋友认为好看的内容。扩大内容吸引力，鼓励读者多点击"在看"可以实现由一个用户带动多个用户关注该公众号的目的，增长关注量。

（2）运用全面化版块提升互动需求。运用自定义菜单功能设定相关栏目，以提升互动性。由"一对多"转变为"多对多"的传播形式，使用户之间的互动更加方便快捷。

综上所述，在信息大爆炸的数字营销时代，除选择平台外，产出优质内容也是决定"种草"成效的重要一环。"种草"的风靡，其深层原因既是人类内在心理动机的体现，是复杂社会关系的集合,又是当代流行文化的表征。一个流行词就是社会的一个切面,勾勒出相关行业的最新发展动向。

【课堂讨论】

1. 你有关注过"种草"类的微信公众号吗?
2. 你有通过"种草"类微信公众号的内容购买物品的经历吗?
3. 你还从哪里看到过"种草"类公众号的推荐?

### 3.3.1 微信公众号设置

**1. 微信公众平台介绍**

微信公众平台是腾讯公司在微信的基础上增加的功能模块,通过这一平台,个人、企业都可以打造一个自己的微信公众号,并可以在公众号上发布文字、图片、语音、视频等。

微信公众平台有企业微信、服务号、订阅号和小程序 4 种类型,如图 3-14 所示。每一种类型的使用方式、功能、特点均不相同,用于营销的公众平台要选择最适合自己的类型,才能达到预期的营销推广效果。

图 3-14 微信公众平台账号分类

(1)服务号。

服务号主要用于客户服务,具有用户管理和提供业务服务的能力,服务效率较高,主要侧重于服务交互,如银行、114 等提供服务查询的类型适合选择服务号,用户服务需求高的企业也可以开通服务号。服务号认证后每月可群发 4 条消息,还可以开通微信支付功能。

(2)订阅号。

订阅号主要用于传播资讯,具有信息发布和传播的能力,可以展示个性、特色和理念,树立自己的品牌文化。订阅号主要侧重于为用户传达资讯,认证后每天可以群发一条消息，具有较大的传播空间，如果想简单地发送消息，达到宣传效果，建议选择订阅号。

(3) 小程序。

小程序是一种开放功能，具有出色的体验，可以便捷地获取与传播，适合有服务内容的企业和组织注册。

(4) 企业微信。

企业微信主要用于企业内部通信，具有实现企业内部沟通与内部协同管理的能力，面向的是企业内部员工或企业运营流程中的上下游用户。

对于用于营销的公众平台来说，目前服务号和订阅号的使用率更高。通过微信认证资质审核后，订阅号有一次升级为服务号的入口，升级成功后类型不可以再变更，服务号则不可以变更成订阅号。

### 2. 微信公众号设置技巧

申请并开通微信公众号后，需要对公众号的基本信息进行设置，包括名称、头像、功能介绍等，如图 3-15 所示。

图 3-15 微信公众号设置

(1) 名称设置。

微信公众号的名称是用户识别公众号的重要标志之一，也是直接与公众号搜索相关联的关键部分。从某种角度来说，微信公众号的名称就是品牌标签，因此，名称的设置与营销效果息息相关。微信公众号的名称如果设置得太过繁复，容易让用户在搜索时因过于复杂而放弃。另外，没有特色的微信号会让人印象不深刻，导致关注率降低。设置名称的时候，做到简洁、便于搜索、注明功能即可。

(2) 头像设置。

在新媒体时代，微信公众号头像代表着公众号的个性和风格，展现了公众号的品牌形象，同时还能方便用户对公众号进行认知和识别。一张有个性、有吸引力的头像，能让人记忆深刻，形成品牌印象，从而使公众号达到引流效果。设计一个有吸引力的头像，对于一个新媒体企业来说非常重要，头像将出现在企业策划的各类平台上，并且长期伴随企业的发展，是企业的一种标志，对企业品牌的发展起到非常重要的作用。

(3) 功能介绍设置。

当用户关注微信公众号时，除头像、微信名称、微信号外，最先看到的就是该微信公众号的功能介绍，因此，功能介绍对企业来说，也是很重要的提高关注率的部分。微信公众号的功能介绍主要用于描述公众号的作用，会在用户搜索公众号时显示。一般来说，功能介绍必须突出重点、便于理解，让用户可以通过该介绍快速了解公众号提供的服务和公众号的价值等。

除说明功能和作用外，功能介绍也可以用来表达情感，展现特色，通过个性化吸引用户。功能介绍最大的作用是推销自己，把最大的亮点、卖点、闪光点展现在用户的面前。功能介绍可在微信公众平台的后台进行设置。例如，公众号"日新月异""面面俱到""艺院动画"的功能介绍设置，均精准介绍了本公众号的内容定位，使用户对公众号有精准的定位，如图3-16所示。

图3-16 公众号"日新月异""面面俱到""艺院动画"功能介绍设置展示

（4）自定义菜单设置。

公众号为营销者提供了自定义菜单功能，当用户选择相应的菜单命令时，即可跳转到相应页面查看信息。自定义菜单可以是公众号功能和服务，也可以是消息收取或跳转链接等，其主要目的是满足用户的操作需求或进行产品推广。

微信服务和内容运营方应在布局清晰的基础上合理安排版面设计并增加信息分类导航，使推送内容简明扼要，表述更直观、方式更丰富、设计更多彩，既能吸引用户注意也可以简洁有力地完成内容的传达。

## 3.3.2 微信内容写作与推送（见图3-17）

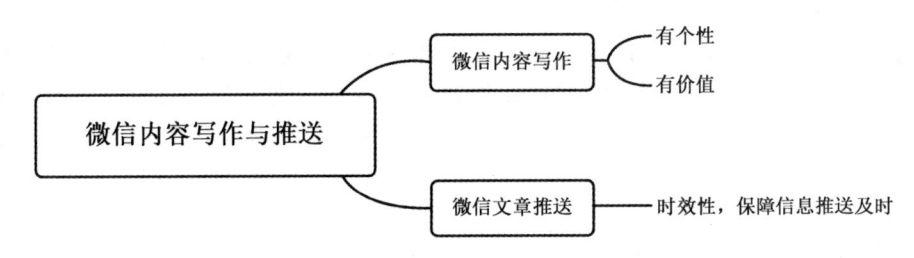

```
微信内容写作与推送 ─┬─ 微信内容写作 ─┬─ 有个性
                    │               └─ 有价值
                    └─ 微信文章推送 ─── 时效性，保障信息推送及时
```

图 3-17  微信内容写作与推送

### 1. 微信内容写作

本书在第二章的第二、三节已经介绍了新媒体内容定位方法和图文设计技巧，微信营销人员可以在此基础上进行微信文章的写作与排版。需要注意的是，写作微信文章前要先做好微信公众平台的用户定位，从用户的需求进行内容的策划与定位，从不同角度挑选出最适合的选题，以此吸引同质用户，使用户自行在圈子内分享和传播文章内容，从而为公众号吸引更多属性相同的高质量用户。

公众号想要通过文章内容建立影响力，也可以通过文章标题的设计表达个性特色，打造系列样式的文章，让用户在看到文章标题时可以快速分辨出这是哪一个公众号，分享的是什么内容，从而进一步加强用户对公众号的印象。丰富的、有趣的内容可以更好地吸引用户，公众平台多以文字、图片、视频等形式表现主题，因此，想要在众多营销策略中脱颖而出，营销者必须把握好内容定位，有个性、有价值的内容可以为公众号加分。

表 3-12  新媒体基础拓展练习表

| | |
|---|---|
| 有个性 | 想要让自己的微信公众号与他人的微信公众号"划清界限"，变得更容易被用户识别，个性化的内容是必不可少的，个性化的内容不仅可以增强用户黏性，使之持久关注，还能在众多公众账号中脱颖而出 |
| 有价值 | 在利用微信进行营销的过程中，一定要注意内容的价值性和实用性，这里的实用性是指符合用户需求，对用户有利、有用，有价值的内容。如为用户传授生活常识、为用户提供信息服务、帮助用户解决问题及向用户提供促销、打折、领奖等活动的信息 |

### 2. 微信文章推送

微信文章推送要注意时效性，保障信息推送及时。时效性始终是微信公众号的传播优势之一，当代受众，尤其是青年群体对信息的时效性要求越来越高，用户希望通过互联网尤其是移动技术的手段，不断增强公众号推送的时效性以满足信息需求。

用户查看推送文章内容的时间一般在 7:00—9:00 的上班途中，11:00—13:00 的午休时间，17:00—19:00 的下班途中，21:00—23:00 的休息、睡前时间。在这些时间段，用户会对查看的文章内容进行反馈，因此，容易出现文章反馈的高峰期。其次，由于微信公众号文章内容的定位不同，用户查看内容的时间也不同，例如，励志类微信公众号文章可以在 8 点前推送，利用用户上班途中时间激发用户的工作热情；趣味类微信公众号文章可以在 19 点后推送，内容的有趣性可以减少用户的疲惫；抒情类微信公众号文章可以在 22 点后发布，因为人的感情在深夜会更加丰富，此时发布的内容更容易触动用户并获得用户的认同与共鸣。总体来说，要以用户需求为出发点，选择合适的推送时间方便用户查看才能达到最佳的营销效果。

当然，这并不意味着必须在推送时间前才写作微信文章内容，营销人员要提前写好文章，然后根据实际需要进行定时推送，以避免在深夜写文或节假日期间没有文章推送的情况。同时，充足的文章内容创作时间也可以提高文章的质量，使文章内容更加吸引用户。

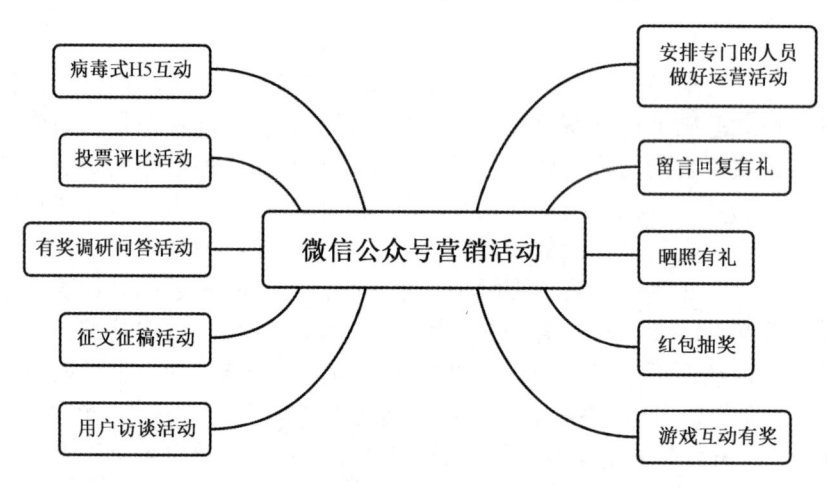

### 3.3.3 微信公众号营销活动

微信公众号营销活动主要有以下 5 种形式，如图 3-18 所示。

图 3-18 微信公众号营销活动

**1. 安排专门人员做好运营活动**

建立灵活的人员排班制度。由于微信公众号的运营无须坐班，只要有一部手机便可以随时开展工作，因此，相关运营人员的排班相对比较灵活。应注意，当有多个人一起运营时，其中涉及微信公众号的登录问题。微信公众号在使用其他设备重新登录时，需要短信验证码或扫描二维码登录，这些都需要账号主体绑定的手机来操作，所以，微信公众号运营人员在交接班时需要注意及时发送登录时需要的验证码给相关工作人员，做好对接。

**2. 留言回复有礼**

一般根据当下热点、近期活动、节日庆典等，准备一个话题，让用户在活动时间内到图文的留言区进行回复，进而随机筛选或按照点赞数等规则选取中奖用户，或直接要求留言指定内容，随机抽选中奖用户，以最简单的方式测试有多少用户愿意参与互动，另外还有征集报名类的留言，即留言本身还与其他活动挂钩，通过留言回复获取其他活动的参与资格。留言回复简单易行，用户参与度高，可控性强，但是用户容易产生心理疲倦，因此话题需要互动性强。

### 3. 晒照有礼

晒照有礼的一种方式是企业根据已设定的活动方向，让用户选择不同主题的照片或其他趣味照片发至公众号后台，企业进而按照活动规则抽选中奖用户。另一种方式是促进分享、促进交易或促进其他 KPI 的晒照活动，例如，用户将指定图片、指定文章分享到指定的朋友圈、微信群或其他平台后，截取相应的图片并发至公众号后台；或拍摄用户购买的物品或购物小票等发至公众号后台，营销者收到后对用户进行选取与奖励。晒照有礼活动的互动性更强，能够与营销目标结合。

### 4. 红包抽奖

企业可以设置关注抽奖或线下扫码抽奖活动，用户参加活动将有机会获得现金红包或实物礼品。这种活动是回馈用户的常见手段，也是聚集人气的有效方式。除大奖外，可以设置更多丰富的小奖，以保证更多用户可以参与或中奖，加强用户与平台间的关联。

### 5. 游戏互动有奖

这类活动一般是平台提供免费的互动游戏接口，这些小游戏通常与一些流行的单机版游戏类似，用户可以通过小游戏比赛，既获得乐趣，又赢取奖励。这种活动娱乐性强，能够带给用户一定的新鲜感与参与兴趣。

### 6. 病毒式 H5 互动

H5 页面凭借其简单快捷、生动有趣的设计在移动前端市场形成火爆局面，吸引了大量用户的眼球，同样也备受微信运营者的关注。运营者通过 H5 设计一些生动有趣的小游戏或商业活动吸引大量用户的关注，成为推广微信公众号的高效方式之一。这类活动形式多样，例如，朋友互动、趣味游戏、有奖竞猜等。

### 7. 投票评比活动

投票评比活动是朋友圈、微信群中最让人烦恼的一种活动形式，也是最有效的活动形式之一。这种活动的形式一般是比赛制，通过设立大奖，吸引用户报名，然后在微信公众号内进行拉票，根据最终票数或报名内容等信息决定中奖者。应注意：投票的机制需要防止刷票作弊；投票活动的目的如果是吸粉，不要忘了需要关注才能投票，投票后还要有内容可以吸引用户。

### 8. 有奖调研问答活动

这类活动一般是运营者根据需求，设置好调研问卷或问答题目，用户参与并填写信息，即可获得指定奖励。

### 9. 征文征稿活动

这类活动一般是设定征文征稿的方向，如征集梦想清单、征集元宵主题的文章，或诗歌、散文，又或征集公众平台的宣传口号，让用户进行创作。用户创作的内容可以在微信公众平台推广和发布，同时运营者对优秀作品创作者给予奖励。

10. 用户访谈活动

用户访谈活动一般是运营者通过策划自己的主题方向，进而邀请用户报名，并进行一对一沟通访谈。运营者聆听用户的故事，并撰写成文或设计成图，让用户的故事成为运营素材之一，当然，对于参与访谈的用户也要给予一定奖励。

在了解微信公众号营销活动后，注意微信公众号营销技巧有以下5点。

（1）不要每天盲目推送。

微信的本质是互动，不是一味地宣传，每天定时定点对用户发送毫无营养的内容，容易产生机械感，降低用户的信任度。

（2）每次推送信息时不要超过3条。

微信营销的关键在于质量，高质量的内容才能得到分享，好的口碑是一个微信公众号涨粉的来源，如果一次推送的内容过多，会使用户找不到重点，删繁就简、直奔主题、简洁明了才是微信公众号运营的不二法则。

（3）不断汲取优秀公众号的长处。

目前已有很多优秀的公众号，可在添加好友一栏中查找公众号进行学习，所谓书读百遍其义自见，了解多了总会发现其中的规律，然后结合自己的品牌风格特点运用到自己的公众号的运营当中。

（4）分组推送。

在推送信息的同时，可以根据客户的性别、年龄、职业、喜好等为其分组，迎合绝大部分客户的兴趣点，选择适当的内容为特定的客户群推送。

（5）利用其他平台吸粉。

要想在短时间内获取大量粉丝，必须依靠媒体，如微博、杂志、公司网站、名片等，动用一切渠道进行宣传，设计新热点吸引用户的关注，使微信粉丝量不断上涨。

# 【任务评价】

## 1. 学生自评（见表3-13）

表3-13 微信公众号营销推广任务学生自评表

| 班级 | | 学号 | | 姓名 | |
|---|---|---|---|---|---|
| 角色 | ○组长 | ○组员 | | 完成时间 | |
| 任务 | | | 完成情况记录 | | |
| 了解微信公众号设置注意点 | | | | | |
| 掌握微信公众号内容写作与推送技巧 | | | | | |
| 熟悉常见微信公众号营销活动有哪些 | | | | | |
| 任务后的收获 | | | | | |

## 2. 生生互评（见表3-14）

表3-14　微信公众号营销推广任务生生互评表

| 班级 | | 学号 | | 姓名 | |
|---|---|---|---|---|---|
| 角色 | ○ 组长 | ○ 组员 | | 完成时间 | |
| 任务 | | 完成情况记录 ||||
| 了解微信公众号设置注意点 | |||||
| 掌握微信公众号内容写作与推送技巧 | |||||
| 熟悉常见微信公众号营销活动有哪些 | |||||
| 任务后的收获 | |||||

## 3. 教师评价（见表3-15）

表3-15　微信公众号营销推广任务教师评价表

| 班级 | | 学号 | | 姓名 | |
|---|---|---|---|---|---|
| 角色 | ○ 组长 | ○ 组员 | | 完成时间 | |
| 任务 | | 完成情况记录 ||||
| 了解微信公众号设置注意点 | |||||
| 掌握微信公众号内容写作与推送技巧 | |||||
| 熟悉常见微信公众号营销活动有哪些 | |||||
| 任务后的收获 | |||||

## 【拓展练习】（见表3-16）

表3-16　新媒体基础拓展练习表

| 练习名称 | 微信公众号营销推广初步认识 |
|---|---|
| 练习目的 | 了解微信公众号在微信营销中的重要性 |
| 练习安排 | 挑选自己关注的两个微信公众号，分析这些公众号的营销优点，并分析它们的内容写作和推送技巧 |
| 练习小结 | 学生小组交流各自关注的账号类型和特点，教师根据讨论成果进行PPT展示、讨论分享中的表现，给每小组打分 |

## 3.4 微信小程序营销推广

### 【任务描述】

自2017年微信小程序上线以来，其无须安装、用完即走的便捷性赢得了许多企业与用户的青睐。尽管目前微信公众号的热潮还未散去，但微信小程序增速也非常亮眼。用户对小程序的使用习惯已经形成，月人均使用5个小程序，这显示出小程序的巨大的营销潜力。那么用户如何进行小程序搜索？微信小程序的活动策划有哪些？如何对一个微信小程序进行推广？本任务要求初学者在认识微信小程序营销推广的过程中，了解微信小程序如何搜索，掌握微信小程序活动策划技巧，熟悉微信小程序推广有哪些方法。

## 【学习目标】

1. 了解微信小程序如何搜索。
2. 掌握微信小程序活动策划方案。
3. 熟悉微信小程序推广有哪些方法。
4. 能够针对不同的活动策划出对应的微信小程序营销活动。

## 【任务分配】（见表3-17）

本任务为分组任务，学生分组讨论。为某营利性企业的小程序策划一次五一劳动节活动，并用不同方法对该小程序活动进行推广，分析该活动推广对该商家的发展带来什么影响。

表3-17  微信公众号分享任务分配表

| 班级： | | 组号： | 组名： |
|---|---|---|---|
| 角色 | 姓名 | 学号 | 任务分工 |
| 组长 | | | |
| 组员 | | | |
| | | | |
| | | | |
| | | | |
| | | | |
| | | | |

## 【任务准备】

引导问题1：微信小程序注册有哪些途径？
引导问题2：微信小程序可以通过哪些方法进行推广？

## 【课前导读】

肯德基是世界第二大速食及最大炸鸡连锁企业。自1987年进入中国以来，它一直在为满足中国消费者的多样化需求而努力。随着互联网、移动终端的快速发展，肯德基正在不断推出更多便捷的数字化体验，尝试连接线上和线下资源，以形成从线上到线下再到线上的闭环流程。具体表现为：为用户提供线上专有的特权和便利，然后有效地将线上资源引流到线下；线下用户消费体验的反馈，又可以引导其进行线上交流和体验，如此形成闭环。为消费者提供了更多方便、快捷的服务和体验，随时随地享受美味与便捷。

在微信搜一搜的小程序页面下，可以看到肯德基+、肯德基自助点餐、肯德基甜品站+、肯德基宅急送、肯德基口袋炸鸡店、肯德基大玩家、肯德基公园宅急送、肯德基付费会员、肯德基现磨咖啡馆等小程序，如图3-19所示。这些小程序基本可分为4大功能模块：自助点餐服务、快捷送餐服务、社交电商服务、会员权益服务。

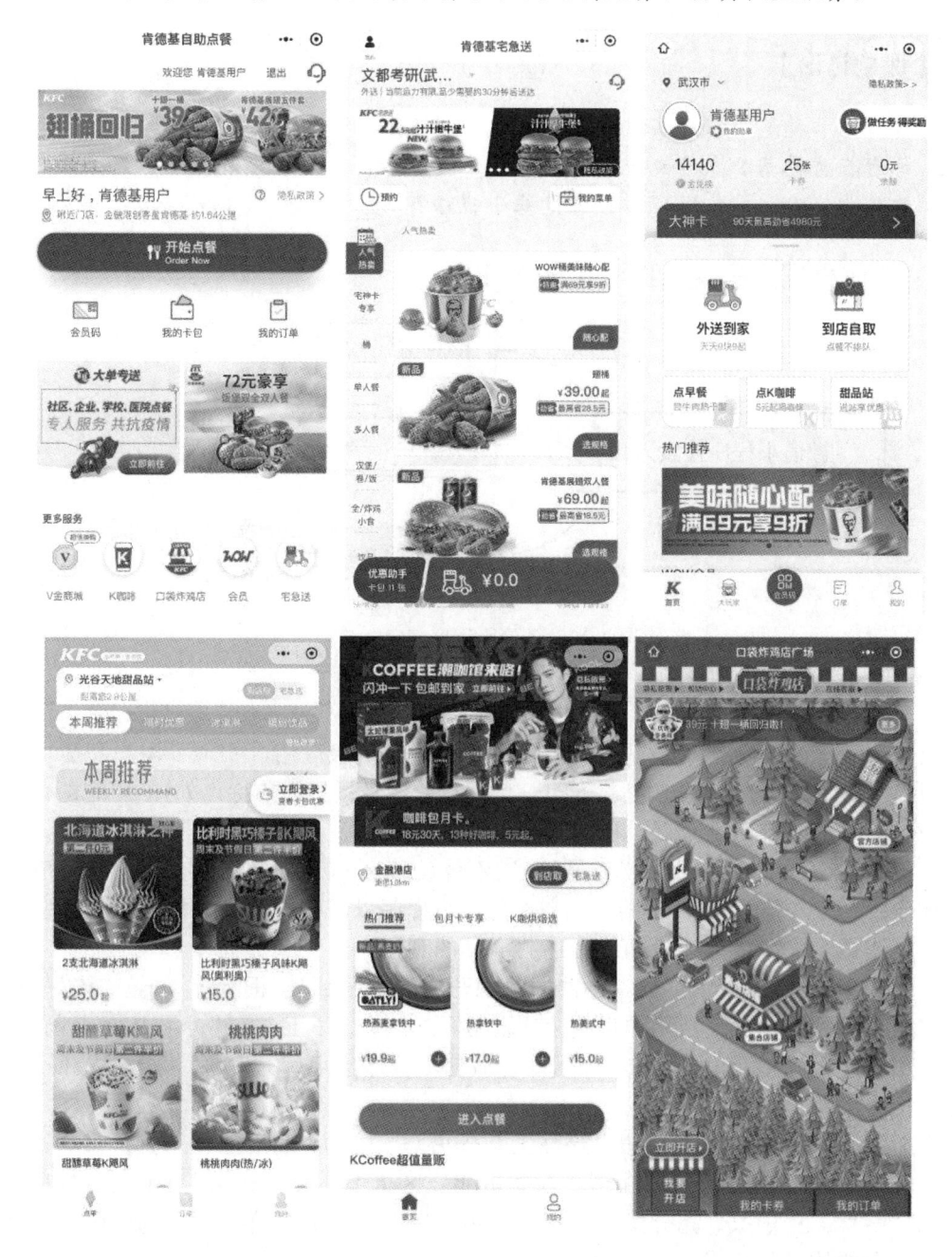

图3-19 微信小程序——肯德基系列

肯德基巧妙运用"小程序+公众号"组合拳的方式，将小程序与肯德基公众号绑定，与内容平台相链接，增加了肯德基移动端在内容、消费、互动等多方面的出现率。这么做使肯德基在信息如潮的微信平台上，既发挥出公众号存量优势，又发挥小程序增量优势；既保持住了用户黏性，又节约了很多推广成本。总体来说，肯德基微信小程序实现了社交、分享、消费、忠诚度等多种功能，形成了从点餐服务到客户关系管理的消费全程的闭环服务。

**【课堂讨论】**

1. 你有用肯德基小程序买过东西吗？
2. 你有在肯德基公众号点进小程序的经历吗？
3. 你认为有哪些方法可以推广肯德基小程序？

### 3.4.1 微信小程序搜索入口（见图 3-20）

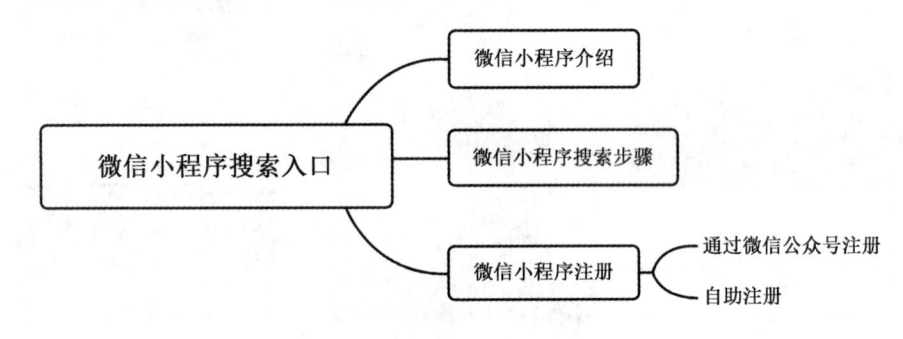

图 3-20 微信小程序搜索入口

**1. 微信小程序介绍**

微信小程序是一种不需要下载安装即可使用的轻量级应用，实现了用户和应用之间的零距离接触，用户扫一扫或搜一下即可使用。除"轻量级"的特点外，"用完即走"是其另一大撒手锏，使用结束后，用户再也不用担心是否占用过多的内存而导致诸如手机卡顿等问题，实现了应用无处不在。另外，它不像传统 App 那样需要那么高的开发成本，而且体验感几乎与原生 App 相同。正是如此，小程序以一种潇洒漂亮的方式将互联网与产业成功连接起来，成为建设网络命运共同体的利器。

由中华全国总工会、中央网信办共同组织开展的"网聚职工正能量 争做中国好网民"小程序应用优秀案例征集活动结果揭晓，北辰区总工会"辰工 E 家"小程序从全国 66 个工字号小程序中脱颖而出，入选"全国工会微信小程序应用优秀案例"，成为天津市唯一入选的优秀案例，如图 3-21 所示。

为加强"互联网+工会"建设、提高工会普惠职工能力，北辰区总工会积极探索创新工作模式，于 2021 年 2 月 4 日上线"天津市北辰区总工会辰工 E 家"小程序（简称"辰工 E 家"）。"辰工 E 家"充分发挥手机新媒体实时交互性强的优势，成为该区总工会联系职工群众的桥梁和纽带。

"辰工 E 家"自上线以来，坚持高效便捷、群众喜闻乐见的发布原则，已累计发布工作动态、普惠政策、通知文件 120 余条。同时，面向全区职工群众开展了"弘扬劳模精神、劳动精神、工匠精神"和"学党史 跟党走 建新功"网络知识有奖竞赛，以及"年味北辰""定格劳动中最美的瞬间"等主题图文征集活动，参与活动人次达 1.5 万余人。"辰工 E 家"凭借高质量的发布内容和较高吸引力的文化活动，得到广大会员的高度认可，目前已认证会员近 2.4 万人，在团结、引导、服务职工方面的作用越发显现。

图 3-21　天津市北辰区总工会"辰工 E 家"官方公众号

## 2. 微信小程序搜索步骤

打开微信，单击微信页面上的"搜索"按钮，输入"小程序"，会出现"小程序"，点击进入这个页面再退出来，如图 3-22 所示。

图 3-22　搜索"小程序"界面

微信下面的"发现"栏会出现小程序入口，点击进入即可进入小程序界面，搜索浏览感兴趣的小程序，如图 3-23 所示。

图 3-23　小程序入口界面

另外，也可以直接在搜索栏中单击"小程序"后模糊搜索或精准搜索对应小程序，如图 3-24 所示。

图 3-24　搜索界面展示图 1

模糊搜索"火锅""奶茶"将看到与之相关的众多小程序，精准搜索"海底捞火锅线上点餐"将搜索到对应小程序，如图 3-25 所示。

3. 微信小程序注册

（1）通过微信公众号注册。必须是认证的订阅号或服务号，可免除 300 元的认证费，申请速度最快，用时 5 分钟左右。

注册步骤如下。

① 单击公众号平台的"小程序"→"小程序管理"栏，单击"开通"按钮即可进行下一步操作，如图 3-26 所示。

图 3-25　搜索界面展示图 2

图 3-26　小程序管理开通界面

② 单击"开通"后,可进行"关联小程序"和"快速注册并认证小程序"操作,如图 3-27 所示。

图 3-27　小程序管理界面

③ 单击"快速注册并认证小程序"并按照提示进行"账号信息"→"邮箱激活"→"信息登记"等步骤即可完成小程序注册,如图 3-28 所示。

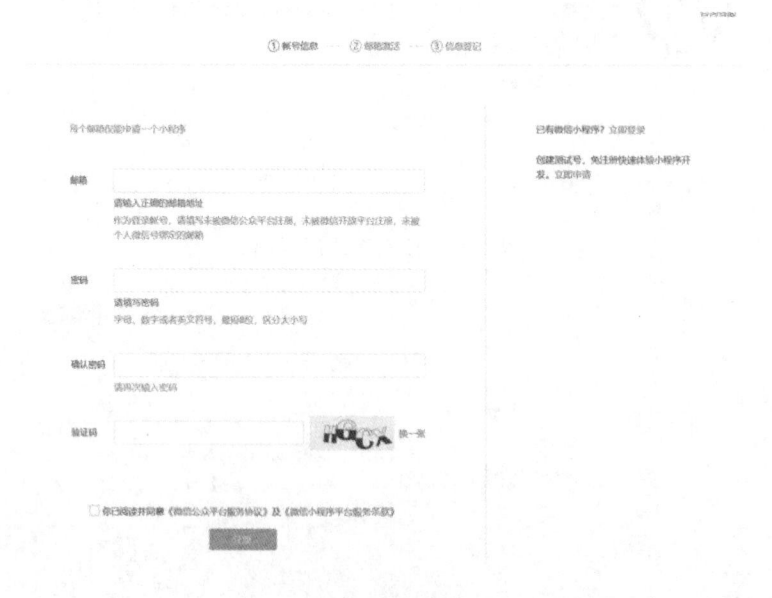

图 3-28　小程序注册界面

(2) 自助注册。公司注册需要准备如下材料。
① 公司营业执照(非三证合一):组织机构代码证、开户许可证。
② 管理员身份证、联系电话、固定电话、申请公函(对方盖公章);管理员配合(扫码、发验证码)。
③ 公司营业执照(三证合一):开户许可证、管理员身份证、联系电话、固定电话、

申请公函（对方盖公章）；管理员配合（扫码、发验证码）。

注册步骤如下。

首先，搜索"微信公众平台"，在账号分类中选择"小程序"，如图 3-29 所示。

图 3-29 微信公众平台官网界面

其次，在阅读接入流程后单击前往注册，如图 3-30 所示。

图 3-30 微信公众平台小程序接入流程界面

最后，按照提示进行"账号信息"→"邮箱激活"→"信息登记"等步骤即可完成小程序注册，如图 3-31 所示。

图 3-31　微信公众平台小程序注册界面

## 3.4.2　微信小程序活动策划（见图 3-32）

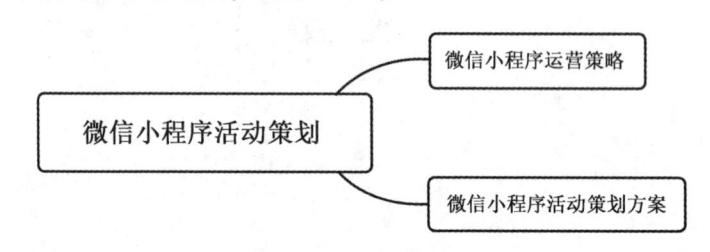

图 3-32　微信小程序活动策划

**1. 微信小程序运营策略**

策划小程序活动需要知道用户在哪、用户在什么样的场景下会与产品发生关系。例如，对于金融产品而言，可能是看一个理财的小视频、读一篇理财的文章、听一场理财的微课、去某个第三方平台看别的 P2P 平台的评价，或去论坛看某个互联网金融的问题回复，也可能是玩一个和金融相关的游戏，甚至有可能去不完全相关的地方，却能触发其进行金融消费的想法。不同的场景，入口也是不同的，针对小程序的设计也不同。

腾讯副总裁张小龙说，未来，搜一搜将是小程序最大的入口。一个好的名字，一个符合用户搜索习惯的词带来的流量是无法预估的。此外，好的名字会让用户眼前一亮，浏览概率翻番。针对这一点，要在取名时做足准备。对于小程序的运营方向，还需要在其他方面做好准备，以下是针对小程序运营的 3 个必不可少的阶段，如表 3-18、表 3-19、表 3-20 所示。

表 3-18　小程序运营策略阶段一

| 小程序定位 | 确认小程序定位，服务性、功能性占比，制定小程序发展规划 |
|---|---|
| 主视觉布局 | 确认主视觉布局，页面风格产品风格等统一 |
| 品牌信息完善 | 完善品牌介绍、会员信息等 |
| 功能探析 | 了解小程序已开发功能，测试使用 |

表 3-19　小程序运营策略阶段二

| 产品上线 | 确认上线产品数量、产品展现要求、时间节点、完成上线 |
|---|---|
| 营销活动 | 制订小程序商城营销活动计划，按照计划执行活动 |
| 公众号联动 | 绑定公众号，绑定公众号菜单栏，制定公众号内容营销和小程序推广期，执行推动 |
| 插件引流 | 开发小程序后台插件，如拼团、团购等，结合活动进行粉丝互动和裂变 |

表 3-20　小程序运营策略阶段三

| 线上推广 | 进行全方位线上免费或付费推广 |
|---|---|
| 门店互通 | 门店进行小程序推广，制定小程序线下玩法，如线上下单到点自提优惠，门店立减等联合互动 |
| 社交个人号交互 | 微信群或个人号计划，留存粉丝团，进行后续转化 |
| 线下推广 | 线下多种推广方式共同尝试 |

## 2. 微信小程序活动策划方案（见图 3-33）

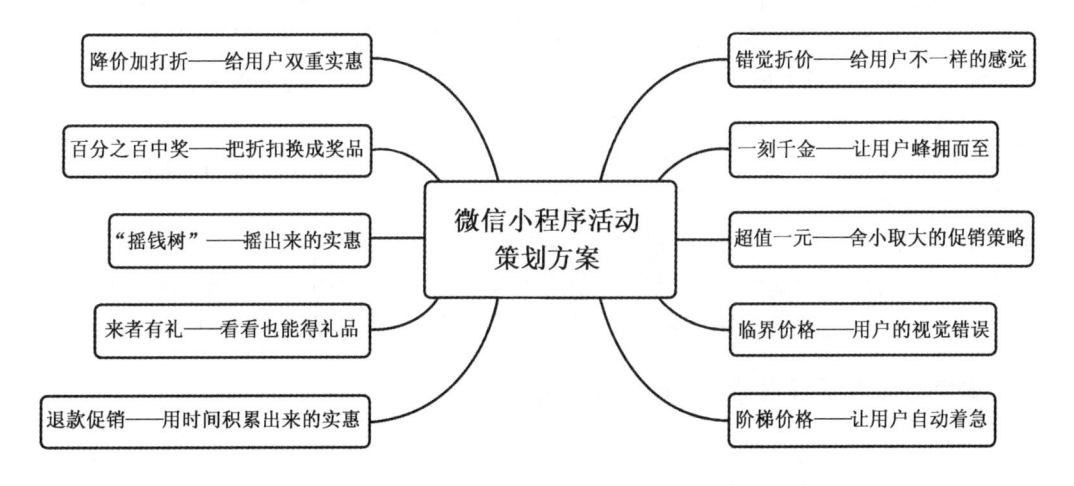

微信小程序活动策划方案：
- 降价加打折——给用户双重实惠
- 百分之百中奖——把折扣换成奖品
- "摇钱树"——摇出来的实惠
- 来者有礼——看看也能得礼品
- 退款促销——用时间积累出来的实惠
- 错觉折价——给用户不一样的感觉
- 一刻千金——让用户蜂拥而至
- 超值一元——舍小取大的促销策略
- 临界价格——用户的视觉错误
- 阶梯价格——让用户自动着急

图 3-33　微信小程序活动策划方案

很多商家在使用小程序，但不知道如何运营小程序，也不知道该如何策划小程序活动，以下为小程序策划的 10 个方案，大部分策划都是基于此形成的。

（1）错觉折价——给用户不一样的感觉。

例如："花 100 元买 130 元商品"错觉折价等同"打七折"，但告诉用户的是优惠，而不是"折扣货品"，价格对于销售更有"冲击力"。

（2）一刻千金——让用户蜂拥而至。

例如：现在单击"10 分钟内所有商品 1 折"，用户抢购的是有限的商品，而且有时间限制，只要把握住分寸，这个流量为王的年代，客流能带来无限的商机。

（3）超值一元——舍小取大的促销策略。

例如："几款价值 10 元以上的商品，以超值一元的活动参加促销"，虽然这几款商品看起来是亏本的，但吸引的用户能以连带销售方式保证盈利。

（4）临界价格——用户的视觉错误。

例如：售价 10 元改成 9.9 元，这是普遍的促销方案。

（5）阶梯价格——让用户自动着急。

例如："销售初期 1~5 天全价销售，5~10 天降价 25%，10~15 天降价 50%，15~20 天降价 75%。"表面上看似"冒险"的方案，却抓住了顾客的心理。对于店铺来说，顾客是无限的，选择性也是很大的，这个顾客不来，那个顾客就会来；但对于顾客来说，选择性是唯一的，竞争是无限的，自己不去，别人还会去。顾客很大程度会因为心理反应而进行消费。

（6）降价加打折——给用户双重实惠。

例如："所有光顾本店购买商品的用户满 100 元可减 10 元，并且还可以享受八折优惠"，先降价再打折。100 元若打 6 折，损失利润 40 元，但满 100 减 10 元再打 8 折，损失利润 28 元。但力度上的双重实惠会诱使更多的用户购买。

（7）百分之百中奖——把折扣换成奖品。

例如：将折扣换成了奖品，且百分之百中奖，迎合了用户中彩头的心理，而且实实在在地让用户得到物质上的满足，双管齐攻效益匪浅。

（8）"摇钱树"——摇出来的实惠。

例如："圣诞节购物满 38 元即可享受'摇树'的机会，每次'摇树'掉下一个号码牌，每个号码牌都有相应的礼物。"让用户感到快乐才会愿意光顾，给店铺带来创收的机会。

（9）来者有礼——看看也能得礼品。

此方案涉及的用户多，且没有门槛要求，所以应用最为广泛。这种方式主要是为增加流量及促进销售。

（10）退款促销——用时间积累出来的实惠。

例如："购物 50 元基础上，顾客只要将前 1 年之内的购物小票、支付记录截图等有效购物凭证，拍照发送直接客服确认，微博分享，就可以按照促销比例兑换现金。"

**3. 微信小程序开展营销活动的流程和方法**

（1）微信小程序支持优惠券。

当前，小程序尚未大范围普及，因此，诸多小程序的商家可通过打印自身的二维码在店内张贴，在用户浏览商品时，只需扫码即可进入。将优惠券等诸多活动放入小程序中，用户因此受到吸引前往消费。如首次扫描进入，还可领取优惠券，消费时可直接进行现金抵扣。其本质如同此前的优惠，但形式给人的感觉更为突出。

（2）以小程序开展售后服务。

如电动车、家电等诸多行业均面临售后等问题，诸多专卖店均不存在售后活动，对此予以外包，且在购买家电后，许多人往往无法保存好保修卡，一旦出现问题时，只能自掏腰包，前往相应的地点进行维修。若在小程序内对保修范围内涉及的问题进行标注，且明确表示一年内可针对此类问题予以保修，此时，只需对小程序内保存的消费记录进行出示，即可实现保修目的。

（3）小程序支持分享传播。

结合优惠券、保修政策，销量将得以显著提升，且更容易推广。许多人往往直接向好友分享，使店铺由此获得更多用户。

（4）微信小程序，移动端流量红利。

在微信力推的同时，更多人开始对小程序寻找服务加以运用，而商家若能够第一时间加入其中，则能够享受到首波红利，并获得更多用户。

### 3.4.3 微信小程序推广技巧

微信小程序是一个推广引流的工具，推广微信小程序有多种方法，常见的小程序推广技巧有以下 10 种，如图 3-34 所示。

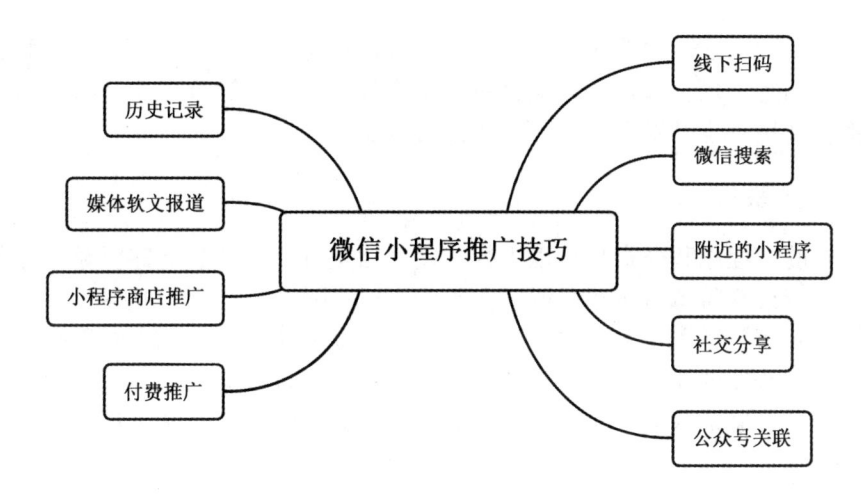

图 3-34 微信小程序推广技巧

#### 1. 线下扫码

小程序最基础的获取方式是二维码。用户可以通过微信扫描线下二维码的方式进入小程序。此推广方式适合有传统实体门店的企业，利用一些促销方式，吸引用户扫码，进入小程序。

（1）海报+二维码。

通过后台生成小程序码或二维码，并将其植入线上线下海报或户外广告中，将其在微信朋友圈、微信群、电梯、机场、活动现场等地方张贴宣传，吸引用户。

（2）结合小程序的特征推出一些针对性活动，吸引用户关注与访问，如线下门店小程序的扫码优惠或扫码赠送小礼品等活动。

#### 2. 微信搜索

可以通过微信客户端最上方的搜索窗口获取一个小程序。小程序可以放在手机的桌面，也可以置顶在聊天界面，方便用户的重点关注。

在微信中主动搜索小程序的用户有两种：第一种是用户明确知道小程序的名字和功能，对品牌运营的要求较高；第二种是用户想要某种功能的小程序却不知道名字，于是只能通过搜索关键词,这就要求小程序名称及内容介绍中最好添加与核心功能相关的关键词。

### 3. 附近的小程序

自从附近的小程序功能上线,企业们纷纷开始抢占入口。只要开启附近的小程序功能,用户在一定范围内都能在列表中找到你的小程序,不需要搜索,那些打开附近的小程序的用户都会成为你的潜在用户。

例如,商家开通了小程序,将自己的小程序展示到小程序定位的五公里范围内,微信用户只要定位在此范围,打开手机微信就能看到商家的小程序,通过小程序找商家门店,并且查看相关信息,进行预约和购买。

### 4. 社交分享

当用户发现一个好玩的或实用的小程序,可以将这个小程序或其某一个页面分享给好友或群聊。商家可以在合适的聊天群里分享小程序,从而达到引流目的。小程序的聊天分享,不需要用户点开链接再扫码或关注。

### 5. 公众号关联

同一主体的小程序和公众号可以进行关联并相互跳转,该功能需要经开发者自主设置后使用(一个公众号每月可以关联同主题的 10 个小程序和不同主题的 3 个小程序)。微信公众号文章可以插入小程序名片,也可以在公众号菜单栏中加入小程序入口,这些都可以为商家带来新的流量入口。目前,一个小程序可以关联 500 个公众号,如果 500 个公众号发的文章都插入同一个小程序的名片,带来的流量将非常可观。

### 6. 历史记录

当用户使用过某个小程序后,在微信客户端的"发现"→"小程序"→"最近使用"里可以看到这个小程序,想要再次使用它时,查找最近使用的历史记录可以进入,如图 3-35 所示。

图 3-35　微信小程序最近使用

## 7. 媒体软文报道

权威媒体报道是非常有效的品牌推广，找一家专业的小程序平台报道也是很不错的推广方式。

## 8. 小程序商店推广

小程序商店在提供小程序展示的同时，也开启了广告功能，找几个不同的平台推广，效果也会不错。

## 9. 付费推广

如果有预算可以投入付费推广，因为这是一种直接的、短期内见效最快的方式。

## 10. 小程序数据助手管理数据

对运营及研发人员而言，数据助手可查看关键运营数据，数据等同于后台常规分析，如图 3-36 所示。这一功能能够帮助商家和运营人员快速了解小程序发展概况，并实时监控小程序访问趋势，更好地做好运营工作。

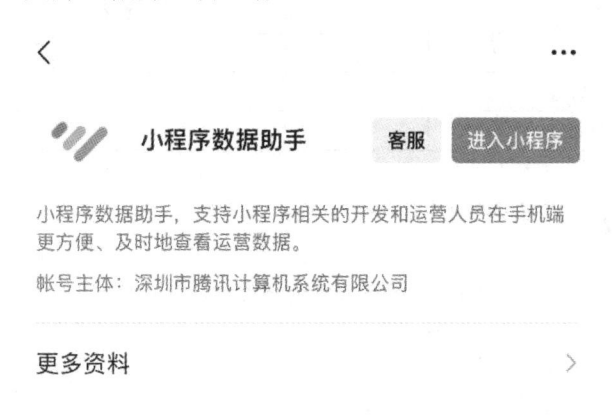

图 3-36 小程序数据助手官方公众号

## 【任务评价】

### 1. 学生自评（见表 3-21）

表 3-21 微信小程序营销推广任务学生自评表

| 班级 |  | 学号 |  | 姓名 |  |
|---|---|---|---|---|---|
| 角色 | ○ 组长 | ○ 组员 |  | 完成时间 |  |
| 任务 ||||完成情况记录 ||
| 了解微信小程序如何搜索 |||||  |
| 掌握微信小程序活动策划技巧 |||||  |
| 熟悉微信小程序推广有哪些方法 |||||  |
| 任务后的收获 |||||  |

## 2. 生生互评（见表 3-22）

表 3-22　微信小程序营销推广任务生生互评表

| 班级 | | 学号 | | 姓名 | |
|---|---|---|---|---|---|
| 角色 | ○ 组长　　○ 组员 | | 完成时间 | | |
| 任务 | | 完成情况记录 | | | |
| 了解微信小程序如何搜索 | | | | | |
| 掌握微信小程序活动策划技巧 | | | | | |
| 熟悉微信小程序推广有哪些方法 | | | | | |
| 任务后的收获 | | | | | |

## 3. 教师评价（见表 3-23）

表 3-23　微信小程序营销推广任务教师评价表

| 班级 | | 学号 | | 姓名 | |
|---|---|---|---|---|---|
| 角色 | ○ 组长　　○ 组员 | | 完成时间 | | |
| 任务 | | 完成情况记录 | | | |
| 了解微信小程序如何搜索 | | | | | |
| 掌握微信小程序活动策划技巧 | | | | | |
| 熟悉微信小程序推广有哪些方法 | | | | | |

## 【拓展练习】（见表 3-24）

表 3-24　微信小程序营销推广拓展练习表

| 练习名称 | 初步认识微信小程序营销推广 |
|---|---|
| 练习目的 | 了解微信小程序营销推广在微信营销中的重要性 |
| 练习安排 | 挑选自己关注的两个微信小程序，并分析它们的活动策划和推广方法有哪些可以借鉴 |
| 练习小结 | 学生小组交流各自关注的小程序类型和特点，教师根据讨论成果进行 PPT 展示，讨论分享中的表现，给每小组进行打分 |

# 第 4 章

# 社群营销实战

随着新媒体的发展，用户的消费观念也发生了改变，以社群营销为基础的消费主张成为越来越重要的方式。现在到处都在谈消费升级，"消费升级"不仅指产品方面的升级，更多的是关于用户的生活方式和生活态度的升级，人们需要找到自己的存在感和圈层。当用户认为品牌所宣扬的体验价值、形象价值与自己所秉持的人生观、价值观相契合，就容易产生精神共鸣，进而渴望与那些相同认知的同类交流互动，于是社群顺势而生。

本章介绍了社群的基本概念，阐述了社群营销构建与推广的方法，给出了活跃社群的基本方案，并系统地介绍了社群营销的价值及如何打造社群品牌。旨在帮助新媒体从业人员打好理论基础，并能联系实际，对社群营销能够快速上手且进行独立策划。

## 【思政案例导入】

### 知识付费社群"新面貌"

在互联网时代，人们每天接触到的信息量以幂数进行增长，泛滥的信息和精品的内容似乎是一对矛盾。受众对于精品内容的需求日益增长，由此催生了知识经济的到来。知识无价，但互联网技术和互联网经济的飞速发展，带来了知识产品和知识服务的变革，让知识付费成为一股新潮流。

如何评价某部热门影视作品？中国传统颜色怎样应用到设计实践中？朗读技巧怎么练？网络平台上的知识问答区、内容打赏区及付费社群内，贴满了五花八门的问题和解答。世界著名古典音乐赏析、vlog制作入门技巧10讲、职场心理成长20课，诸如此类的音视频课程也得到前所未有的开发制作。可以明显地感觉到，今天知识生产的方式更个性化，知识获取的渠道更多元化，知识传播和知识学习在数字时代呈现新的面貌。从王思聪入驻"分答"，罗振宇推出得到App，喜马拉雅FM开启"123知识狂欢节"，从知乎上线知乎Live，到张伟、黄有璨、粥左罗等自媒体人的入局，到线下培训机构的转型，知识付费的浪潮从未停息。据艾瑞咨询2018年数据报告，2017年，中国知识付费市场规模为49.1亿元，而据艾媒咨询和中投产业研究院2020年发布的最新数据报告中显示，2019年，中国知识付费市场规模已达到278亿元。"十四五"规划明确提出，实施文化产业数字化战略，加快发展新型文化企业、文化业态、文化消费模式，壮大数字创意、网络视听、数字出版、数字娱乐、线上演播等产业。面对知识付费这一现象，许多学者认为，这是版权意识提升的体现，有利于发展共享经济。

## 【案例解读】

知识付费的本质是知识分享，知识分享是知识在社会中传播的过程。不管知识付费内容本身对于个体来说是否具有明显效用，其蕴含的知识价值理念是不可估量的。知识付费模式在很大程度上促进了知识的流通与传播，引起人们对知识的尊重与对版权意识的不断关注。除此以外，无论是从各知识付费平台的收益额还是从知识付费市场的规模和用户来看，知识付费无疑成为我国经济增长的重要领域，随着未来产业集聚效应的不断增强，知识付费必将成为我国经济发展的新业态和经济增长的新动力。

## 【思考问题】

处于互联网新时代的浪潮下，还有哪些新面貌、新浪潮在促进着我们的经济发展？我们该如何利用社群的模式来开发其他未来产业呢？

## 学习导图

根据社群营销知识学习活动顺序，本单元学习任务可以分解为以下子任务，如图4-1所示。

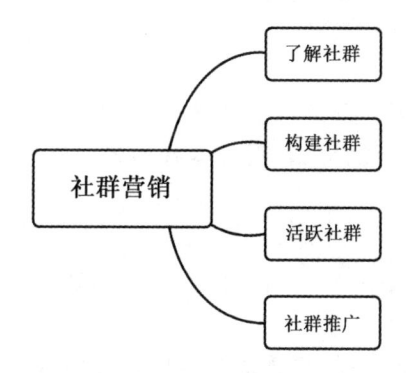

```
         ┌─── 了解社群
         │
社群营销 ─┼─── 构建社群
         │
         ├─── 活跃社群
         │
         └─── 社群推广
```

图 4-1　社群营销知识学习活动顺序

## 4.1　社群营销认知

**【任务描述】**

自媒体时代的到来，让每个人都有展示自己的机会，通过社群的传播与分享得到更多人的青睐，从而建立自己的流量池。传统的渠道和大传播已经失效，因为渠道的力量在下降，不足以支撑现在的快速传播与推广的时代趋势。社群可以通过小规模的高质量种子用户实现口碑，进行自动裂变。那么什么是社群？什么是社群经济？你是否了解过社群营销？社群营销的价值在哪里？

**【学习目标】**

1. 了解社群、社群经济的概念。
2. 熟悉社群营销的概念。
3. 认识社群营销的价值。

**【任务分配】**（见表 4-1）

本任务为分组任务，学生互相进行概念提问，熟悉关于社群的概念，能够表述清楚社群的相关内容。

表 4-1　社群营销认知任务分配表

| 班级： | 组号： | | 组名： |
|---|---|---|---|
| 角色 | 姓名 | 学号 | 任务分工 |
| 组长 | | | |
| 组员 | | | |
| | | | |
| | | | |
| | | | |
| | | | |
| | | | |
| | | | |

## 【任务准备】

引导问题1：什么是社群，社群经济又是什么？

引导问题2：你是否参加过社群，有什么样的体验？

## 【课前导读】

社群营销已经成为一种必要的营销手段，但是其方式成千上万，社群该如何做才能起到"四两拨千斤"的效果？

星巴克与其他咖啡厅讲故事的方式截然不同，他们是从葡萄酒开始的，从用户最关心的口味开始。他们提出用品尝红酒的方式来品尝咖啡，提出极具创意性的主题："地理即风味"，并制定相关的全球性销售战略，不得不说，这个产品故事对用户来说是很有说服力的。从2005年开始，星巴克就用这一主题故事来包装咖啡。他们希望通过产品故事来引导用户，让用户能够区分咖啡与咖啡之间的细微差别，如产地、工艺等，通过对产品故事的了解让用户从众多咖啡中发现自己的最爱。

他们的故事从葡萄酒开始，两瓶外观相似的葡萄酒，价格却有着天壤之别，这是为什么？因为葡萄酒的档次和价格是由其产地、历史、风味、酿造工艺和品牌决定的。这就是一瓶贵价葡萄酒与一瓶普通葡萄酒的价格分野之处。酒客们对每瓶葡萄酒的故事都深感兴趣，他们想知道葡萄酒后的故事，想知道它是从哪里来的，由怎样的工艺酿造，来自哪个庄园，这个庄园拥有多久的历史。

用户对咖啡也有着类似的需求，当你走进一家咖啡店，一定想知道店里都有什么口味的咖啡，并向店描述自己喜欢的口感："我不喜欢太苦的咖啡，但是也不要太甜的，最好口感温和一些。""我喜欢清爽一点的，最好是带酸味的咖啡。"然而，用户在询问或描述自己喜爱的味道时，其实并不知道它们是如何来的，但是，这并不代表用户对此不感兴趣。

星巴克针对用户的这一需求，为咖啡做了一个很好的风味故事："我们所采用的咖啡豆主要来自美洲、非洲和太平洋等，这些种植区的咖啡豆由于各自所属种植区的天气、土壤、水分等情况不同，都有自己独特的酸度、醇度和气味，无论你是喜爱水果的酸甜，还是泥土的芳香，星巴克都可以为您提供。"星巴克的故事营销可谓是销售的最高境界："我们卖的不仅仅是一杯黑色的咖啡，而是咖啡所带来的异域风情的不同风味、不同文化。你喝的是一杯咖啡，更是打开一本蕴藏着世界文化的书，一种提升自己品位的独特方式。"

从星巴克的整个故事营销过程中不难看出，星巴克的产品故事强调的是口味，是文化，是消费者一直关心和追求的问题。

好故事之所以能打消用户的疑虑，无外乎有以下3种因素。

(1) 故事与产品的高效结合，如星巴克的咖啡与口味的需求。

(2) 简单明了的主题思想，可以告诉用户这是什么。

(3) 充足且强有力的理由，可以让用户做出购买的决定。

## 【课堂讨论】

1. 你认为星巴克为什么能打动用户？

2. 星巴克在输出品牌文化的方式上有什么是你认同的?
3. 你觉得星巴克和其他的咖啡在体验上有什么不同?

## 4.1.1 社群与社群经济

社群是将基于一个点、需求和爱好的人聚合在一起,有稳定的群体结构和较一致的群体意识;成员有一致的行为规范、持续的互动关系;成员间分工协作,具有一致行动的能力。

社群是一种具有共同价值观的精神联合体,可以从以下 5 个角度来理解。

(1) 社群是"玩"精神的,不能满足人的精神需求的就不是真正的社群,这是大家辨认社群的关键。

(2) 社群里的人具有共同的价值观,它是一个精神内核。

(3) 社群可以不需要与人见面,是可以跨越时空存在的。

(4) 社群是一个精神联合体,它与人的精神世界连接在一起,给所有成员都贴上了精神标签,这种标签的数量不受限制。

(5) 社群也有 5 个特征,分别是同好、结构、输出、运营、复制,如表 4-2 所示。

表 4-2 社群特征

| | |
|---|---|
| 同好 | 决定社群建立的前提。社群可能是为了某个同类,如女性联盟;或是为了某种行为,如一起做同一件事;或是共同存在于某个空间,如小区业主;也可能是因为某种共同的情感,三观等建立 |
| 结构 | 决定社群的存活度。需要有效的规划,包括成员、交流的平台、加入的原则和管理等。以上结构规划得越好,社群的存活率就越大 |
| 输出 | 决定社群的价值。是否能够稳定输出有价值内容的社群,是考验社群生命力的指标之一 |
| 运营 | 决定社群的寿命。一个合格的社群运营必须建立以下 4 感:仪式感、参与感、组织感及归属感 |
| 复制 | 决定社群的规模。社群的核心是情感、归属感和价值认同。社群越大,情感并列的可能性就越大。只有做好一个社群,然后不断复制,才可以让社群稳定发展壮大 |

社群经济是指互联网时代,一群有共同兴趣、认知、价值观的用户抱成团,发生蜂群效应,在一起互动、交流、协作、感染,对产品品牌本身产生反哺的价值关系。社群经济的本质是一种人本经济,是一种人性经济,是一种人格经济。它具有以下 6 个基本特征,如图 4-2 所示。

社群是建立在产品与粉丝群体之间的情感信任加价值反哺,共同作用形成的自运转、自循环的范围经济系统。产品与用户之间不再是单纯功能上的连接,用户开始关注依附在产品功能之上的,如口碑、文化、格调、魅力人格等灵魂性的事物,从而建立情感上的无缝信任。

有社交的地方就有人群,有人群的地方就有市场,早期的社群经济以兴趣为中心形成松散的组织形式,由于缺乏无缝的连接管道,那时候更多的是纯粹精神层面的社群,很少一部分人能够通过社群获得经济上的成功。

从现代社群到发展现代社群经济,是保持现代社群可持续发展的内在要求。一方面,作为经济活动,它当然要"市场化"和遵循市场的逻辑;另一方面,新的社群经济以文化、价值、志趣及情感作为发生经济关系的基本纽带。

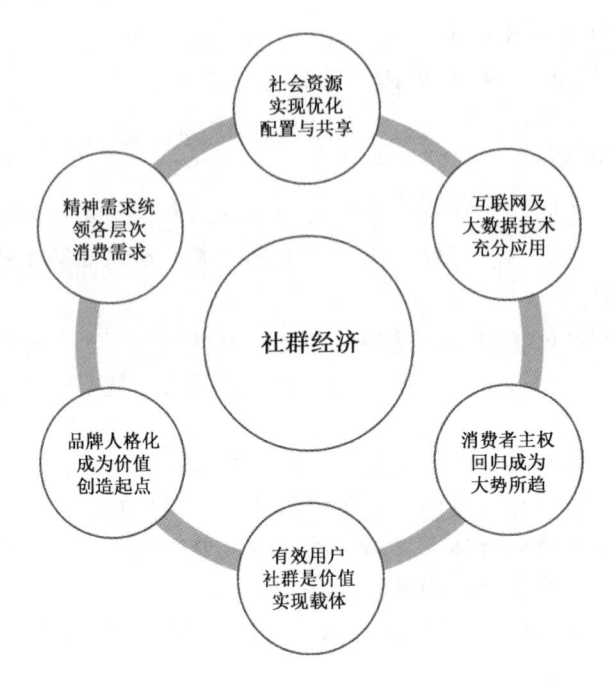

图 4-2　社群经济的特征

### 4.1.2　社群营销的概念

社群营销是基于社群之上做的营销。回归到社群的本质，做好人与人之间的连接是社群长久的经营之道。这种连接可以是情感上的，也可以是价值、资源上的。如果社群始终对群员"有用"，并且相互有连接，那么社群就能存活下来。

社群营销的特点主要表现在以下 4 个方面，如表 4-3 所示。

表 4-3　社群营销的特点

| | |
|---|---|
| 弱中心化 | 社群营销是一种扁平化网状结构，可以一对多、多对多地实现互动传播，并不以一个组织人或一个富有话语权的人为中心，而是每个成员都可以传播。传播主体由单一走向多重，由集中走向分散，这是一个弱中心化的过程 |
| 多向互动性 | 社群营销是通过社群成员之间的互动交流、信息和数据间的平等互换来实现的，每一个成员作为信息发起者的同时也成为传播者和分享者。正是这种多向的互动性，为社群营销创造了良好的机会 |
| 具有情感优势 | 社群成员都是基于共同的爱好、兴趣而聚集在一起的，因此，彼此很容易建立起情感关联。社群成员能够产生点对点的交叉感染，并且还能协同产生叠加能量，从而合力创造出涌现价值，使社群从中获得利益及有价值的信息 |
| 自行运转 | 由于社群的特性，社群营销在一定程度上可以自我运作、创造、分享，甚至进行各种产品和价值的生产与再生产。在此过程中，社群成员的参与度和创造力能催生出多种有关社群产品的创新理念，或完善社群产品、服务功能的建议，使社群交易成本大幅度下降 |

### 4.1.3　社群营销的价值

营销不是一次性销售，而是建立长期关系。数字时代以用户为中心的商业模式，在多个层面对传统时代进行了迭代，从一次交易迭代为长期关系、从个体关系迭代为社群关系、从物质层面迭代为精神层面。

关于社群营销的价值主要有以下 3 个方面。

（1）感受品牌的温度。

品牌的树立是一个长期的过程，塑造的形象必须被周围的大众广泛接受，并且长期认同追随，关于社群的形态就是产品直接展示自身鲜明的个性和情感代表，可以让用户直接感受品牌的温度。

盒马鲜生门店基于固定门店地址，为方圆三公里范围内的中产阶级用户在社群中定制基于生活场景的活动体验，如亲子互动活动、定期品牌与促销活动、日常答疑服务（除购买商品还包括解答生活中的各类疑问）等项目。最终这些社群中延伸到线下的场景体验，促进了品牌在目标群体的有效渗透。

（2）刺激产品销售。

无论是有共同兴趣的学习群，还是从个人目的出发的运动减肥群，它们的组成都有一个共同的价值观，并通过共同的价值观和每天社群营销活动的感染，激发人们购买产品的冲动，还可以在社群里发布相关的产品的消息，或购买产品推荐，去实现有性格的产品销售。

华为举办的手机摄影大赛，通过指定华为品牌的手机产品进行采拍摄影，并参与官方举办的摄影赛事。由此而创建的社群，用户在进入社群前便已经是相对精准的摄影爱好人群，由此向品牌进行延展，使目标营销群体能够更加直观地体验到产品与品牌的功能性价值，将品牌价值与艺术价值相融合，刺激产品的销售，如图 4-3 所示。

图 4-3　华为手机摄影大赛宣传

（3）维护顾客黏性。

在传统的营销模式中，产品售出后，除退换货外，与用户之间的联系就没有了，如在淘宝，拼多多，天猫上买产品，收到满意的产品后就和卖家没有其他交集了。

而社群建立的目的是增加和用户的交集，在有同一价值观的社群中，加强和用户的黏性，让其更深入地参与到自己产品的反馈升级及品牌推广中，主动为品牌助力。

例如，"罗辑思维"的目标群体定位于 85 后、喜爱读书的人群，这些人具有相近的价值观念和爱好，同样拥有对知识类产品的高热忱。通过社群体系，"罗辑思维"实施共同属性特征显性化与生活习惯养成策略，实施可行的会员制度，培养共同属性概念，加深社群中的牵绊，并以特定时间点在社群中发送信息，培养社群会员的生活作息习惯。而社群中的会员在长期的影响中，逐渐将"罗辑思维"品牌社群、社交属性好感度、生活作息习惯等，自行深度关联，并逐渐养成一种新的生活方式。

## 【任务评价】

### 1. 学生自评（见表4-4）

表4-4　社群营销认知学生自评表

| 班级 | | 学号 | | 姓名 | |
|---|---|---|---|---|---|
| 角色 | ○组长　○组员 | | 完成时间 | | |
| 任务 | | | 完成情况记录 | | |
| | | | | | |
| | | | | | |
| 任务后的收获 | | | | | |

### 2. 生生互评（见表4-5）

表4-5　社群营销认知任务生生互评表

| 班级 | | 被评人学号 | | 被评人姓名 | |
|---|---|---|---|---|---|
| 评价者角色 | | 评价者学号 | | 评价者姓名 | |
| 任务 | | | 完成情况记录 | | |
| | | | | | |
| | | | | | |
| 任务后的收获 | | | | | |

### 3. 教师评价（见表4-6）

表4-6　社群营销认知任务教师评价表

| 班级 | | 被评人学号 | | 被评人姓名 | |
|---|---|---|---|---|---|
| 任务 | | | 完成情况记录 | | |
| | | | | | |
| | | | | | |
| 任务后的收获 | | | | | |

## 【拓展练习】（见表4-7）

表4-7　社群营销认知拓展练习表

| 练习名称 | 社群营销概念认知 |
|---|---|
| 练习目的 | 了解社群营销的价值 |
| 练习安排 | 通过调研方式，了解社群是一个怎样的存在，并亲身去社群中进行体验 |
| 练习小结 | 学生交流过程中遇到的问题与不足，以及自己在这次策划中做得最成功的地方，教师根据讨论成果进行PPT展示，讨论分享中的表现，给每小组打分 |

## 4.2 构建社群

### 【任务描述】

社群营销是在社区营销及社会化媒体营销基础上发展起来的用户连接及交流更为紧密的营销方式。社群营销的方式,主要通过连接、沟通等方式实现用户价值,营销方式人性化,不仅受用户欢迎,还可能成为继续传播者。学会构建一个社群是你开始的第一步。

那么如何确定社群对象?如何明确社群结构?如何制定社群的规则?如何打造一个知名的社群品牌?

### 【学习目标】

1. 了解社群对象的分类。
2. 熟悉明确社群结构。
3. 学会指定社群规则。
4. 掌握打造社群品牌的方法。

### 【任务分配】(见表 4-8)

本任务为分组任务。参与一个社群并在其中完成一个活动,分析社群构建中的定位与结构,对社群现有的规则与品牌进行优化。

表 4-8 构建社群任务分配表

| 班级: | | 组号: | 组名: |
|---|---|---|---|
| 角色 | 姓名 | 学号 | 任务分工 |
| 组长 | | | |
| 组员 | | | |
| | | | |
| | | | |
| | | | |
| | | | |
| | | | |
| | | | |

### 【任务准备】

引导问题 1:你知道如何构建一个社群吗?
引导问题 2:你认为在构建社群过程中最大的困难是什么?
引导问题 3:在构建社群时你认为最重要的是什么?

### 【课前导读】

"霸蛮社"作为湖南特色米粉品牌,利用社群互动将品牌"湖南辣"的价值点充分传播出去,形成了"正宗=霸蛮=辣"的品牌记忆。"霸蛮社"直接对接的微信群高达2 000余个,由于只做小群不做大群,一般的群不会超过100人,其中50人左右的群居多。目的是希望每一个微信群内部的人"至少见过面"。社群用户存在一定的黏性。除线上的社群活动之外,"霸蛮"还经常根据用户的兴趣爱好分组,组织一些线下活动,这种做法让社群互动愈加频繁,从线上延伸到线下,从语言交流拓展至社交活动。

(1) 开社群嘉宾分享会。

举办各类社群分享会,邀请行业意见领袖或社群内有一定话语权的用户,以嘉宾形式进行相关知识的分享。例如,"餐饮界"新媒体的社群组织"餐友社"定位为餐饮人的连接器,主要聚集的人群是餐饮社群老板和职业经理人,社群会定期举办各种线上、线下的沙龙分享活动,分享的嘉宾通常是餐饮行业中比较成功的餐饮老板和资深职业经理人,每次分享都围绕一个核心主题展开,以干货案例为主,并设置社群人员互动碰撞环节,如此一来,不仅能让社群人员感受到社群的价值,"餐饮界"媒体也在每次活动中得到充分曝光。

(2) 组织粉丝线下免费试吃。

对于餐饮品牌社群而言,社群内用户基本与餐厅用户一致,属于消费类用户。对于这类用户,组织"免费试吃"活动无疑是不错的互动方式。通常这类"免费馅饼"式的方法能快速激活社群内潜水寡言的用户,虽然简单而粗暴,却能将社区内用户从线上吸引到线下,再从线下体验延伸到线上的信息扩散,因为大多数享受免费试吃的用户,通常会很愿意用微信、微博等自媒体帮助餐厅免费传播,这样就形成了一个完整的社群互动闭环,不仅能活跃社群传播品牌,更能为餐厅引流。

(3) 定期举行线上福利活动。

"霸王餐"不能常有,因为过高的频次会让粉丝疲软,但是优惠券、单品优惠券、套餐优惠券、满减优惠券、红包现金券等线上福利可以常有。例如,在餐厅推出新品时,有针对性地发放单品优惠券,能提高消费频次;定期针对用户消费习惯,发放用户常点餐品的优惠券,可以提高回购率等。总之,线上福利活动的核心目的就是吸引更多线上的用户进店消费。

此外,另一种线上福利形式就是发红包,如恰逢新店开业、销售业绩超标、周年庆、餐厅喜获某项荣誉时,可直接向社群用户进行线上"发红包"福利活动,这样一方面可提高群内用户的活跃性,另一方面也是对餐厅营业信息和品牌价值的宣传。

(4) 向粉丝征集各类素材。

如今,越来越多的年轻用户钟情于"晒幸福、秀恩爱"等刷存在感的行为。对此,餐厅可面向社群用户发起类似"晒与亲人、爱人一起用餐的照片""随手拍下美食瞬间""讲述与美食相关的小故事"等征集活动,而照片与故事可以是餐厅、美食,也可以是用户日常生活的点滴,再设置一定的奖品鼓励用户积极参与,并通过投票、点赞、排名等方式,让参与的用户乐于发动朋友一起关注活动。

(5) 品牌"形象代言人"征集令。

比征集素材更高一级的社群互动方式,便是面向社群征集"品牌代言人",基于用户对社群价值充分认同这一基础,这比"广撒网"式征集代言人的参与度更高。从前期预热推广到正式发出征集令,从定期活动推送到拉选票,一场完整的"形象代言人"选拔下来,足够让社群的活跃度上升到一个新的高度,而整个过程就像一场品牌表演秀,由选手、选手亲友团、参与投票粉丝团组成的宣传阵容,对餐厅品牌宣传的价值不可估量。

**【课堂讨论】**

1. 你认为"霸蛮社"社群最重要的核心是什么?
2. 你想加入这个社群吗,有什么吸引你的地方?
3. 你觉得是什么促使"霸蛮社"成员对社群如此热衷?

## 4.2.1 明确社群对象

社群是由一群拥有共同兴趣或相同社会属性的用户组建起来的,当社群用户拥有的相同属性越多,活跃度越高。

社群的分类可借鉴传统社会学的人群分类方式,如何将不同类型的居民进行归类,其核心不在于仅仅起一个称谓,而是掌握这群人的习性,从而应用在实际的营销、运营中,如表4-9所示。

表4-9 社会学人群分类

| | |
|---|---|
| 地理位置上的群体 | 从本地的近邻、郊区、村庄、城镇、城市到区域、国家 |
| 文化上的社群 | 从本地的圈子、派系、亚文化、人种、宗教、跨文化到全球社群,他们拥有社群认可的价值观和符号标志 |
| 社群组织 | 从常见的家庭、亲属关系、公司组织、政治团体、职业机构到全球的团体 |

社群对象在新媒体角度拥有不同的分类标准,有以产品为主的产品社群,如小米、魅族等手机品牌的社群,或TED演讲为主的兴趣社群,不同的目的造成了不同类型的社群,一般基于以下4类进行划分,如表4-10所示。

表4-10 新媒体视角分类

| | |
|---|---|
| 产品型 | 产品型基于开发中的产品来形成一个社群,社群里如果已经有了对这个产品热衷的人群,可以称他们为粉丝,如果产品本身还没有做出来,可以将其称为天使用户。对于这样的社群,只要产品一直能够吸引人,这个社群就可以一直存在 |
| 兴趣型 | 兴趣型社群由很多各种各样的兴趣小组形成,如体育类、艺术类、娱乐类等,当然也存在如炒股这样专业话题类的社群。这些社群大家的兴趣爱好非常一致,很容易形成一些可以互动交流的话题。如新浪早期是一个以体育为核心的兴趣型社区,后来从兴趣型社群开始逐步构建成门户 |
| 目的型 | 每一类社群都有一个特定的目的,如"每周一课"社群是一个以学习为目的的社群,目的是使大家通过微信共同学习。这样的目的型社群还有很多,如用户需要解决一个问题,或要开会,又或是要通过大家互相监督的方式早起等,这个目的可以是个人的,也可以是群体的 |
| 综合型 | 综合型可以包含前面的产品型社群、兴趣型社群、目的型社群的一种或多种,如天涯论坛就拥有各种社群;豆瓣早期也是兴趣类社群,慢慢才有了豆瓣同城、豆瓣小组,这样的平台本身就可以容纳大量的社群 |

只有明确自己的社群属性,才能对症下药,针对社群的方向制定属于自己社群的结构,以及吸引同属性的新人加入。

### 4.2.2 明确社群结构

社群和电影一样,有不同的角色和分工。在社群的世界里,需要有人、有载体、有剧本、有社群资源和工具等,这是社群世界的必要玩法和重要原则。

没有规则,就没有办法完成一部电影,社群也如此,社群的结构一般有以下6部分,如图4-4所示。

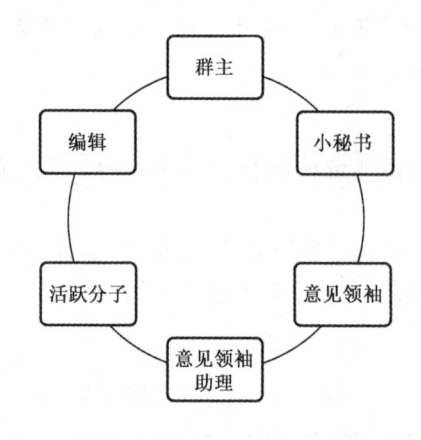

图4-4 社群结构

(1)群主。

群主要对社群结果和目标负100%的责任,这个角色特别重要,群主的身份决定了社群的属性,如学习型、实干型和生意型等。

(2)小秘书。

小秘书协助群主做事务的规划、发布等工作,在社群里可以叫小秘书、小蜜蜂、小喇叭等。

(3)意见领袖。

一个社群如果想持久存在并且输出价值,必须有一些意见领袖存在,就像一部电影里需要有绝对镇得住场的角色。

(4)意见领袖的助理。

因为小秘书负责辅助群主,而意见领袖也比较忙,没有时间及时处理很多事情和一系列出现的问题,所以意见领袖的助理就需要帮他做一些日程的安排、对接等工作。

(5)活跃分子。

在社群里,总有一两个非常重要的种子用户。因此做一个社群时,首先要找出他们,让社群的热度高起来。

(6)编辑。

对于很多人来说,原创文章特别令人苦恼。因为原创内容需要大量思考、总结,再用优秀的语言组织结构呈现出来,写作也是非常大的挑战。对社群运营者来讲,一个非常捷径就是在社群里组织话题,发起讨论,然后让每个人轮流输出,这样就可以写出一篇非常好的文章了。内容呈现出来后，编辑进行整理，然后发到新媒体进行传播，从而带来新的流量。

### 4.2.3 指定社群规则

俗话说"无规则不成方圆"，规则的目的是让社群朝着既定方向前进，不发生偏移。群规的建立需要群策群力，初期运营时可由群主建立初步规则，后期再根据运营的情况逐渐修改。

社群规则一般有 5 种类型：加人规则、入群规则、言行规则、分享规则、惩罚规则。

（1）加人规则。

加人前要进行明确定位，就是我们常说的"设门槛"，避免占用群资源及后期花费精力对其进行筛选。常用到的方式有邀请式（管理员及以上级别邀请）、推荐式（需要群内用户推荐）、活动式（需要参加某种活动）、审核式（加群时需要回答问题）、付费式（需要交付一定费用）5 种。

（2）入群规则。

入群规则将直接影响新人对该群的第一印象，一般有以下 3 点。

① 群昵称格式：大部分社群都会有此规则，可以让新人建立归属感、方便用户间的相互辨认，同时方便管理。

② 群欢迎语：一个好的欢迎语可以给社群加分不少，让新人感受到群的热情与亲切，充分体会人性化，更容易打动人心。

③ 自我介绍模板：这是一个简化的破冰仪式，让新人按照模板进行自我介绍，可以快速降低陌生感，迅速建立社交关系。

（3）言行规则。

设置言行规则的目的是规范社群成员言行，防止一些不利于社群发展的事件发生，给社群造成损害。主要可以围绕以下 5 点建立，如图 4-5 所示。

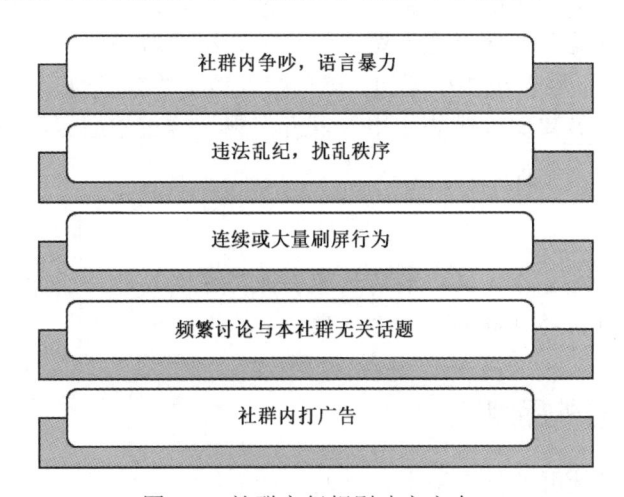

- 社群内争吵，语言暴力
- 违法乱纪，扰乱秩序
- 连续或大量刷屏行为
- 频繁讨论与本社群无关话题
- 社群内打广告

图 4-5　社群言行规则建立方向

（4）分享规则。

社群内可定期开展分享活动，分享有价值、有意义的内容，这不仅可以积极调动成

员参与度，还有利于打造高质量社群。每个人都有擅长的领域，成员通过分享自己的经历、经验、思路、方法等，使每人都有机会扮演老师的角色，为部分领域知识薄弱或刚入门的人指点迷津。当建议被认可采纳时，可以极大程度提高成员的成就感与自豪感，感受到自我价值。分享规则大部分采用以下 3 种模式：管理分享型、大咖分享型、群员分享型，如图 4-6 所示。

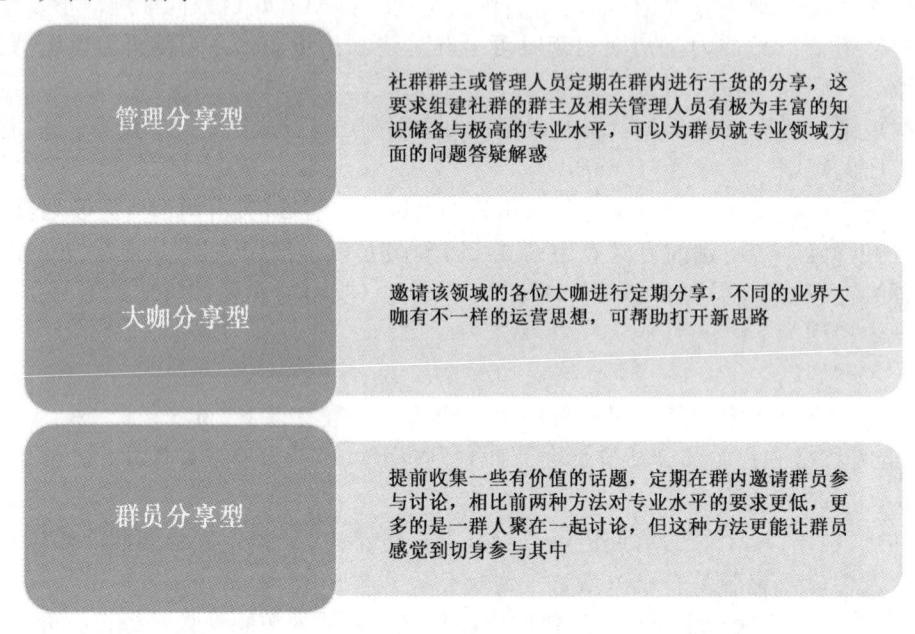

|  |  |
| --- | --- |
| 管理分享型 | 社群群主或管理人员定期在群内进行干货的分享，这要求组建社群的群主及相关管理人员有极为丰富的知识储备与极高的专业水平，可以为群员就专业领域方面的问题答疑解惑 |
| 大咖分享型 | 邀请该领域的各位大咖进行定期分享，不同的业界大咖有不一样的运营思想，可帮助打开新思路 |
| 群员分享型 | 提前收集一些有价值的话题，定期在群内邀请群员参与讨论，相比前两种方法对专业水平的要求更低，更多的是一群人聚在一起讨论，但这种方法更能让群员感觉到切身参与其中 |

图 4-6　分享规则模式

（5）惩罚规则。

对于违反社群规则的群员，根据其情况严重来决定惩罚的轻重，如果性质不严重，可以只作口头警告，提醒下次不要再犯；如果性质严重，如多次故意刷屏、多次社群内打广告、发布违规言论等，应当毫不留情地直接请出社群。

一定要及时、公正地做出相应惩罚，避免给人留下"不作为、故意偏袒、管理不力"的印象，群主及管理员要做好带头作用，以身作则，群员才会跟着遵守。

## 【任务实训】

现在有一家咖啡店要在武汉一所高校旁营业，正在搭建一个学生社群，通过上面的学习，你会针对咖啡店的社群制定什么规则？

### 4.2.4　打造社群对外品牌

如果一个品牌是社群的外在形象，让人容易记住，那么 IP 则是社群的双手，紧紧握住用户，与其产生情感。用户信任需要积累，社群有必要采用品牌化、IP 化的经营策略。打造对外品牌需要从以下 3 个方面入手，如图 4-7 所示。

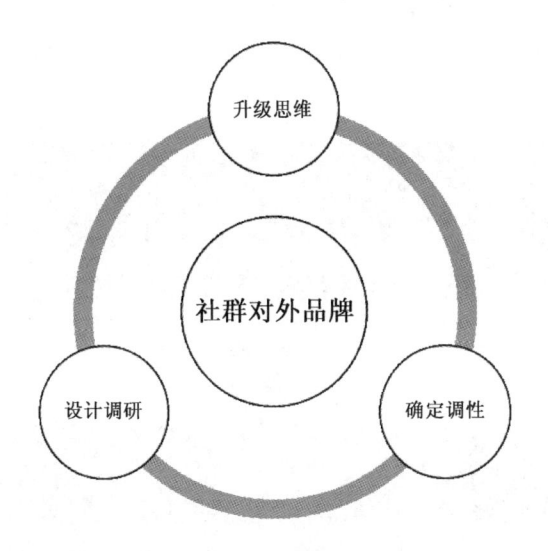

图 4-7 打造社群对外品牌

（1）升级思维，如表 4-11 所示。

表 4-11 对外升级思维

| 用户思维 | 社交、购物、投资等 |
| --- | --- |
| 窄众思维 | 垂直领域、长尾理念。每个细分行业，都是能够深耕的领域 |
| 媒体思维 | 不是占领用户的眼睛和耳朵，而是占领他们的嘴巴。通过用户的口口相传，达到口碑传播效果 |
| 女性思维 | 功能需求、情感需求 |
| 娱乐思维 | 制造有意思的话题元素，在娱乐中形成传播 |
| 互动思维 | 原来人们对产品的认知不足时做广告是有必要的，现在，人们对产品的认知非常充足，这时互动更加重要。从互动中获得口碑并提升品牌形象 |
| 连接思维 | 蒸汽机就是古代的互联网，有连接就有商机，有连接才能有口碑的传播 |

（2）设计调研。

设计调研的过程如图 4-8 所示。

（3）确定调性。

① 确定气质。

罗永浩认为，之所以要做文艺青年的生意，一个很重要的方面是向无印良品这种卖生活方式的社群学习。于是他意外地找到了一个小的方向，推出坚果手机的情怀外壳，这对普通人可能不是很重要，但对文艺青年来说就非常重要。对"文艺"的玩法，显然不仅仅是 7 种不同颜色的手机外壳能够概括。罗永浩发布了和两个艺术家社区 Astand、艺集网及个人艺术家袁贝贝合作的相印外壳，随后又发布了印有左小祖咒、李志等一批民谣歌手标志形象图案的外壳，把卖情怀手机壳和"众筹"结合起来。在智能硬件领域，众筹已经演变为一个广告和预售平台。罗永浩在京东众筹做情怀手机壳的销售，根据众筹的反馈来决定产量。

虽然罗永浩一直在强调这一做法的小众，但很明显，锤子科技对此的考量一方面，让文艺气质能增添到产品品牌本身；另一方面，不管是不是文艺青年，对用户来说，对有文艺气质的产品自然不会排斥,还会增加新鲜感。因此,这门打着小众文艺青年旗号的生意并不小众。

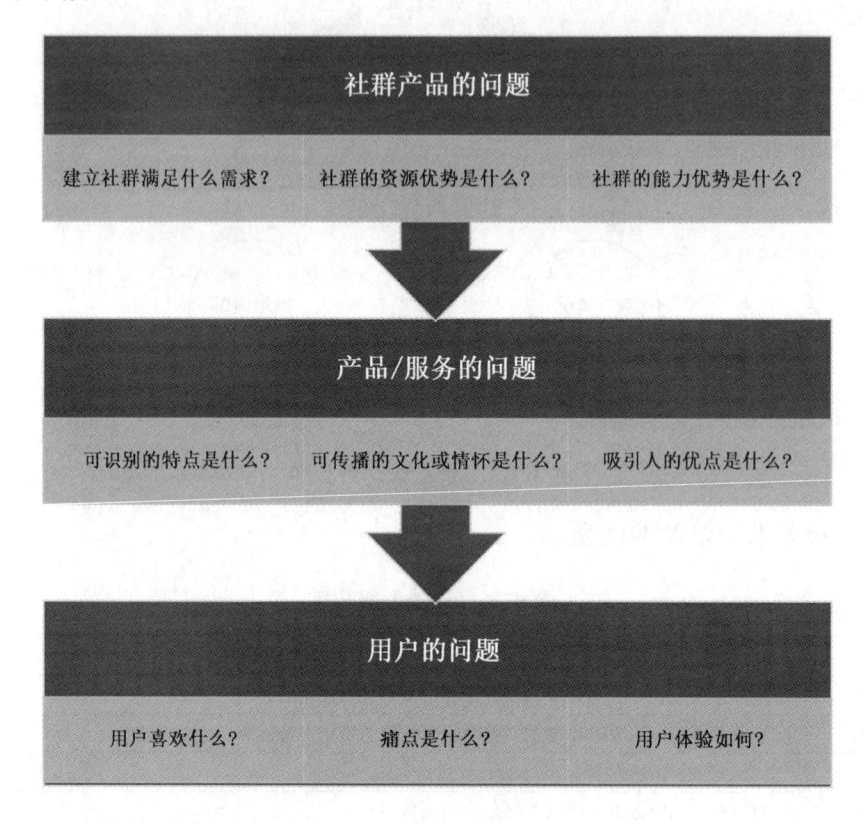

```
社群产品的问题
建立社群满足什么需求?   社群的资源优势是什么?   社群的能力优势是什么?
              ↓
产品/服务的问题
可识别的特点是什么?   可传播的文化或情怀是什么?   吸引人的优点是什么?
              ↓
用户的问题
用户喜欢什么?         痛点是什么?              用户体验如何?
```

图 4-8　设计调研的过程

② 确定共性。

"小米,为发烧而生"是小米最经典的广告语,也是手机圈最广为流传的一句广告语,如图 4-9 所示。OPPO 的"充电五分钟,通话两小时"的传播度都无法望其项背,现在再提起这句话的时候,已经耳熟能详到以为这是一句口头禅了。

发烧友是什么?他们追求更好的体验,但又希望通过自己的研究探索与努力,探索以尽可能低的成本达到尽可能高的品质。小米通过其"高性价比"的手机定位和发烧友对手机科技浓烈参与情绪的充分挖掘,成功转化出了第一批"米粉",这批忠实的"米粉"不仅是小米手机、MIUI 的使用者和体验者,更是"小米,为发烧而生"理念的传播者。

"小米手机就是快"是小米手机 2 代推出时的广告语,时值智能手机刚刚攻坚手机市场,那时的手机市场鱼龙混杂,用户对于智能手机的认知不足。而小米却直接抓住用户的心理:运行快。这样 3 个字的文案,易传播、易推广,更重要的是吸引眼球,用户一目了然,省去了用户对广告文案的进一步解码,减少损失。

小米手机引领了一个崭新的时代。凭借着超前的互联网营销模式加上一贯的"价格屠夫"风格,小米走出了一条自己的路,给用户带来了实惠,让国人能够用平民的价格买到旗舰机的品质。同时,小米也给其他手机品牌开辟了一个方向,直到今天,小米的辉煌还在继续。

图 4-9　小米广告语

③ 确定情怀。

气味图书馆初创时，早期产品并没有像如今这样具有"中国特色"，仍然以雏菊女士、鼠尾草、睡莲等植物花香为主，与一般香水品牌并没有太大差别，所以，当时品牌的发展相对比较平稳，并没有出现显著增长。

后来，气味图书馆的创始人通过长时间的市场调研，发现自己的市场目前在中国，所以将中国的大众人群定为目标用户，成功找到了定位。接着，气味图书馆强势推出自己的广告语："让生活因气味而美好"，嵌入人文属性和故事属性，让产品不再停留在香水物件层面，而是一种具有意义和价值的情怀产物。即希望通过将生活中的点滴"气味化"，让人们能够感受到生活的细微之美。当品牌拥有一个专属理念，所有产品都会围绕着品牌推动发展。

"凉白开"的诞生正是基于这样的出发点，它的灵感来源于许多中国家庭都有过用铝壶烧开水的情景，凉白开是许多中国人夏天里的记忆之一，也几乎是所有中国人都熟悉的味道。这个味道一经推出，唤醒了多数中国人心底的记忆，激发出内心深处的共鸣。自凉白开系列诞生以后，气味图书馆开始爆发，这款独特的香型很快受到中国年轻用户的热捧，全年累计销量超过 100 万瓶，系列产品更是成为品牌线上、线下销售的主要贡献力量，如图 4-10 所示。

图 4-10　气味图书馆凉白开香氛系列

此外,气味图书馆还陆续推出了非常具有中国特色气味的系列产品,如大白兔、姜丝可乐、绿茶等。当香水与美食跨界合做出圈,气味图书馆散发出了它与众不同的魅力。在春节来临之际,它还推出了具有"鲜花爆竹味"的"喜气香"系列产品,包括香水、身体乳、护手霜、沐浴乳等,都区别于传统香水。如大白兔单品产品,它借助了国人的童年回忆,激起用户美好纯真的质朴感受,进一步深化用户对国民香氛品牌的认知。

需要注意,每个组织的调性不是一成不变的,应把气质、共性或是情怀其中的任何一个或几个,总结提炼出一句信念口号:短、精、准。

## 【任务实训】

现在武汉光谷的小米之家要举办一场增加品牌认知的活动,请你以小米生态链为基础,打造一场能增加人们对小米品牌深入了解的用户推广活动,意旨促进小米生态的良性发展。

## 【任务评价】

1. 学生自评(见表 4-12)

表 4-12 构建社群任务学生自评表

| 班级 | | 学号 | | 姓名 | |
|---|---|---|---|---|---|
| 角色 | ○组长 ○组员 | | 完成时间 | | |
| 任务 | | 完成情况记录 | | | |
| | | | | | |
| | | | | | |
| | | | | | |
| 任务后的收获 | | | | | |

2. 生生互评(见表 4-13)

表 4-13 构建社群任务生生互评表

| 班级 | | 被评人学号 | | 被评人姓名 | |
|---|---|---|---|---|---|
| 评价者角色 | | 评价者学号 | | 评价者姓名 | |
| 任务 | | 完成情况记录 | | | |
| | | | | | |
| | | | | | |
| | | | | | |
| 任务后的收获 | | | | | |

## 3. 教师评价（见表 4-14）

表 4-14　构建社群任务教师评价表

| 班级 | | 被评人学号 | | 被评人姓名 | |
|---|---|---|---|---|---|
| 任务 | | 完成情况记录 ||||
| | |  ||||
| | |  ||||
| | |  ||||
| 任务后的收获 | |  ||||

【拓展练习】（见表 4-15）

表 4-15　构建社群拓展练习表

| 练习名称 | 构建社群练习 |
|---|---|
| 练习目的 | 学会如何构建社群及运营 |
| 练习安排 | 详细了解星巴克社群的建立过程，并分析其社群核心竞争力所在，为星巴克做一个专属的品牌销售方案 |
| 练习小结 | 学生交流过程中遇到的问题与不足，以及自己在这次策划中做的最成功的地方，教师根据讨论成果进行 PPT 展示，讨论分享中的表现，给每小组打分 |

## 4.3 保持社群活跃度

【任务描述】

社群内营造相互尊重合作、加深彼此的连接，从而形成紧密联系的关系和氛围。所有社群活动和任务都以满足用户的需求和想法为第一目的而展开，打破社群内陌生感和距离感，增加成员间的黏性。

如何在社群中讨论？如何在社群中分享自己的收获？在社群中打卡有什么作用？如何发布社群福利？如何制作社群表情包？如何举办线下活动？

【学习目标】

1. 了解增加社群讨论的方法。
2. 学会在社群中分享与打卡。
3. 熟悉社群福利发布。
4. 熟悉社群表情包应用。
5. 掌握社群活动举办流程。

【任务分配】（见表 4-16）

本任务为分组任务，请你深入了解小米社群，对其进行分析并做出可实施的社群活跃度方案，增加社群活力，提高用户黏性。

表4-16 保持社群活跃度任务分配表

| 班级： | | 组号： | 组名： |
|---|---|---|---|
| 角色 | 姓名 | 学号 | 任务分工 |
| 组长 | | | |
| 组员 | | | |
| | | | |
| | | | |
| | | | |
| | | | |

## 【任务准备】

引导问题1：你参加过什么印象深刻的社群活动？

引导问题2：你最喜欢的社群活动是什么？

引导问题3：你认为什么能够使你长久待在一个社群中？

## 【课前导读】

### 野孩子社群

2020年，杭州楼市中有一个很特别的社群品牌异军突起，探索出一种"撒野式"的高黏社群模式，它就是新希望地产杭州·野孩子计划。在深耕杭州的发展目标下，针对杭州业主打造的一项长期的社群服务。

自2020年六一儿童节正式启幕至今，新希望地产杭州·野孩子计划已联合斯巴达勇士赛（SpartanRace）等国内外知名的赛事机构、教育机构及文旅资源举办了4期活动，覆盖约550人次、180余户业主家庭。

每期的活动形式、年龄配比、组队机制均有差异，但参与活动的所有业主均能乐在其中。在亲子互动环节中，家长与孩子之间、家庭与家庭之间同频撒野；在孩子独立环节中，家长更不会无聊乏味，在帐篷外亲手为孩子们布置一串流星灯、在夜市角落里悄悄围观小小卖家们的激情呐喊，奇妙的惊喜和感动无处不在；在可以携带二胎宝宝的几期活动里，4岁以下的年幼小宝宝们也有安全、专属的玩耍区和围观区；因名额爆满或时间冲突而无法来现场参加的家人们，可以通过活动群内实时更新的直播相册"亲临现场"，一同感受撒野的快乐。

从前宣预热、线上报名、前期互动，到活动出行、返程归家的全周期体验过程中，每期的野孩子活动，品牌和一线、线上和线下均高度同频。每期的野孩子活动，均定制了视觉统一的亲子队服、道具物料，而且全体工作人员也身着队服融入欢乐时光，一起登山砍竹子、一起住帐篷、一起住宿舍，以沉浸式陪伴的工作模式为野孩子们护航。

**【课堂讨论】**

1. 你认为野孩子社群活跃用户的方式有什么优势或需要改进的地方？
2. 野孩子社群采用沉浸式方法提升了用户黏性后，还应做哪些内容？

## 4.3.1 社群讨论

社群讨论是指在社群中引导用户讨论话题，尽量让每个用户都参与进来，通过讨论获得高质量的输出。讨论的话题可以从最近热点事件的讨论开始，然后导入主题，让每个人都表达出自己的想法。

社群讨论必备的 3 个阶段为讨论准备时、讨论进行时和讨论结束时。

（1）讨论准备时。

社群内需要 3 个重要的角色配合社群内部运营，分别是组织者、配合人和小助手，如表 4-17 所示。

表 4-17 运营内部角色

| 组织者 | 配合人 | 小助手 |
| --- | --- | --- |
| 要有自己的想法并提出讨论话题，让成员在社群里进行讨论，活跃气氛 | 有社群管理主持经验，配合群内互动，出现冷场时及时救场 | 在社群中需要协助组织者和配合人，共同完成一些事项并在群里及时回复，活跃群气氛，带动社群的讨论，社群活动提前通知，提醒社群课程，分享相关的注意事项，让课程不被打断，并维护好群秩序 |

（2）讨论进行时。

讨论准备好后，就可以进行讨论环节了，整场讨论大体按照互动稿上的内容进行，根据具体情况适当变动。

（3）讨论结束后。

对本次分享发言的成员进行汇总记录。做每件事，最重要的是总结，及时总结才能不断进步。

## 4.3.2 社群分享

社群分享是提高社群活跃度最有效的方式。要做一次成功的分享，需要以下 10 个基本环节，如表 4-18 所示。

表 4-18 社群分享环节

| 提前准备 | 提前选定好分享话题并邀请分享嘉宾，让嘉宾准备好分享内容，对于没有经验的分享者，有必要提前检查分享内容的质量，要分享对大家有用的内容 |
| --- | --- |
| 反复通知 | 确定好分享时间，提前在社群里多发布几次提醒消息，防止有人错过。如果活动特别重要，可以群发或私聊通知 |
| 强调规则 | 为防止有成员不清楚分享规则，在嘉宾分享过程中不合时宜地插话，可以选择设置社群公告，告知禁言规则，也可以在临近分享开始前再次强调分享规则，如果是 QQ 群，可以临时禁言 |
| 提前暖场 | 正式分享前主动说一些轻松愉悦的话题，引导大家上线，营造交流的氛围 |

续表

| 介绍嘉宾 | 分享者出场前,要有主持人介绍分享者的资历或专长,引导大家进入正式倾听环节 |
|---|---|
| 诱导互动 | 分享者或主持人提前准备好互动诱导点,在合适的时机抛出,防止冷场,还可以提前安排人热场,很多时候气氛需要人带动 |
| 随时控场 | 如果在分享的过程中有人干扰或提出与主题无关的内容,这时需要主持人提醒,引导他们服从分享秩序 |
| 收尾总结 | 分享结束后,引导大家就分享做总结,鼓励他们去微博、微信朋友圈分享自己的心得体会。这种分享是互联网社群运营的关键,也是口碑扩散的关键 |
| 提供福利 | 在分享结束后,不仅要对全体成员的感谢,还要对总结出彩、用心参与的朋友赠送各种小福利,吸引大家参与下一次分享 |
| 打造品牌 | 对分享的内容进行整理后,通过微博、微信公众号等新媒体平台发布、传播,形成品牌势能,并把活动势能聚合到可以分享的平台上,打造品牌影响力,积累口碑 |

当分享成为一种习惯性动作时,社群就会逐渐活跃,这时可以增加一些用户介绍、短内容分享、线下活动、线上小游戏、线上读书等活动刺激用户参与其中,最终激活一部分用户积极发言,并带动一批用户在群内持续内容输出。

## 4.3.3 社群打卡

社群打卡是指社群成员为养成某种习惯所采用的一种行为。如早起打卡、运动打卡、阅读打卡都是社群打卡的一种。

打卡不仅能够通过用户高质量的输出,还能提高社群的活跃度。但打卡是一件很难坚持的事情,许多打卡活动都不了了之。必须对打卡进行规则制定。

(1)押金制。

参与打卡活动需要一定的押金,完成一些条件后才能退还。这能让用户更有动力坚持打卡。

(2)淘汰制。

打卡活动的参与群体不能固定不变,淘汰制能让用户对打卡活动更重视,毕竟没有人愿意被淘汰。

(3)监督制。

在打卡活动中必须有一个"执勤人",每天监督所有用户的打卡情况,对完成质量好的用户予以奖励,对落后的用户给予督促和鼓励。这个职位可以是轮换制,也可以是团队制。

(4)激励制。

打卡很难坚持,很容易放弃,所以对坚持的用户有所激励,引导用户养成打卡习惯。

(5)迭代制。

没有永不过时的制度,应不断收集现行制度的反馈信息,优化制度,与时俱进。

例如,之前很火的"流利说"打卡返现活动,只要每天学习一定时间,坚持到规定天数,之前交的费用会全部返现;反之,费用会被扣除。通过这种打卡活动,不仅能提高社群的活跃度与知名度,还可以为社群带来现金收益。

打卡社群的运营技巧分以下 3 步。

第 1 步：设立门槛，制定群规。

一个好的社群，必须设立准入门槛。否则一旦三教九流加入社群，成员质量越来越差，极易引起劣币驱逐良币，优秀群员离开或沉默，社群活跃度下降，最终沦为死群。设立准入门槛的目的是让用户先付出再获得。只有先付出，才会珍惜、认真重视社群。

社群规则规定了社群的定位，与其他类似的群区分开，同时有助于规范打卡标准，避免广告链接的污染。

第 2 步：善用工具，增加仪式感。

在大部分打卡群，用户通常会根据规定的打卡格式进行编辑，然后发送到群里，这种做法不但缺乏仪式感，而且很难统计打卡次数，无法进行相互对比，时间一长就失去了打卡的乐趣，群也变成了死群，如图 4-11 所示。

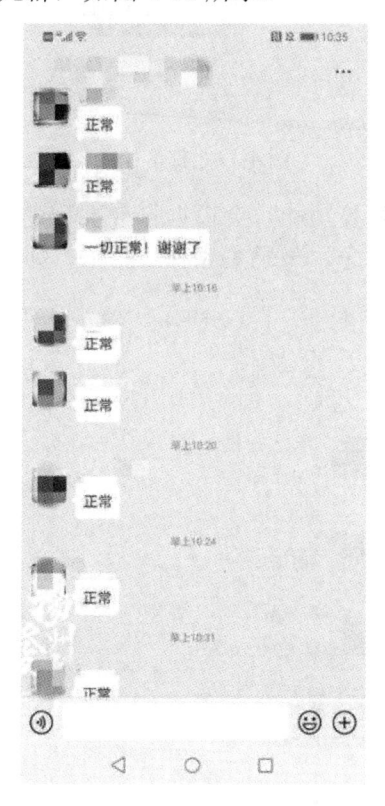

图 4-11　固定打卡模式

打卡可借助微信小程序，如群报数，如图 4-12 所示。

首先，只需发布一次打卡接龙，就可每天完成群内的打卡，为社群内的沟通和交流营造更好的环境。同时，打卡接龙自带提醒功能，可以通过设置的提醒时间，自动提醒每位用户进行打卡。

其次，群报数拥有多种打卡内容，除传统的文字和日期外，图片、地址、时间等都可以设置，如地址打卡项很适合跑步打卡群使用。

图4-12 打卡接龙

最后，打卡接龙自带排行榜功能，会根据打卡次数进行排行，在了解各用户打卡情况的同时，还可以形成相互竞争，鼓励大家积极打卡，如图4-13所示。

图4-13 打卡次数排行

第3步：发放社区福利，增加用户归属感。

任何人加入社群都带着目的，如打卡社群的目的是相互督促锻炼、减肥等，这是一个长期目标反馈。社群福利则提供了短期的目标，给予用户短期的刺激。

最简单的福利是发红包，也可以包括折扣促销等，需要围绕社群的主题设计。如知识类社群，可以寻找业内"大V"分享；电商类的羊毛社群，可以发布一些羊毛福利等。要让群成员感到有不断的收获，在持续成长，找到了归属感。

## 4.3.4 社群福利

如果一个社群运营得好，对外界有一定影响力，就可以开始链接广告资源或自营产品等，作为社群变现的方式。一方面给自己盈利，另一方面也可以为社群成员谋求一些惊喜福利。

高端的社群福利在激励老用户的情况下还可以吸引更多的新用户，既能回馈老用户，又可以宣传营销自己的社群，达到事半功倍的效果。以下是4种社群福利方式。

（1）发礼品。

为了能给社群用户带来有价值的福利，发放物质奖励无疑是一个明智的选择，尤其是定制化的特殊礼品。如给元老级的用户赠送年货，或将合作商赞助的小礼品送给成员。现如今，快递业务发达，可以用邮寄方式传递礼品，保持社群活跃度的同时更能有效增加社群用户的黏性和追随度。

（2）发课程。

随着工作和生活的需要，很多人对专业知识的渴望度增加，相比线下课程，线上课程价格便宜、种类众多、操作便捷，更容易让用户接受。想要社群用户加速成长，可以免费赠送各种付费订阅知识产品，如图4-14所示。这种操作与发红包一样，既快速便捷，又受欢迎。对于付费精品课程还可以开设小群分享会，仅限核心用户参与，这样可以激发大家的活跃度。

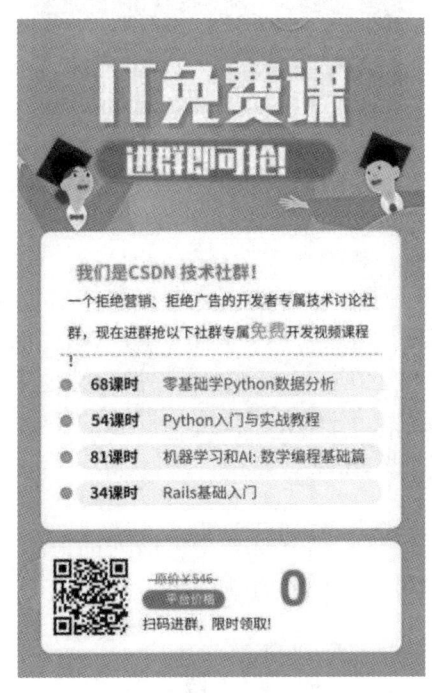

图4-14 课程福利

（3）发荣誉。

对没有专门组织架构的社群来说，在社群设立一些特别的、有趣的头衔，也是激发活跃度的一种方法，可作为社群专属福利发给群用户。如"知识型IP训练营"社群中的头衔，可以有"班主任""辅导员""内容官""城市分舵主"等各司其职的头衔名称，这对于社群发展和活跃有较为显著的作用。

（4）发积分。

在社群中，福利可以不是实际的商品或金钱，而是社群体系中的一些规则，如积分、优惠券等，如图4-15所示。例如，知识型学习社群，采用学分制，用打卡的方式测算出用户的参与度，由此发放不同的积分，再根据积累的分数发放不同的奖罚。积分内容可以包括读书打卡、作业上传打卡等。社群管理员会定期公布积分榜，激励用户在竞争的氛围中通过参与获得更多积分。

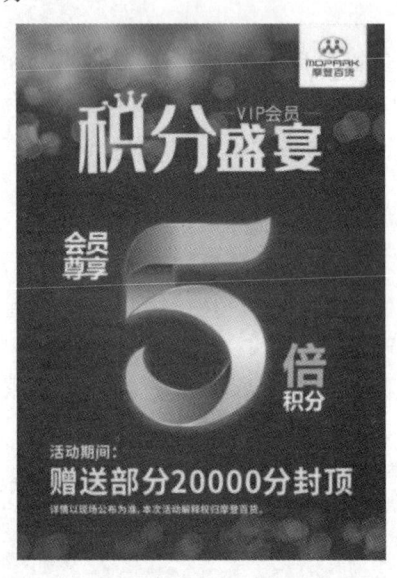

图4-15　积分福利

### 4.3.5　社群表情包

提到表情包，很多人都不陌生，可能还会自行脑补出各种斗图的画面。据微信官方统计，在微信表情平台上架的表情包超过1.5万套，微信用户每天通过表情商城下载发送的表情包超过6亿次，现在还在持续暴涨中。一张图胜过千言万语，表情包在群聊中，除传递文字不能表达的含义外，还有增加社群认同感的功能。

在社群中，表情包有两种应用场合。

（1）基于社群场景。

例如，"考研加分喷雾"，想考高分是每个考研人的愿望，这种表情包正是抓住了这种心理，才会在考研人中热传，如图4-16所示。

图4-16　考研表情包

(2）基于社群自有 IP。

每个社群都有自己的 KOL，如用社群把咖啡销量翻了 400 倍的卫叔，为自己的形象做了表情包，如图 4-17 所示。

图 4-17 卫叔表情包

没有仪式，难成社群。一个社群能区别于其他社群，除运行机制外，一定有一些仪式感的内容，如独特的 logo、特别的群名、专有的微信群表情包等。

表情包在社群里发布是一种很好的曝光方式，也可以为社群促成品牌合作，如用户间不断地发布品牌方的专有表情包，使其在社群里高频出现，每次被使用，都是品牌形象的一次宣传。而且，这种曝光毫无违和感，是由用户自然地主动触发。

## 4.3.6 线下活动

社群活动除线上举行外，线下开展也是必不可少的。线下活动可以增进人与人之间的真实交流，让用户感受到社群之中的温暖与关怀。

组织线下活动需注意以下 4 点。

（1）主题先行。

社群活动成员都是基于相同的兴趣爱好聚在一起的，组织线下活动时，活动主题要围绕社群主题，在内容和形式上加一些创新的吸引点，做到有趣有料就成功了一半。一场成功的社群线下活动，一定有一个吸引人的主题。主题的设定要符合社群的文化和定位，吸引用户参与。

例如，社群主题是干货分享，线下活动时，可以招募群里的成员一起做个人技能秀活动、三分钟脑爆活动、深夜读书分享活动等。

（2）活动规则。

所谓无规则不成方圆，一场活动的福利和奖品是有限的，这时需要一个明确的机制，设定规则后让用户参与。例如，每年"双 11"淘宝的活动设置有分享好友领红包、蚂蚁森林领红包、签到领红包等。

（3）活动执行。

活动正式执行可分为3个阶段：活动预热、活动引爆、活动现场跟进。

① 活动预热。筹备期准备宣传物料，在内部自有社群里进行活动通知，邀请成员报名。期间每天积极在社群中分享活动报名进展、嘉宾分享干货提炼等内容，邀请积极成员做活动互动，营造氛围。

② 活动引爆。社群线下活动，一般以社群内部成员为主。可以根据活动名额剩余情况，在活动结尾时，利用马甲号做活动造势宣传，利用朋友圈、公众号等平台，引导成员争取最后的名额，如图4-18所示。

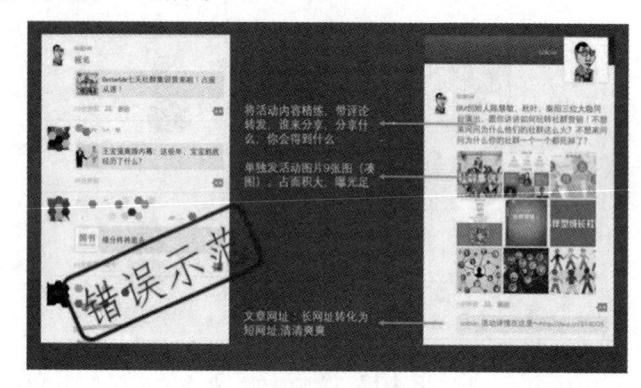

图4-18　朋友圈宣传示范

③ 活动现场跟进。活动现场一般流程为主持人介绍、嘉宾分享、中间茶歇、最后总结4步。

主持人介绍：除了介绍活动、嘉宾、合作伙伴等，还可以组织破冰游戏，快速让参与者熟络起来，互相认识。

嘉宾分享：嘉宾分享时要特别注意控制时长，用倒计时给嘉宾信息提醒，最好不超过10分钟，避免整个活动比原计划延长太多时间。

中间茶歇：这个时间不仅可以让参与者休息，还可以促进参与者之间的沟通交流和连接。主持人、志愿者可以积极参与，准备一些小话题，如聊聊如何加入社群的、关于活动的学习疑问等。

最后总结：除对活动进行总结陈述外，还可以预告下次线下活动的安排，为下次活动做宣传。最后，记得拍活动的大合照，便于活动后续的宣传。也可以预留活动结束后，和嘉宾分享交流的区域，满足参与者交流的需求。

（4）活动复盘。

活动结束后应复盘总结，总结出做得好的与需要优化的部分，为下次活动做准备，复盘操作清单如表4-19所示。活动复盘常用的方法是PACD法：包括回顾目标、评估结果、分析原因、总结规律等环节。

回顾目标：根据活动策划时的目标进行梳理。活动的总体目标是什么？每个活动阶段的活动是否完成？如活动整体报名120人，预热阶段要报名30人。

评估效果：回顾整个活动流程，从参与者满意程度、活动执行情况、邀请嘉宾难度、活动效果等进行分析。

分析原因：从效果评估中，做得好的效果关键因素有哪些？做得不好的效果原因有哪些？

总结经验：把本次活动做得好的地方，梳理成可操作的方法用于下次活动，制作出下一步行动计划。

表 4-19　复盘操作清单

| 活动复盘清单 ||||
|---|---|---|---|
| 活动背景 | | 时间 | |
| 地点 | | 参与者 | |
| 活动概况描述 ||||
| 1. 回顾目标 | 2. 评估结果 | 3. 分析原因 | 4. 总结经验 |
| 活动策划时目标 | 优点 | 成功关键因素 | 经验复用 |
| 最终完成目标/关键结果 | 不足 | 失败根本原因 | 下一步行动计划 |

# 【任务实训】

现在有一户外骑行社群，请你为大家策划一场活动，增进大家的情感，提高社群的活跃度，并且活动过程中需要有关于社群宣传的内容。

# 【任务评价】

## 1. 学生自评（见表 4-20）

表 4-20　保持社群活跃度任务学生自评表

| 班级 | | 学号 | | 姓名 | |
|---|---|---|---|---|---|
| 角色 | | ○组长　○组员 | | 完成时间 | |
| 任务 || 完成情况记录 ||||
| || |||||
| || |||||
| || |||||
| 任务后的收获 || |||||

## 2. 生生互评（见表 4-21）

表 4-21　保持社群活跃度任务生生互评表

| 班级 | | 被评人学号 | | 被评人姓名 | |
|---|---|---|---|---|---|
| 评价者角色 | | 评价者学号 | | 评价者姓名 | |
| 任务 || 完成情况记录 ||||
| || |||||
| || |||||
| || |||||
| 任务后的收获 || |||||

## 3. 教师评价（见表 4-22）

表 4-22　保持社群活跃度任务教师评价表

| 班级 | | 被评人学号 | | 被评人姓名 | |
|---|---|---|---|---|---|
| 任务 | | 完成情况记录 ||||
| | | |||||
| | | |||||
| | | |||||
| 任务后的收获 | |||||

### 【拓展练习】（见表 4-23）

表 4-23　保持社群活跃度拓展练习表

| 练习名称 | 维持社群黏性练习 |
|---|---|
| 练习目的 | 保持社群的活跃度，增加社群吸引力 |
| 练习安排 | 策划一场关于英语口语社群内部成员感情与合作的活动，成员进行任务分配，一起完成一次反应良好，氛围活跃的社群活动 |
| 练习小结 | 学生交流过程中遇到的问题与不足，以及在本次策划中做得最成功的地方，教师根据讨论成果进行 PPT 展示，讨论分享中的表现，给每小组打分 |

## 4.4　社群营销推广

### 【任务描述】

从本质上说，社群能否做好的重点是对用户的洞悉程度，和对既定领域的积累，如果用户根本不关心想要一起完成的目标，那么这个社群从一开始就是失败的。社群的定位必定符合自身气氛，精神上认可才是参与社群的动力。好的社群必定充满创意，带着用户在愉快玩耍中把制定的任务完成，让用户觉得社群的吸引力极强。

那么应该如何建设社群营销团队？社群运营中用户的绩效应该如何评价？社群该如何变现？

### 【学习目标】

1. 学会建设社群营销团队。
2. 熟悉社群运营绩效评价。
3. 掌握社群商业变现的方法。

### 【任务分配】

本任务为分组任务，选择一个知名的社群进行调研，了解团队建设的过程，以及社群运营的业绩，分析它是如何进行社群商业变现的，完成一份分析报告。将成果做成 PPT 进行演示，并组织全班讨论与评析，如表 4-24 所示。

表4-24　社群营销推广任务分配表

| 班级： | | 组号： | 组名： |
|---|---|---|---|
| 角色 | 姓名 | 学号 | 任务分工 |
| 组长 | | | |
| 组员 | | | |
| | | | |
| | | | |
| | | | |
| | | | |
| | | | |

## 【任务准备】

引导问题1：你知道社群营销团队都有哪些成员吗？

引导问题2：你知道如何评价社群营销业绩吗？

引导问题3：你知道社群是如何商业变现的吗？

## 【课前导读】

知味葡萄酒杂志是一家专注于为葡萄酒爱好者提供轻松的葡萄酒文化、专业的品酒知识、实用的买酒建议和精彩的品鉴体验的创业公司。自创业以来，知味的推广与内容始终以社群为核心，通过专业、垂直的葡萄酒媒体内容和线下的葡萄酒教育体系，知味已然成为国内最火的葡萄酒媒体，超过50万人规模的葡萄酒爱好者聚集到知味周围的葡萄酒文化社群里。知味认为，社群营销依赖个人偏好及消费行为特征所构建的社群，在增值服务这方面，应适度规避"商业激励"而采用"情感维系"来升华用户与厂家和品牌的关系。

知味能够通过用户数据采集功能内容标签的方式收集所有社群用户与知味的交互行为与内容偏好。用户不管是看了一篇特定内容的图文、参加一场特定主题的品酒活动，还是购买了知味所推荐的葡萄酒或周边产品，知味都能记录下来。通过足够长时间的数据收集，知味可以通过结构化获取的用户信息对用户进行分类，并通过不同主题的话题社群将用户组织到一起，如图4-19所示。

例如，阅读过较多关于意大利葡萄酒文章的用户，或参加过知味组织的意大利葡萄酒品鉴会的用户，都会被邀请加入"知味意粉"小组。在这样的情况下，知味的葡萄酒爱好者用户陆续被不同主题的社群以网状的形式包括到至少一个社群小组中。

这样一来，精准的分组使社群活跃度非常高，而且还为精准定向地向用户发送他们感兴趣的内容信息和产品营销内容提供了有效通路。同时，基于对庞大的用户数据系统进行挖掘，知味可以据此为其用户发送完全个性化的促销信息。

例如，知味可以设定自动流程规则，让系统自动向在过往一个月内参加过入门级葡萄酒培训课程的用户发送中级葡萄酒培训课程的信息。这样个性化、差异化的优惠大大地提高了用户购买的可能性，也降低了信息推送的成本。

知味还使用了平台活跃度打分的功能，交互频繁的用户活跃分数会上升。对于不够活跃的用户，定向推送一些"召回"目的的内容以降低用户流失。3个月内，粉丝的活跃度上升了55%。通过使用多样的营销功能与分析工具，知味做到了全方位精准化的社群营销。用户与知味社群平台的黏性非常高，长期形成的情感维系远比"满500积分抵5元消费"这样的商业折扣受用得多。

图 4-19　"知味葡萄酒杂志"官网图文

### 【课堂讨论】

（1）你认为知味葡萄酒杂志的营销成功之处在哪里？
（2）你认为知味葡萄酒杂志的商业变现模式是怎样的？

## 4.4.1　建设社群营销团队

一个品牌如果构建了社群，会远远比那些不构建社群的品牌强很多，在这个竞争激烈的互联网时代，不构建社群团队品牌，数据和流量就与其无关。有些社群在成立初期，只注意扩展群的数量，每个人都有好几十个会员群，甚至几百个代理群，这会导致社群管理困难，因为他们一个人包揽了社群的大小琐事，工作效率非常低。想要改变这种局面，团队的管理者必须进行社群领导班子的搭建，有人积极配合群管理，才能提高工作效率，带领团队朝更好的方向发展。

**1. 社群团队搭建**

社群管理团队如何打造？很多社群群主可能面临这样的问题，感觉自己忙不过来时，在群里找一个比较活跃的人，提升他为群管理，帮忙一起管理社群。这样做很草率，没有考虑到候选人的意愿和能力，没有给予奖励就让他去管理社群，通常不太可靠。

在搭建社群管理团队前，先要了解社群领导团队的角色，分为以下3种，如表4-25所示。

表 4-25  社群领导层

| 副群主（群管理） | 副群主的角色非常重要，相当于群主的左膀右臂。当群主忙的时候需要副群主代行群主的权利，进行群管理角色担当 |
|---|---|
| 专业大咖 | 每个社群都应该有一个或几个该行业领域的专业大咖，他们的公信度强，可以对社群的发展起到很好的影响力和标杆作用。他们会宣传很多正面的能量，提出一些具有建设性的引导，保持社群运营的健康性和稳定性 |
| 小秘书 | 一个微信群 500 人，多个微信群就有好几千人甚至几万人，社群里的用户提出各种各样的问题时，需要有小助理/小秘书来回复。遇到很难解决的问题时，再由群主或副群主回复。除答疑外，群里做活动或培训时，可以通过小助理发通知或公告 |

### 2. 领导层管理制度

确定好一个社群的领导层后还需要相应的管理制度，只有各司其职，做好内部的工作，才能让社群运行得更加稳定和谐，如表 4-26 所示。

表 4-26  领导层管理制度

| 明确工作职责 | 确定好工作职责，大家各司其职，做好内部的协调与配合 |
|---|---|
| 建立备胎制度 | 要对每个人的职责进行罗列和分类，因为运营过程中可能出现突发事件，这时若负责人不在，可以交给其他人处理。突发事件最忌讳拖延，一拖再拖，小事也会变大，所以任何一个突发事件都必须马上解决 |
| 定期举行会议 | 1. 计划性会议<br>会议主要内容：下一阶段的工作计划及分工说明。<br>例如，下周要在群里做爆品推送。要推送几次、推送多少个商品、推送什么类目的商品、推送商品的价格范围、由谁来推送、什么时候推送等都要做好计划。<br>2. 总结性会议<br>会议主要内容：对上一阶段工作的完成情况、盈利情况、吸粉情况等做总结和归纳。分析没有做好的原因并提出解决方案，坚决杜绝二次发生 |
| 制定激励政策 | 社群团队管理需要制定相关的激励政策，激发领导层的自觉性 |

通过有秩序的管理，不仅能让社群更有活力，而且通过明确的分工，能够让内部更有工作效率。

## 4.4.2 社群运营绩效评价

社群绩效考评的实质是通过行为性的指标体系衡量绩效，不需要对所有的绩效指标都进行量化。这是社群绩效评估中经常遇到的，即对很难确定客观、量化的绩效指标提供了一个解决办法。

确定关键绩效指标的原则即 SMART 原则，其要点在于流程性、计划性和系统性。具体可以按照以下步骤建立考评指标，如图 4-20 所示。

在订立目标及进行绩效考核时，应考虑任职者是否能控制该指标的结果，如果任职者不能控制，则该项指标就不能作为任职者的业绩衡量指标。

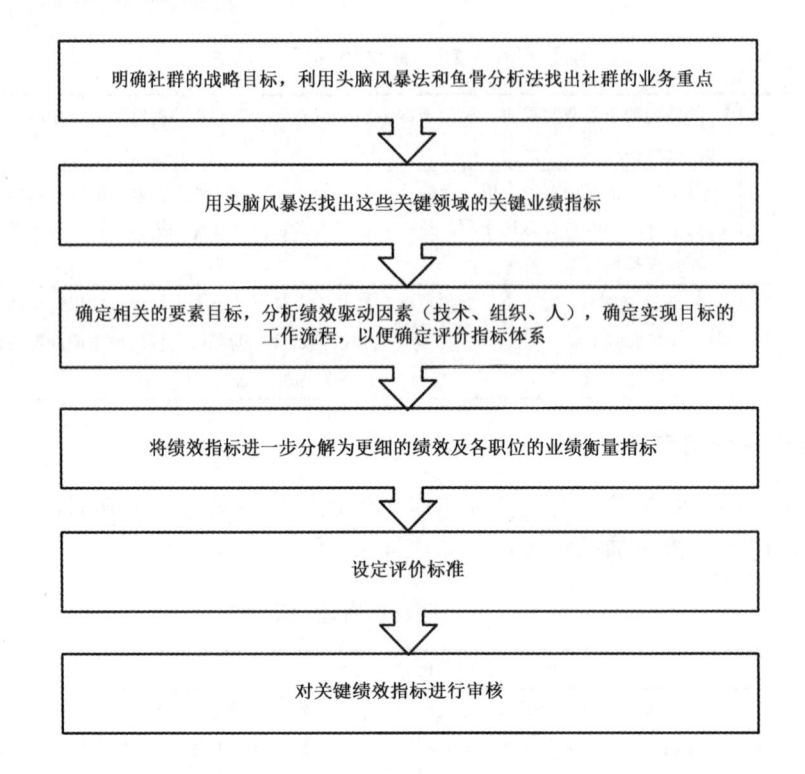

```
┌─────────────────────────────────────────────────────┐
│ 明确社群的战略目标，利用头脑风暴法和鱼骨分析法找出社群的业务重点 │
└─────────────────────────────────────────────────────┘
                          ▽
┌─────────────────────────────────────────────────────┐
│        用头脑风暴法找出这些关键领域的关键业绩指标          │
└─────────────────────────────────────────────────────┘
                          ▽
┌─────────────────────────────────────────────────────┐
│ 确定相关的要素目标，分析绩效驱动因素（技术、组织、人），确定实现目标的 │
│              工作流程，以便确定评价指标体系                │
└─────────────────────────────────────────────────────┘
                          ▽
┌─────────────────────────────────────────────────────┐
│     将绩效指标进一步分解为更细的绩效及各职位的业绩衡量指标      │
└─────────────────────────────────────────────────────┘
                          ▽
┌─────────────────────────────────────────────────────┐
│                     设定评价标准                      │
└─────────────────────────────────────────────────────┘
                          ▽
┌─────────────────────────────────────────────────────┐
│                  对关键绩效指标进行审核                  │
└─────────────────────────────────────────────────────┘
```

图 4-20　考评指标步骤

绩效管理是管理双方就制定目标和如何实现目标达成共识的过程，以及增强员工成功达到目标的管理方法。管理者给下属订立工作目标的依据来自社群的绩效。善用绩效考评社群，有助于社群组织结构集成化，提高社群的效率，精简不必要的人员、不必要的流程和不必要的系统。

社群在第一阶段常见的基本战略目标是提升用户黏性和建立自有传播渠道，无法用简单的绩效来考核。对于电商商家的社群运营则可以店铺运营的销售目标和运营数据来分析设置绩效，非电商类社群则可不以数据绩效作为考核。

社群运营绩效评价的目的主要有以下几点，如表 4-27 所示。

表 4-27　社群运营绩效评价目的

| |
|---|
| 1. 对员工的晋升、降职、调职和离职提供依据 |
| 2. 组织对员工的绩效考评的反馈 |
| 3. 对员工和团队对组织的贡献进行评估 |
| 4. 对员工的薪酬决策提供依据 |
| 5. 对招聘选择和工作分配的决策进行评估 |
| 6. 了解员工和团队的培训和教育的需要 |
| 7. 对培训和员工职业生涯规划效果的评估 |
| 8. 对工作计划、预算评估和人力资源规划提供信息 |

通过绩效评价，可以使管理者平衡利润增长和成本控制间的矛盾；平衡不同群体间期望值的矛盾；平衡机会和注意力间的矛盾；平衡不同激励模式间的矛盾。通过持续的

绩效评价,可以了解社群的发展状况,把握社群当前的全局,使社群知彼知己、扬长补短,采取更加有效的方法和措施来提高竞争力。

### 4.4.3 社群商业变现

一个社群想要运行下去,必须进行商业变现,只有变现,才会有资金维持社群的正常运行,商业变现的方式有以下6种。

#### 1. 会员变现

社群收取会员费是最直接且短期内最大的一份变现收入,如表4-28所示。

表4-28 会员变现

| | |
|---|---|
| 免费到付费 | 许多社群一开始对于自己的服务或价值没有足够的自信,或没有设置好用户变现的流程。可创建免费社群,再通过后续的服务和分层收取费用 |
| 付费到会员 | 用户付费后,一方面逐渐适应并开始享受付费权益,另一方面社群也投入大量的精力在付费的内容和服务上,以此吸引用户继续付费 |
| 初级到高级 | 虽然同为付费用户,但等级不同,收费也不同。许多社群用户设有初、中、高级,对应的可能是小白、经理、高管(创始人)等相关角色,社群为其提供不同级别的服务。如一些中高端的私董会,年会费至少5万元起,这样的社群质量自然更高 |

#### 2. 知识付费变现

绝大部分的社群都是行业群、兴趣群、技能群,所以相关的线上课程不缺少受众。社群付费的课程有两种:一种为临时性、单次的学习课程。嘉宾或是社群内部用户,或是外聘的大咖;另一种是固定、长期的系列课程,由专家或学者提前录制制作。

付费课程的内容,可以是基础常识、营销理论,也可以是各种实操案例。课程有难易程度之分,如新手入门课、精英成长课、总裁课等。付费课程的好处是可以重复使用,多次收费。

#### 3. 咨询变现

真正能以咨询费、服务费变现的社群,比较依赖个人IP,除非社群IP超过个人IP且具有知名的商业案例。咨询变现有以下3种,如表4-29所示。

表4-29 咨询变现

| | |
|---|---|
| 次数收费 | 用户每咨询一次收取一定费用 |
| 时间收费 | 一般标准是按小时收费,费用几百元至几千元不等,甚至有的按分钟收费。也有按照年费咨询的,年费咨询对于社群来说是高价客单,但也意味着要付出更多的成本 |
| 项目收费 | 以某个个案、节点进行收费服务,按照约定项目结束后,服务关系可以解除 |

#### 4. 活动变现

一个活跃且有价值的社群,一定经常举办各种类型的活动。活动合理收费的方式有以下3种,如表4-30所示。

表 4-30　活动变现

| 报名费 | 如常见的资源对接大会、大咖嘉宾私享会等活动都有一定的价值，可以卖门票。当然，一个社群做得好不好，要看有多少人会转化成报名用户 |
|---|---|
| 展会费 | 大部分资源型社群或偏重线下交付感的社群，每月都会定期举办各种资源对接大会。想要参展，就必须交纳参会费 |
| 冠名费 | 不管社群的活动做得多大，只要活动办得有价值，就可以寻找冠名的伙伴。哪怕只有一个 200 人的小社群，但这 200 人同时在线下聚会，就会有 200 名受众，对商家来说就是精准获客 |

### 5. 商品变现

如果做一个钓友社群，商品可以是课程、活动门票、钓具、模型等；如果做一个美妆社群，商品可以是各类美妆产品，如面膜、面霜、精华液等，既是好物推荐，又是团购；如果做一个宠物社群，商品可以是宠物的玩具、粮食、服饰等。还可以周边商品变现，例如，和一些品牌/商家联合，或自己出社群的 T 恤、帽子等产品。

### 6. 加盟变现

如果社群做得比较成功，可以招募加盟商或代理商，有两种方式：第一种是招募分销/团长，他们的目的比较纯粹，就是通过培训帮助我们卖货，这种方式比较适合母婴、美妆、食品等类型的社群；第二种是招募分社社长，如杭州分社、北京分社等，他们卖的是资源，帮助我们做全国各地的用户交付。

## 【任务评价】

### 1. 学生自评（见表 4-31）

表 4-31　社群营销推广任务学生自评表

| 班级 | | 学号 | | 姓名 | |
|---|---|---|---|---|---|
| 角色 | ○组长　○组员 | | 完成时间 | | |
| 任务 | | 完成情况记录 | | | |
| | | | | | |
| | | | | | |
| | | | | | |
| 任务后的收获 | | | | | |

### 2. 生生互评（见表 4-32）

表 4-32　社群营销推广任务生生互评表

| 班级 | | 被评人学号 | | 被评人姓名 | |
|---|---|---|---|---|---|
| 评价者角色 | | 评价者学号 | | 评价者姓名 | |
| 任务 | | 完成情况记录 | | | |
| | | | | | |
| | | | | | |
| | | | | | |
| 任务后的收获 | | | | | |

## 3. 教师评价（见表4-33）

表4-33　社群营销推广任务教师评价表

| 班级 | | 被评人学号 | | 被评人姓名 | |
|---|---|---|---|---|---|
| 任务 | | 完成情况记录 ||||
| | |||||
| | |||||
| | |||||
| 任务后的收获 | |||||

## 【拓展练习】（见表4-34）

表4-34　社群营销推广拓展练习表

| 练习名称 | 练习社群营销推广 |
|---|---|
| 练习目的 | 学会社群营销推广手段 |
| 练习安排 | 进行实地考察，加入身边的社群，了解他们如何建设团队，团队初期如何运营，变现模式是哪种，在其中完成一次绩效考评 |
| 练习小结 | 学生交流过程中遇到的问题与不足，以及自己在这次策划中做得最成功的地方，教师根据讨论成果进行PPT展示，讨论分享中的表现，给每小组打分 |

# 第 5 章

# 短视频营销实战

近年来，因为电子产业的快速发展和网络速度的提升，短视频已进入越来越多人的生活，在地铁上、公交上处处都能看到在刷短视频的人。短视频以视频的形式展示营销信息，使其更加立体化，更具有情感和代入感，容易带动用户的情绪，从而建立产品或品牌与用户之间的情感联结，吸引用户关注。2G 看文字、3G 看图片、4G 看视频、5G 万物互联，虽说现在还没有到达真正的万物互联，却实现了视频随时随地观看，成为空闲消磨时间的主要方式。

短视频的发展带来了新的营销模式，抖音自发展开始至今，已逐渐成为移动短视频领域的头部平台，并重新整合和完善了自身的内部生态体系，使抖音能够为不同的使用方提供更加多样化的营销服务。不少品牌也搭上了短视频发展的"快车"，借助短视频平台玩转营销新花样，助力品牌实现与用户的有效沟通和互动，并达成效果转化的目标。

本章描述了短视频的基本概念，介绍了短视频平台与制作的方法，阐述了短视频的营销价值，并系统介绍了短视频的营销及推广方式。旨在帮助自媒体从业人员认识短视频的基本概念，并联系实际，对短视频的制作与推广能够快速上手。

## 【思政案例导入】

### "新农人"为何火爆？

伴着魔性的音乐，"张同学"从东北火炕一跃而起、拉开粉色印花窗帘，下床喂狗、养鸡、买肉、做饭……在快速切换的镜头下，中国乡村生活的一天由此展开。"张同学"拍摄制作的展现农村生活的短视频，在短短两周内吸粉数百万粉丝，不到两个月已拥有千万粉丝流量，毫无疑问是一个现象级的传播存在。从李子柒到张同学，越来越多的"新农人"开始娴熟运用短视频等新媒体形式展现农村生活、描绘乡土变迁、书写时代风貌。"新农人"短视频出圈有何深层原因？如何借力引导，让关注新农人的流量变成改造乡村的力量。

其实怪亦不怪，"新农人"引发关注，"张同学"并非乏善可陈。相反，不论从技术背景、公众心理和文化接受的角度，都能探寻到这个农村"小人物"激荡互联网的多种理由。在新媒体社交平台上，城镇独大、城里人一统的传播情形已成为过去，城乡数字鸿沟缩小，农村和城市"同网同速"。农村网民的源源涌入，带来了饱含浓郁乡土气息的草根文化，农人自媒体、短视频、直播代言成为互联网文化生态中的新景观。他的视频虽土得纯粹，但契合潮流，匹配大众新的消费口味和需求满足心理，因而与李子柒殊途同归，火爆"出圈"。

"张同学"的很多视频展现了"新农人"淡淡的、复杂的文化情绪，包含着对乡土生活的质朴情愫，掺杂着对城市生活的向往。他生活贫简，但床头贴着国内外女明星的照片。他出门乘坐电动车，但能够娴熟运用手机自拍，使用微信语音、电子支付。他的衣食住行无不受到现代生活元素的冲击和改造。如网友所说，视频里"有新农村的繁华景象，也有要面对的贫穷落后的存在"。不拔高不虚夸，个人生活的粗陋一面与新农村建设发展的场景交错出张力，在思想者一方，能够唤起对现代挑战的某种警觉和思索，对大众来说，则是一种客观的面对与善意诉求的分享。

当越来越多的农人开始娴熟运用短视频等新媒体形式呈现乡土变迁，展示农村生活、书写时代风貌时，他们也越来越显著地展现出中国农人文明进步、文化自信的一种心灵状态。作为社会发展和成就的检验者、记录者和传播者，借力新媒体传播文化功能提升，乡村人口成为参与、展示、推动新农村建设的一支充满希望的生力军。

## 【案例解读】

自 2018 年以来，我国相继出台了《乡村振兴战略规划（2018—2022 年）》《数字乡村发展战略纲要》，提出"到本世纪中叶，全面建成数字乡村"的战略目标，进行了"四步走"的数字乡村战略部署。在政策的推动下，农村数字化基础设施建设迅猛推进，数字化信息传播和服务加速增长，新农村发展建设的通信技术基础进一步夯实。在丰富多样的新媒体传播形态中，短视频因其技术、文化门槛低，制作方便，内容涵盖面广，参与性强等特点，为越来越多的农人所喜爱，逐渐成为一种乡村信息交往的常态化方式，短视频红人顺势而生。农人拥抱短视频，丰富多样的乡村作品呈现交织出网络文化的耀眼景观。短视频融合土味传播，生成了新媒体社交语境下的可见性生产，实现和延展了媒介文化功能。

【思考问题】

除服饰类国货外,还有其他类型的国货品牌也在逐渐出圈吗?新茶饮、新能源车、新消费品等国货品牌又是怎样崛起的?

学习导图

根据短视频知识学习活动顺序,本单元学习任务可以分解为以下子任务,如图 5-1 所示。

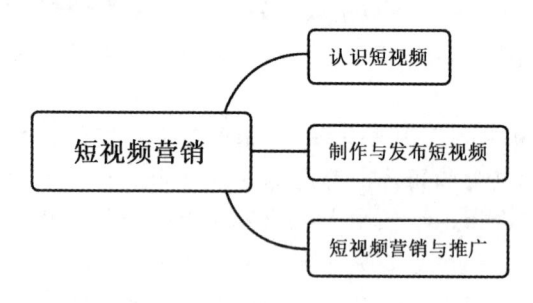

图 5-1　短视频营销学习活动

## 5.1 短视频营销认知

【任务描述】

作为新媒体的一种营销方式,短视频营销迅速占据了营销市场的一部分,以其碎片化、情感化和高代入感的特点,吸引了众多用户,是企业或品牌利用短视频平台推广自己、树立品牌形象的重要方式。那么什么是短视频营销?短视频又该如何制作与发布?短视频该如何营销与推广?

【学习目标】

1. 了解短视频营销的概念。
2. 认识短视频营销的表现形式。
3. 熟悉短视频营销的运营平台。

【任务分配】

本任务为分组任务,每人分享一个自己接触到的短视频平台,并寻找自己最喜欢的 5 种类型的短视频,互相介绍视频内容,如表 5-1 所示。

表 5-1　短视频营销认知任务分配表

| 班级： | | 组号： | 组名： |
|---|---|---|---|
| 角色 | 姓名 | 学号 | 任务分工 |
| 组长 | | | |
| 组员 | | | |
| | | | |
| | | | |
| | | | |
| | | | |
| | | | |

## 【任务准备】

引导问题 1：你是否看过短视频？它哪里吸引你？

引导问题 2：你看过哪些类型的短视频？

引导问题 3：你知道哪些短视频平台？

## 【课前导读】

短视频的兴起成就了一批网络自媒体红人，他们不仅拥有了高人气高流量，同时也有了非同一般的商业价值，KOL 借助短视频推广，不仅可以迅速获得品牌或产品的曝光和传播，还能够帮助他们将流量变现。

在众多的短视频红人中，"办公室小野"具有较高的知名度和代表性，她因创作办公室美食创意视频而走红网络，并凭借视频创意和热度获得了众多奖项。"办公室小野"的短视频主题为办公室美食（借助办公室环境和道具进行美食制作），这种令人惊叹的创意和动手能力不仅让她在头条、微博等国内知名内容平台相继爆火，更是借助 YouTube 和 Facebook 这样的海外社交内容平台吸引了大批国外的网友。

创意和美食是"办公室小野"短视频作品中最吸引人的地方，利用办公室和美食制作之间的反差获得关注，通过另类的美食制作展示脑洞，让网友们大开眼界，如图 5-2 所示。饮水机煮火锅、机箱摊煎饼、熨斗烤肥牛，这些在日常生活中难以想象的事在"办公室小野"的短视频中都得到了实现。

作为创意美食短视频的 KOL，"办公室小野"具有非常高的品牌价值，拥有数千万粉丝的她同时也拥有极强的网络号召力，而要将这些粉丝和影响力变现，小野主要通过与品牌合作推广来达到。

江铃汽车曾与"办公室小野"及另一个短视频 KOL "七舅脑爷"合作出过短视频广告。一般来说，自媒体和品牌合作打广告并通过视频宣传主要通过单期定制、场景植入、产品植入等方式来实现，"办公室小野"和"七舅脑爷"为江铃汽车打造的创意定制视频也是如此。此外，"办公室小野"将自己的办公室移植到了优酷土豆，为阿里文娱做推广，场景植入和创意也带来了很好的宣传效果。

图 5-2 "办公室小野"抖音短视频作品

【课堂讨论】

1. 你关注过哪些短视频红人？
2. 你认为他们收获大量粉丝的原因是什么？
3. 你有短视频拍摄的经历吗？

## 5.1.1 短视频营销的概念

关于什么是短视频，目前尚没有一个合适的定义。社交媒体和数字营销内容与招聘平台 Social Beta 将其定义为"短视频是一种视频长度以秒计数，主要依托于移动智能终端实现快速拍摄与美化编辑，可在社交媒体平台上实时分享和无缝对接的一种新型视频形式"。简单来讲，短视频就是短而快，在碎片化时代，短视频的出现有效贴合了受众在移动化场景中的媒介使用习惯，能够满足用户在时间、内容等多方面的需求，同时具有强社交关系、低创作门槛、时间短、碎片化、场景便捷等传播特性。

**1. 短视频的特点**

短视频的出现是对社交媒体现有内容（文字、图片）的一种有益补充，同时，优质的短视频内容也可借助社交媒体的渠道优势实现病毒式传播，如图 5-3 所示。

**2. 短视频营销的定义**

短视频营销是由企业、MCN 机构或个体商家等营销主体主导的以短视频为传播载体，针对商品或服务进行营销的一种新兴营销方式，短视频营销的目的在于通过新颖的营销形式来吸引和留存消费者，以实现商品或服务的销售。目前，对于短视频营销的研究正在成为热点，相关研究成果正逐渐丰富起来，前人学者从多维度、多角度对短视频营销进行了不同程度的研究。随着短视频各项视频技术和娱乐玩法的快速更迭换代，短视频营销得到了高速发展的机会。

图 5-3　短视频的特点

随着新媒体技术的日新月异，信息传播的载体和形式也万象更新，短视频凭借着虽短小精炼但能承载巨量信息的优势，在零售业受到了大批企业、MCN 机构和个体商家的青睐。企业和个体商家为实现自身产品与服务的销售，通过短视频将商品或服务的相关宣传信息融入视频内容中，通过风格化和娱乐化的视频表达达到宣传推广，最后实现销售的目的。MCN 机构通过综合各大视频博主整合视频资源来进行高效稳定的内容输出，为各类商品和服务的短视频营销活动做支撑。"带货"属于网红经济的范畴，是目前网络经济的重要表现形式之一，它以互联网为平台，以新媒体为传播中介，是推促商品贯通和引领零售产业发展的紧要推力。

在短视频营销中，博主通过短视频向用户展示商品的功能、外观设计、物理特性等，讲解商品的内含成分、使用方法、心得体验等产品内容，并借助满减、优惠券、打折促销等方式来吸引用户点击内置链接进行购买。

### 3. 短视频营销的分类

目前，根据带货视频中销售商品的广度和深度不同，将短视频营销分为综合类短视频营销和垂直类短视频营销。

综合类短视频营销又称作横向短视频营销，其涉及的商品种类很广，具有全方位的特点，最具代表的有抖音平台的"毛毛姐"营销系列视频和"小李朝"营销系列视频，如图 5-4 和图 5-5 所示。

综合类短视频营销具有以下两个显著特点。

（1）产品品类丰富，涵盖领域较为广阔。

综合类短视频营销可以为用户提供较为完备的产品种类，从日用百货到护肤美妆，从零食到服装首饰，从手机数码到大小家电，甚至五金产品、不动产等。如抖音平台的"曹哥聊房"，就是针对不同户型和不同类别的房地产楼盘进行视频营销来促进房产销售的。

（2）商品的互补性较强。

综合类短视频营销在进行商品营销时，往往会将商品进行组合销售。如在销售火锅食材的同时销售锅具厨具、在销售煲汤锅的同时销售煲汤底料等。综合类短视频营销在商品的互补性方面强于垂直类短视频营销，在销售过程中能够节省消费者搜索的时间和精力。

图 5-4 毛毛姐系列短视频

图 5-5 小李朝系列短视频

垂直类短视频营销又称纵向短视频营销，该类带货视频主要涉及某一细分领域或某一特定品牌的商品，主要关注自己的专营领域和细分市场，最具代表的"毛光光"美妆护肤系列短视频如图 5-6 所示。

图 5-6 毛光光美妆系列短视频

垂直类短视频营销具有以下 3 个特点。

（1）深挖细分市场，专注于特定种类的商品或服务。

垂直型带货视频中，所销售的商品属于某一细分领域，在该领域内深挖并为该垂直市场提供专门的服务。例如，美妆类短视频博主专注于提供美妆类产品，从美妆产品的成分、材质等信息介绍，到美妆的使用方式，以及每款产品的使用技巧等，均是围绕美妆这一领域来进行的，也专注服务于这一领域的用户。再例如，针对各式各样的水果进行短视频营销的博主，会对各个原产地、各个品类及各种口感的水果进行短视频宣传和营销。

（2）专业化程度高。

垂直类短视频营销由于聚焦于某一垂直细分市场，因此在产品专业知识介绍、产品体验分享、使用技巧传授等方面都能够为用户提供较为专业的服务和解答，同时在商品的包装、物流、后续服务方面，也会有非常专业化的操作，能够很好地满足该垂直市场的用户需求，例如，美妆类短视频能从化妆品的质地，涂抹时的技巧，上妆后的体验分享等环节提供自己专业化的介绍。

（3）算法智能推荐更为精准。

目前，短视频领域都采用人工智能进行算法个性化分发推荐，最具代表性的是抖音短视频的分发机制。通过算法智能推荐技术，能够精确地锁定用户的兴趣偏向和消费喜好。这种推荐机制运用在垂直类短视频营销中，其优势能更好地发挥。由于垂直类短视频营销所涉及的商品类别更为聚焦，因此对于用户来说，受到个性化推荐的准确程度也更高。例如，如果用户在快手经常观看美食类短视频，那么被分发到的美食类带货营销视频的概率大大提升。

## 5.1.2 短视频营销的表现形式

短视频营销是视觉营销的一种方式，但比图文更立体，比长视频更能利用碎片化时间，出圈成为必然。短视频营销非常契合人类作为视觉动物的信息接收习惯。除此之外，在数字化时代的今天，更有适用于移动端、利于搜索引擎优化、分享便捷反馈即时等优势。但是，不同的品牌需要不同的展现形式。以下为短视频展现内容的4种常见方式，如表5-2所示。

表5-2 短视频展现形式

| | |
|---|---|
| 展示产品制作过程 | 将产品的制作过程拍摄成一支短视频展现给潜在用户，能让用户有置身其中的参与感，从而更加了解产品的性能和特点，提升用户对产品的信任感。例如，咖啡馆展示咖啡制作工艺，时尚沙龙展示用户的变身过程等 |
| 展示品牌文化 | 对于短视频营销来说，品牌需要在有限的时长中凝练重点信息，将其展现给用户看，传递品牌文化。例如，在短视频中呈现模特的动态走秀图，传播效果比一张张静态的图片好很多 |
| 推广品牌活动 | 短视频是一个品牌推广活动的绝佳机会。让镜头转向产品，并加入个性化的元素，配合相应的促销信息和购买链接，这种方式比传统营销更能提高转化率 |
| 积极立体的互动 | 短视频的互动非常立体化和形象化，界面提供了很多功能，适合拉近与客户的距离。用户不仅可以留言互动，还可以拍摄同款视频上传到互动区域。当品牌方举办活动邀请用户参加视频拍摄时，品牌影响力也会随着用户的视频二次曝光增加 |

短视频营销花费的成本和预算相对低廉，尤其适合资源有限的中小企业。以下是品牌使用短视频的7种常见方式，让我们从中学习大品牌是如何充分利用视觉营销来提高用户参与度的。

### 1. 拍摄产品短片，解答客户疑问

拍摄产品短片，为用户解答疑问是短视频营销最基本的应用。很多品牌使用短视频营销就从这里开始。有时候，简短的"如何……"视频短片就可以快速并有效地解答用户的疑问。整理出客服部门最常收到的问题，制作相关的视频短片来解答。例如，在一段15秒的视频里讲解产品如何便于安装，像这样拍摄一段安装教程并配上语音指导可以提供给用户更有用的信息和帮助。用短视频的方式解答用户疑问能够带来更多的附加价值。这类短视频之所以备受好评，在于能够在短视频有限的时间内垂直并直观地展现品牌的专业性和权威性，旨在为潜在用户提供一种便利的方式来解决问题。

例如，Intel曾在Instagram上展示了怎样用一件毛衣自己制作一个超级本电脑包。首先创意吸引眼球，但整个视频最让人印象深刻的是教会了你怎样完成一件作品。这类视频不仅为了娱乐，也不一定和品牌的产品直接相关，但是的确提供了一些有价值的实用信息，增加了品牌的好感度。

### 2. 将产品制作过程整合成视觉展示

如果一张图片可以道尽千言万语，那么一段15秒的视频可以表达的内容更是远超

想象。将产品的制作过程拍摄成一支短视频展现给潜在用户，是一种短视频营销方式。BEN&JERRY'S 是美国著名的冰淇淋品牌，以口感香醇和口味新奇闻名，它曾在 Instagram 上发布了一个制作冰淇淋过程的短视频。对食品而言，食品安全和加工过程是用户比较关心的问题，BEN&JERRY'S 在短视频中公开了制作冰淇淋的过程，无疑增强了用户好感。

### 3. 创意众筹鼓励粉丝生产原创内容

目前的营销趋势都劝告品牌，在不同的社交媒体上创意素材既不脱离创意主轴，又要发挥长短不一的效果。惠普颠覆了这样的概念，用户们在短视频社交媒体展现新奇、搞怪、令人惊讶的创意。而惠普为了他们的产品 HP Pavilion x360 笔记本电脑，抓住了用户在 Twitter 上原创作品的特点，把用户们在 Twitter 上发布的 6 秒创意视频通过剪辑制作成一个 30 秒的电视广告。这个做法对于品牌和用户来说都喜闻乐见，对于品牌而言，通过一次短视频社交媒体的粉丝活动实现了品牌价值，而粉丝也实现了自我价值，鼓励了他们在社交媒体上创作的积极性。

同理，可口可乐也曾发布过一个以用户生成内容制作而成的视频广告，视频时长 30 秒，内容是用户们分享喝可乐的各种快乐时刻。可口可乐邀请用户分享一段"当你喝可乐的时候，你会有什么感觉"的视频短片，优秀的短片会被剪辑进可口可乐的广告中。活动最后收到来自世界各地超过 400 份的视频，创意公司从其中挑选出 40 份剪辑成短视频，并以 This is Ahh 进行宣传推广。作为可口可乐 The AHH Effect 营销战役的组成部分，此次的原创内容视频广告，除了在《美国偶像》节目中插播，还会在年轻人中比较有影响力的媒体网络播出，如 MTV 等。

### 4. 假日视频

圣诞节、情人节、感恩节等假日成为品牌商与用户互动的关键节日，随着短视频的兴起，假日营销也进入新的纪元，以假日为主题的短视频营销成为品牌商与用户建立强关系的方式。家具装饰公司劳氏（Lowe's）用 Twitter 做了一段活跃节日气氛的短视频，用一些家用装修小工具模拟烟花，祝愿用户美国独立日（7 月 4 日）快乐。这是一种传递节日祝福和吸引用户最简单有效的方法。这段视频仿佛赋予了劳氏产品以生命力，并向用户表达了节日祝福。

### 5. 增强与用户之间的互动，邀请用户通过标签上传内容

邀请用户通过上传带有标签的视频参加有奖活动或宣传相关品牌活动，是利用短视频功能拉近和用户距离的方法。例如，喜剧大师路易·安德森（Louie Anderson）邀请用户通过 Instagram 上传一段预选短视频并打上#Open4Louie 标签，从而竞争一个亲临他开场秀的机会，路易的团队根据标签追踪所有参赛短视频并联系到他们欣赏的短视频制作者。又如，加拿大时尚女鞋品牌 Aldo 在以色列推出一则有趣的营销活动。它在罗斯柴尔德大街上安置了一个醒目的铃铛，只要站在已经安置好的脚垫上，掏出手机用 Instagram 拍一张自己鞋子的照片，添加#aldo 的标签，写下鞋码，然后按响铃铛，就能得到一双 Aldo 女鞋。

### 6. 展现品牌文化

经常有人说品牌应该更"人性化"，而社会化媒体用实时实地与用户的互动，将这条界限变得越来越模糊。短视频营销提供了一个充分展示品牌文化和特点的机会，从而在竞争者中脱颖而出。

对于短视频营销来说，品牌需要在很短的时间内抓住他们想要表达的重点，将其表现给用户看，与此同时也向用户们传递品牌文化。一些服装大牌［如维多利亚的秘密（Victoria's Secret），巴宝莉（Burberry）等］想要展现时尚、自信。如果在短视频中能给用户呈现模特动态走秀图，相当于在短短的十几秒内粗略地看了一场时装秀。巴宝莉在 Instagram 上的短视频就给用户们提供了一场视觉盛宴，为推广时装秀和新款式，巴宝莉剪辑了关于秀台的展示、模特的走秀及一系列经典款式，让用户对品牌印象更加深刻，也对新产品充满期待。

### 7. 强调特殊优惠和活动

短视频是推广优惠活动的绝佳机会。将镜头转向产品，并加入个性化的元素，配合相应的促销信息，转化率将比传统营销方式提高很多。

美捷步（ZAppos）在其购买主页内除鞋子产品的照片外，还放有一个 12 秒的短视频，内容是模特穿着鞋子动态走秀的过程，还有鞋子的特写镜头，让用户更直观地了解产品信息，配合网页上的其他促销信息，更容易促成购买行为。

KARMALOOP 是一个线上购衣平台，在感恩节等一些节日时在色拉布（Snapchat，一款快照分享应用）上发布优惠码照片，过几秒就会消失。这种做法成本低，节省了一大笔广告费用，但达到了很好的效果，吸引了众多用户关注它的 Snapchat 账号，等待优惠码，既促进了粉丝与品牌的关系，也让 KARMALOOP 在节假日时的网上营业成交额大幅度上升。

此外，在 Snapchat 营销方面可谓创意十足，而且品牌在 Snapchat 做短视频营销时非常巧妙地运用了 Snapchat 阅后即焚的功能，塔可钟（Taco bell，墨西哥食物快餐品牌）在推出新产品时为了给用户一个预告，在 Snapchat 上发布新产品的短视频，关注的用户在看完后对新产品意犹未尽，在心中留下尝试新产品的欲望。

## 5.1.3 短视频营销运营平台

短视频营销运营平台可以分为以下 4 类：资讯类平台、传统短视频平台、自媒体短视频平台和视频网站。

资讯类平台：资讯类的推广平台（如今日头条、网易号等）既可以发表图文动态，也可以上传短视频。内容形式丰富多样，只要短视频贴合时下热点，就可以获得较好的浏览量。

传统短视频平台：如抖音、快手等，用户基数大，入驻门槛低，适合做更多的垂直内容。通过霸屏推广、SEO 等推广方式往往会有出其不意的营销效果。

自媒体平台：如微信朋友圈、微信公众号、QQ 空间、微博等，这些用户群体年轻且对热点敏感度高。在这样的自媒体平台创作对于粉丝与好友量的要求较高，但互动效果更好。

在进行短视频营销前，首先需要选择合适的短视频运营平台，再根据目标用户的需求制作短视频内容。在此同时，每个渠道的内容、用户的调性、内容定位都有着明显的区别，在做垂直等细分领域内容时，一定要仔细把每个渠道平台对内容的需求和这个平台的用户喜好都了解清楚，才可以做好接下来的运营工作。

所有的重点渠道必须做精细化的运营，实行专人的、一对一的拜访和维护是非常重要的一步。并且，每个渠道都会有用户的信息反馈，对于这些则要针对不同渠道进行策划，从而制定出不同的运营规划策略和内容产品策略。渠道运营跟随渠道平台上的用户喜好而定，不可能一成不变。以下为国内主要的几个短视频运营平台。

（1）抖音。

抖音是一款社交类软件，如图 5-7 所示。通过抖音短视频 App 可以分享生活，同时也可以在这里认识到很多朋友，了解各种奇闻趣事。抖音起源于一个专注年轻人的音乐短视频社区，用户可以选择歌曲，配以短视频，形成自己的作品。它与小咖秀类似，但不同的是，抖音用户可以通过视频拍摄、视频编辑、特效（如反复、闪一下、慢镜头等）技术让视频更具创造性。

（2）微视。

微视是腾讯旗下短视频创作平台与分享社区，用户不仅可以在微视上浏览各种短视频，同时还可以通过创作短视频分享自己的所见所闻。微视用户可通过 QQ、微信账号登录，还可以将拍摄的短视频同步分享到微信好友、朋友圈、QQ 空间，如图 5-8 所示。

图 5-7　抖音 Logo

图 5-8　微视 Logo

（3）梨视频。

梨视频大部分视频时长为 30 秒到 3 分钟，偶有的一些纪录片也多在 10 分钟的篇幅内。梨视频是中国领先的资讯类短视频生产者，由资深媒体团队和全球拍客共同创造，专注为年轻一代提供适合移动终端观看和分享的短视频产品，如图 5-9 所示。

（4）哔哩哔哩。

哔哩哔哩是国内知名的视频弹幕网站，现为中国年轻一代高度聚集的文化社区和视频平台，该网站于 2009 年 6 月 26 日创建，被粉丝们亲切地称为"B 站"。哔哩哔哩早期是一个 ACG（动画、漫画、游戏）内容创作与分享的视频网站。经过十年多的发展，围绕用户、创作者构建了一个源源不断产生优质内容的生态系统，哔哩哔哩已经涵盖 7 000 多个兴趣圈层的多元文化社区，如图 5-10 所示。

图 5-9　梨视频 Logo

（5）快手。

在快手上，用户可以用照片和短视频记录自己的生活点滴，也可以通过直播与粉丝实时互动。快手的内容覆盖生活的方方面面，用户遍布全国各地，如图5-11所示。

图 5-10　哔哩哔哩 Logo　　　　　图 5-11　快手 Logo

【任务评价】

1. 学生自评（见表 5-3）

表 5-3　短视频营销认知任务学生自评表

| 班级 | | 学号 | | 姓名 | |
|---|---|---|---|---|---|
| 角色 | ○ 组长　　○ 组员 | | 完成时间 | | |
| 任务 | | 完成情况记录 | | | |
| | | | | | |
| | | | | | |
| | | | | | |
| 任务后的收获 | | | | | |

2. 生生互评（见表 5-4）

表 5-4　短视频营销认知任务生生互评表

| 班级 | | 被评人学号 | | 被评人姓名 | |
|---|---|---|---|---|---|
| 评价者角色 | | 评价者学号 | | 评价者姓名 | |
| 任务 | | 完成情况记录 | | | |
| | | | | | |
| | | | | | |
| | | | | | |
| 任务后的收获 | | | | | |

3. 教师评价（见表 5-5）

表 5-5　短视频营销认知任务教师评价表

| 班级 | | 被评人学号 | | 被评人姓名 | |
|---|---|---|---|---|---|
| 任务 | | 完成情况记录 | | | |
| | | | | | |
| | | | | | |
| | | | | | |
| 任务后的收获 | | | | | |

## 【拓展练习】（见表 5-6）

表 5-6　短视频营销认知拓展练习表

| 练习名称 | 短视频营销概念 |
|---|---|
| 练习目的 | 熟悉短视频营销的具体概念 |
| 练习安排 | 去每个平台亲自体验，具体了解每个平台的风格及定位，对每个平台短视频内容进行点评，分析其优点与不足之处 |
| 练习小结 | 学生交流过程中遇到的问题与不足，以及在这次策划中做得最成功的地方，教师根据讨论成果进行 PPT 展示，讨论分享中的表现，给每小组打分 |

## 5.2　短视频的制作与发布

### 【任务描述】

随着硬件设备和软件技术的不断更新与发展，短视频的制作不再困难，人们只需掌握基本的操作方法，就可以根据自己的经历和创意制作出独具特色的视频，并借助互联网将视频传播出去，达到营销推广的目的。那么如何策划短视频？短视频又是如何制作的？怎样发布短视频？

### 【学习目标】

1. 了解短视频的策划。
2. 熟悉短视频的制作流程。
3. 掌握短视频的发布方法。

### 【任务分配】

本任务为分组任务，选择一个主题进行视频策划，并将其拍摄成一部具有故事情节的短片，时长控制在 3 分钟内，将成果做成 PPT 进行演示，并组织全班讨论与评析，如表 5-7 所示。

表 5-7　短视频的制作与发布任务分配表

| 班级： | | 组号： | 组名： |
|---|---|---|---|
| 角色 | 姓名 | 学号 | 任务分工 |
| 组长 | | | |
| 组员 | | | |
| | | | |
| | | | |
| | | | |
| | | | |
| | | | |

# 新媒体营销与推广

### 【任务准备】

引导问题1：你制作过短视频吗？
引导问题2：你制作短视频的目的是什么？
引导问题3：你是用什么制作的短视频？
引导问题4：你是在哪里发布的短视频？

### 【课前导读】

众所周知，华为手机近年来在影像方面一直是业内标杆，在 Mate 40 pro 系列中，以"手机也能拍电影大片"的方式为用户传授用 Mate 40 pro 手机拍摄的 4 种不同类型的短视频。在每个短视频中，都分为两个部分，第一部分是成片，第二部分是拍摄的制作过程，通过巧妙地运用生活中常见的物品，加上不同镜头的运用，把生活中一次平常的聚会、一次普通的茶点，拍摄成一部视觉效果非常好的电影级大片。在"花样螺狮"短片中，拍摄者巧妙运用女生的水晶饰品放在镜头前，产生了万花筒的效果，随后用了一点唇膏抹在镜头上增加画面的朦胧感，又将墨镜放在镜头前产生有色滤镜，最后将手机固定在筷子桶上，向上旋转筒身，用旋转运镜拍摄食物，从而完成了一部完美的短视频制作。

从短视频中用户不仅对 Mate 40 产生了购买的欲望，也展现了 Mate 系列影像的强大功能，将手机与专业级别的电影对接，拍摄电影级的效果不再是专业级别的导演所独有，让华为手机的用户也能产生"只要我拥有华为手机，我就是自己生活的导演"的想法。

### 【课堂讨论】

1. 你看过华为手机拍摄的短视频吗？
2. 你喜欢什么类型的短视频？
3. 如果是你，想拍摄什么类型的短视频？

## 5.2.1 短视频的策划

想要拍摄出优质的短视频，进行策划时候需要注意以下 5 点。

（1）文案。

在写视频文案时利用精华提炼、设置悬念、亮点预告、真实动情等方式，让用户能自行将视频画面和文案配合起来进行观看。

（2）开门见山。

通过设置封面并在开头抛出问题和利益点，直接抓住用户的好奇心理。也就是说，在短视频开头直接给出相应结论，剩下的时间都用来解答疑惑。

（3）制造悬念。

利用背景音乐制造悬念，有两种方式：第一种是利用不同的音乐类型来对应不同的情绪，第二种是直接利用已经有热度的音乐对应视频。

（4）视觉。

拍摄短视频时可以通过罕见的美景、崭新的视角、意外的场景、强反差的组合等形式，勾起用户足够多的好奇心，并产生能看下去的兴趣。

（5）代入产生共鸣。

例如，"刻板印象"并不是一个褒义词，但如果拿刻板印象自嘲很容易打动深受刻板印象祸害的用户。

短视频的策划并不是盲目的，应该具有逻辑性与针对性，明确策划操作步骤后，一步一步进行，才会有一个完整的短视频，中间缺少任何环节，都可能使短视频出现纰漏。以下为一个完整视频的具体策划步骤，如图 5-12 所示。

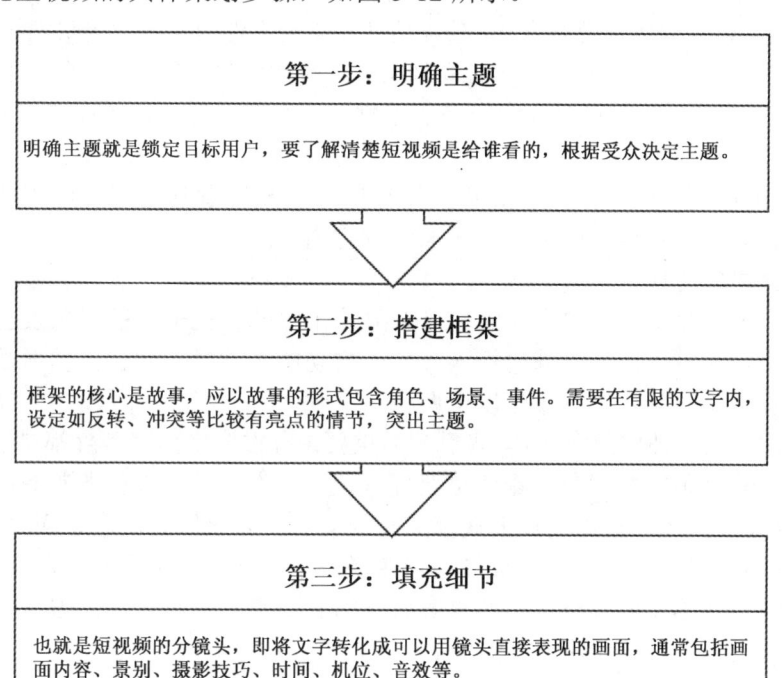

**第一步：明确主题**

明确主题就是锁定目标用户，要了解清楚短视频是给谁看的，根据受众决定主题。

**第二步：搭建框架**

框架的核心是故事，应以故事的形式包含角色、场景、事件。需要在有限的文字内，设定如反转、冲突等比较有亮点的情节，突出主题。

**第三步：填充细节**

也就是短视频的分镜头，即将文字转化成可以用镜头直接表现的画面，通常包括画面内容、景别、摄影技巧、时间、机位、音效等。

图 5-12　短视频的策划步骤

在短视频制作策划的过程中，要给短视频找到一个"点"，发现并将它固定下来。这个"点"会成为短视频的一个标签，不断地强化它，最终让它成为与短视频内容如影随形的一部分，成为短视频容易被辨认的标志。

短视频平台千变万化，同时也涌现了不同的短视频类型。不同种类的短视频有不同的受众及不同的策划方向，以下总结了现阶段短视频平台上的 4 种短视频类型，并详细分析了每种视频的不同策划重点。

（1）幽默风短视频。

能在短时间内博大众一笑非常难，抖音和快手上有很多此类短视频，有的运营效果很好，已经收获了不少用户。想把人逗笑是一门学问，现在社会工作压力大，很多人通过刷短视频解乏，那么幽默的短视频是如何策划的？

"喜剧的内核是悲剧"，这句话不无道理，所有让人发笑的视频背后都有看似没那么顺利的原点。看似糟糕的小事情通过短视频演员演绎或有趣的配文、配音，用户会自然地跟着笑起来。

（2）技能类短视频。

这类短视频主要拍摄大部分用户都不会的技能，如音乐舞蹈、健身减肥、生活技能等，展示自己独特的技能，让用户参与进来，在策划时要注意以下两个方面。

① 简单容易理解。如果是特殊技能类短视频，最好把难懂的视频内容简单化，变成大家都能看得懂的步骤或文字，让用户可以通过短视频进行复制学习。

② 视频形式有趣。技能类短视频的知识点相对死板，要增加趣味性来吸引观众，如穿插当下热点话题与用户进行话题性互动。

（3）美妆时尚类短视频。

这类短视频的受众大部分是女性，应深度挖掘年轻女性的喜好，跟随时尚潮流，获取更多的时尚信息，打造成为用户眼中的时尚风向标。这类视频的策划要点有以下两个。

① 视频标题新颖。美妆时尚本身是创造性的，所以标题一定要标新立异，用户看到标题自然想点进去观看。

② 营造出技巧过硬的效果。美妆类短视频用户期待看到过硬的化妆技巧、行业知识。当思路枯竭时，也可以配合特效画面进行打造。

（4）美食类短视频。

中国五千年美食文化，中国人的胃可谓尝遍了百味。把美食的特色发挥到网络上，自然会有受众，看着各地域不同的诱人美食，成功的短视频往往让人垂涎欲滴，刺激味蕾。运营美食类短视频要注重策划以下两点。

① 色彩搭配。在拍美食时画面调色尤为重要，自古以来形容美食都是"以色香味俱全"来夸赞，美食不仅要好吃，颜色也要好看，要让人有看上去就非常想吃的欲望。

② 符合大众口味。建议选择大众都爱吃的美食，如火锅、串串、面食、家常菜等，切记选择过于猎奇（如虫子等），很多用户接受不了，下次就不来看了，影响转化。

**课堂实训：** 请你策划一个关于学校吉他社的社团宣传短视频，能够让同学们了解吉他社的场地及内部成员，旨在扩充社员。

## 5.2.2 短视频的制作流程

短视频已经是当下网民的家常便饭，用户碎片化的时间刚好能被短视频填充。只要有想法、有创意、敢行动，短视频的红利近在眼前，但说起来容易做起来难，很多短视频创作者甚至企业都遇到了账号发展的瓶颈，在内容制作上没有正确的逻辑方法，不能精准定位，以下为梳理后的短视频内容制作的7大核心步骤。

### 1. 明确选题

拍短视频的第一步是明确选题。首先，选题要切合账号的定位；其次，选题要能与用户产生共鸣，与用户相关的选题才能让用户有看的欲望；最后，要选择三观正向的选题，不能传递错误的价值观、道德观等。例如，剧情类的短视频账号，考虑选题时就可以从大众身边的选题出发，职场、吃喝、朋友、爱人等都可以作为备选项。

### 2. 寻找合适素材

在确定了选题后，就可以开始准备了。没有拍摄灵感、文案还没有确定好时可以寻找同主题的素材来启发灵感。例如，网易云音乐的热评中有很多优秀文案，还可以到知乎、天涯、豆瓣、哔哩哔哩等多方互联网渠道获取文案和创作素材。

### 3. 确定背景音乐

音乐对短视频来说是必不可少的，选择背景音乐时不能盲目，应选用热门歌曲。有两种方法：第一种，可以在平台搜索热歌，如抖音热歌榜，找到适合主题的歌曲匹配；第二种，通过网易云音乐搜索关键词，找到评论高的歌曲，这种热门歌曲大部分人都听过，容易让人记住。

### 4. 撰写脚本

确定好各个要素后，可以开始撰写脚本以便演员拍摄了。写脚本时要有画面感，脚本不单是台词和旁白，更多的是拍摄参照和对标，撰写时要包括镜头如何分配、台词具体到语气、每个镜头的时长是多少，以及背景音乐何时加入等，每个具体环节都要备注好。

### 5. 演员确定

短视频一般都有固定的主创演员，如果是多人演绎，要选择有观众缘的演员，颜值不是决定一切的标准，要符合剧情设定、符合大众审美口味。

### 6. 准备器材开始拍摄

脚本确定后，短视频就进入了拍摄阶段。拍摄短视频的摄影师最好选择专业人士。短视频的拍摄除对画面构成、光影色彩的把控、影像的清晰程度等有一定的要求外，还会体现摄影师本身的审美高度。一个好的摄影师可以提升整个短视频成品的效果，即使简单的画面也能拍出不同的感觉。

短视频作品的特性，要求摄影师对拍摄脚本有足够的了解。短视频时长极短，这就要求摄影师必须在最短的时间内通过镜头突出该短视频的主题，只有这样才能将其想要表现的内容准确传达。与专业视频相比，制作短视频的复杂性和技术性更低，但为保证质量和价值，也需要遵循一定的镜头语言。以下为短视频需要遵循的基本镜头语言，如表 5-8 所示。

表 5-8　短视频镜头语言

| 镜头语言 |||
| --- | --- | --- |
| 景别 | 摄像机的运动 | 画面处理方法 |
| 极远景 | 推拉 | 淡入淡出 |
| 远景 | 摇移 | 入画出画 |
| 大全景 | 跟升 | 定格 |
| 全景 | 降俯 | 倒正画面 |
| 小全景 | 仰甩 | 翻转画面 |
| 中景 | 悬空 | 起幅 |
| 半身景 | 切综 | 落幅 |
| 近景 | 短长 | 闪回 |
| 特写 |  | 蒙太奇 |
| 大特写 |  | 剪辑 |

#### 7. 后期处理

前期素材准备好后，短视频的制作就进入剪辑阶段。剪辑师不仅要掌握一定的剪辑技能，对前期的准备工作也要有所了解。剪辑中对于景别的了解是必备的，这就要求剪辑师要掌握一定的摄影技能，在近景与全景的选用上要符合短视频剧情的要求。剪辑师在剪辑的过程中应加强与摄影师的沟通，充分了解其镜头语言想表达的内容。

剪辑从根本上而言是一个二次创作的过程，这意味着剪辑师不仅要理解摄影师想要表达的内容，同时还需要充分了解用户想要看到哪些内容。一个好的剪辑师在短视频作品的剪辑过程中必须抓住用户的"痛点"，运用剪辑技巧在最短的时间内抓住用户的眼球。短视频成品最好在开始的部分快速切入正题，引出矛盾，这些节奏的掌控都是由剪辑师来决定的。

剪辑处理是视频发布前的最后一个步骤，也是影响成片的关键要素。通常可以用剪映App操作，也可以用专业软件Premiere，如图5-13所示。以下为剪辑的6个具体步骤。

第1步，将拍摄后的视频导入软件，调整合适的屏幕比例，通常为竖屏。

第2步，将拍摄后的视频分类整理，留出自己想要的视频。

第3步，调整配乐与画面做到卡点同步。

第4步，处理细节，如将画面色泽调整好、处理掉不需要的画面。

第5步，适当加入特效画面，增强视频渲染效果。

第6步，将剪辑好的视频仔细审核，无误后导出保存，在合适的时间发布。

图 5-13　后期剪辑

### 5.2.3　短视频的发布

#### 1. 短视频发布时间的选择

选择合适的短视频发布时间，能为短视频带来更多流量。按照以下4个"黄金时间段"的特征发布不同类型的短视频，能够收获更多的流量。

（1）第一个时间段：6:00—8:00。

这个时间段属于起床前后、上班或上学途中。在早晨精神焕发的时间段里，适合发布早餐美食类、健身类、励志类短视频，比较符合大众需求和该时间段用户的心态。

（2）第二个时间段：12:00—14:00。

这个时间段中，无论是学生还是上班族，大多处于休息状态。在相对无聊的午休时间，用户会选择浏览自己感兴趣的内容，适合发布剧情类、幽默类短视频，使用户能够在工作和学习之余得到放松。

(3) 第三个时间段：18:00—20:00。

这个时间段是大多数用户放学或下班后的休息时间，大部分人在忙碌一天后都会利用手机打发时间，短视频用户非常集中。因此，几乎所有类型的短视频都可以在这个时间段里发布，尤其是创意剪辑类、生活类、旅游类短视频。

(4) 第四个时间段：21:00—23:00。

这个时间段为大多数人的睡前时间，使用短视频的用户数量最多，因此，同样适合发布任何类型的短视频，尤其是情感类、美食类短视频的观看量更为突出，评论、转发量较高。

### 2. 根据热点话题发布

发布短视频时可以紧跟时事热点，热点内容通常具有天然的高流量，借助热点话题创作的短视频受到的关注度也相对较高。常见的热点话题主要有以下 3 类。

(1) 常规类热点。

常规类热点是指比较常见的热点话题，如大型节假日（春节、中秋节、端午节等）、大型赛事活动（篮球赛事、足球赛事等）、每年的高考和研究生考试等。这类常规热点的时间固定，短视频工作团队可以提前策划和制作相关短视频，在热点到来之际及时发布短视频，通常能获得较多关注。

(2) 突发类热点。

突发类热点是指不可预测的突发事件，这类热点会突然出现，如生活事件、行业事件、娱乐新闻等。发布这类短视频时要注意时效性，在制作和发布短视频时要做到"快"。在这类热点话题出现后的第一时间迅速发布与之相关的内容，往往会获得非常大的浏览量。与常规类热点相比，突发类热点更能引发大众的好奇和关注。

(3) 预判类热点。

预判类热点是指预先判断某个事件可能会成为热点。例如，某电影将在下周上映，许多用户对该电影十分期待，在电影上映前就可以发布与之相关的短视频。用户在期待电影之余，通常会选择通过观看该类短视频，提前交流对电影剧情或角色的想法。

### 3. 添加适当的标签

标签是短视频内容中最具代表性、最有价值的信息，也是系统用以识别和分发短视频的依据。好的标签能让短视频在推荐算法的计算下，将短视频分发给目标用户，得到更多有效的曝光。高质量的标签一般具有以下 4 个特征。

(1) 合适的标签个数。

① 移动端短视频平台（抖音、快手等）：1~3 个标签为宜。

在以抖音、快手、微信视频号、小红书为代表的移动端短视频平台上，可以添加 1~3 个标签，且每个标签的字数不宜过多，5 个字以内为宜。

② 综合类短视频平台（哔哩哔哩、西瓜视频等）：6~10 个标签为宜。

在以哔哩哔哩、西瓜视频为代表的综合类短视频平台上，可添加 6~10 个标签。综合类短视频平台不会将短视频标签与标题一同显示，标签数量的多少不会影响短视频画面。

(2) 标签要准确化、细节化。

设置标签时要做到准确化、细节化。以服装穿搭类短视频为例，如果将标签设置为

"女装",则涵盖范围太广,没有细分目标用户群体。更好的做法是,将标签设置为"秋冬穿搭""时尚穿搭""温柔风穿搭"等限定性词,这类精确性更高的标签能使短视频在分发时深入垂直领域,找到真正的目标用户群体。

(3)将目标用户群体作为标签。

标签不仅可以根据短视频内容选择,还可以根据短视频的目标用户群体选择。如运动、健身类短视频,可添加"运动达人""球迷"等标签。此类可以作为标签的目标用户还有许多,如"学生""白领"等。

(4)将热点话题作为标签。

紧跟热点话题始终是短视频运营不可缺少的环节,在设置标签时可以适当将热点话题作为标签,以此增加短视频的曝光量。例如,春节期间的短视频多与"春节"这一热点相关,可适当添加"春节""新年""团圆饭"等与热点相关的标签。需要注意的是,设置标签时可以适当结合热点,但不能为了追求流量毫无底线。

### 4. 同城发布与定位发布

在抖音和快手等移动端短视频平台,发布短视频时可以选择"同城发布"和"定位发布"。这两种发布方法都能为短视频带来意想不到的流量。

(1)同城发布。

同城发布是指将短视频发布到该短视频账号所在的城市,简单来说,是将该城市的短视频用户作为目标用户。虽然同城用户数量无法与全国用户数量相比,但对于短视频创作新人而言,能在某一区域打开市场也是一个明智的选择。尤其对于有线下实体店的短视频创作者来说,同城发布短视频能够为实体店宣传和引流。

(2)定位发布。

定位发布是指在发布短视频时定位某一地点(定位任意选择),使短视频被该地点周围的用户看到。定位发布的方法有两种:一种是根据短视频内容定位相关位置,如短视频内容为丽江古城的工艺品,则可以在发布短视频时定位"丽江古城",使定位地点的用户看到这则短视频;另一种是定位人流量大的商圈、景点等,该类地点的人数众多,短视频用户的数量相对较大,发布短视频时定位在该类区域,能够提高短视频的浏览量。

## 【任务评价】

### 1. 学生自评(见表5-9)

表5-9 短视频的制作与发布任务学生自评表

| 班级 | | 学号 | | 姓名 | |
|---|---|---|---|---|---|
| 角色 | | ○组长 | ○组员 | 完成时间 | |
| 任务 | | | 完成情况记录 | | |
| | | | | | |
| | | | | | |
| 任务后的收获 | | | | | |

## 2. 生生互评（见表 5-10）

表 5-10　短视频的制作与发布任务生生互评表

| 班级 |  | 被评人学号 |  | 被评人姓名 |  |
|---|---|---|---|---|---|
| 评价者角色 |  | 评价者学号 |  | 评价者姓名 |  |
| 任务 |  | 完成情况记录 |||||
|  |  |  |
|  |  |  |
|  |  |  |
| 任务后的收获 |  |  |

## 3. 教师评价（见表 5-11）

表 5-11　短视频的制作与发布任务教师评价表

| 班级 |  | 被评人学号 |  | 被评人姓名 |  |
|---|---|---|---|---|---|
| 任务 |  | 完成情况记录 |||||
|  |  |  |
|  |  |  |
|  |  |  |
| 任务后的收获 |  |  |

## 【拓展练习】（见表 5-12）

表 5-12　短视频的制作与发布拓展练习表

| 练习名称 | 短视频的制作与发布 |
|---|---|
| 练习目的 | 学会制作与发布短视频 |
| 练习安排 | 每个小组以校园为主题，自主策划一个故事脚本并进行拍摄与发布，目标为能够引起人们的关注与反响 |
| 练习小结 | 学生交流过程中遇到的问题与不足，以及在这次策划中做得最成功的地方，教师根据讨论成果进行 PPT 展示，讨论分享中的表现，给每小组打分 |

# 5.3　短视频营销与推广

## 【任务描述】

在这个"时间稀缺"的时代，碎片化的注意力显得格外珍贵。移动互联网迅速发展的时代赋予了每个人非常丰富的生活，给每个人的未来和品牌的营销带来了非常巨大的想象空间。从一张黑白照片到第一台黑白电视机，再到如今火爆的短视频，人们的视听生活发生了翻天覆地的变化。

不同于以往的传播媒介，短视频给予每个创作者极大的发挥空间。在视频移动化、资讯视频化和视频社交化的趋势带动下，短视频正在成为新的品牌营销风口。各大品牌主也接连布局短视频营销战线,那么该如何打造短视频品牌账号?又该如何运营短视频?短视频有什么推广技巧?

## 【学习目标】

1. 了解短视频品牌账号的打造。
2. 认识短视频的营销策略。
3. 熟悉短视频的推广技巧。

## 【任务分配】

本任务为分组任务,每组针对前期拍摄的短视频进行平台推广,针对自己拍摄的视频类型进行宣传,意旨增加观看量和粉丝量。将成果做成PPT进行演示,并组织全班讨论与评析,如表5-13所示。

表5-13 短视频营销与推广任务分配表

| 班级: | | 组号: | | 组名: | |
|---|---|---|---|---|---|
| 角色 | 姓名 | | 学号 | | 任务分工 |
| 组长 | | | | | |
| 组员 | | | | | |
| | | | | | |
| | | | | | |
| | | | | | |
| | | | | | |
| | | | | | |

## 【任务准备】

引导问题1:你认为短视频对比传统传播方式有什么优点?

引导问题2:你知道哪些关于短视频营销的方法?

引导问题3:你有了解过短视频推广的技巧吗?

## 【课前导读】

房琪kiki是一名优秀的短视频创作者。她以前做过北漂,当过央视的主持人,到现在一路走来都跟随着自己的内心,哪怕前面都是风雨也一直勇往直前。加入抖音后,她在平台上发布的旅拍作品点击量超过4亿,平均每条视频会有36万左右点赞量,拥有一千多万粉丝的她带领着众人周游天下,如图5-14所示。

很多人将房琪kiki称为"说走就走的神仙爱豆",因为她活出了大多数人心中的梦想模样,然而她对此却不这么认为。她觉得在路上的疲惫和窘迫不会比在办公室少,倘若只想逃离平凡的生活,那么旅行也不会让你得到答案。房琪kiki对网友说:"生活最伟大的地方就在于你认清它后,却依然爱着它。"

图 5-14　房琪 kiki 系列短视频

房琪 kiki 曾经参加过《我是演说家》，她在一段演讲中说自己拒绝人生经验，想勇敢地活出自己。毕业后的房琪 kiki 曾经做过外景主持人，与很多刚毕业的学生一样，她也在社会工作中遭遇到了瓶颈。当发现这不是她想要的生活后，便辞去了工作，开始着手自己最向往的旅行生活，然而在旅行中遇到的危险窘迫，让她破灭了想象中的美好。作为旅拍达人的房琪 kiki 在一次偶然的机会接触到了抖音，她开始把自己的故事放在抖音上，分享给一些对未来充满希望的年轻人。

【课堂讨论】

1. 你认为房琪 kiki 短视频营销成功的点在哪里？
2. 你认为房琪 kiki 短视频吸引人的地方在哪里？
3. 你还知道哪些短视频博主，你认为他们营销成功的共同点是什么？

## 5.3.1　短视频品牌账号的打造

在商业互联网创业时代，短视频成为品牌推广的最佳表现形式，并且出现了很多优秀平台，如小红书、抖音、快手等。优质的内容生产者会成为被争抢的对象，每天都有很多的平台邀请他们入驻并帮助他们生产内容，推广产品。

在碎片化的时间里，人们都是抱着轻松一下的目的打开短视频，不愿意浪费精力到"这个账号到底是什么类型的，它是否会持续生产我喜欢和需要的内容"这类问题上。

所以，在打造短视频账号的人设时，应化繁为简，做成平台用户喜爱的人设，需要注意以下 7 个方面。

### 1. 精准自己的定位方向

先想一下我们的社会阶层、基本情况和用户群体是什么？
（1）学历，收入，地域，年龄，性别。
（2）同一群体对打同一群体，高群体对打低群体。
然后找到垂直内容的点，进行扩散。

### 2. 账号简介：简练、直白地体现鲜明个性

点进账号主页的用户，多半是被某一个短视频吸引进来的，目的是看看这个账号是不是喜欢的类型、值不值得关注。此时的账号简介，就像面试或相亲时的自我介绍一样，起着营造用户心中第一印象的至关重要的作用。所以，简练、直白地让用户在最短阅读时间内了解用户个性的简介，会非常有优势。

### 3. 视频封面：展现人设统一性和可信度

点进主页的用户的视线很难不被下方的视频封面所吸引，视频封面就像一个人的脸庞，长得好看与否、五官搭配是否协调、有无瑕疵，都将影响用户的评价。

一个短视频账号的主页，如果视频封面内容看上去非常统一，充满了视觉张力，那么受众将对抖音号的人设更加信任，增加其期待感，从而更愿意关注账号。

### 4. 视频内容：切忌一味追热点

作为短视频用户的运营者，心中一定要时刻考虑：我即将制作的新视频内容符合账号的人设吗？

有些运营者急功近利，一味跟风追热点，导致内容调性极不统一，人设让平台和用户捉摸不定。这样的做法等于舍本逐末，很难沉淀精准用户。优质内容不等于爆款内容，品牌不应单纯追求爆款，而应力求稳定产出符合人设的优质内容。符合人设永远都是账号内容制作的最基本原则。在这个基础上，才能谈风格和创意等其他元素。

### 5. 互动行为：不同互动类型不同互动方式

抖音账号和用户的互动行为，包括以下4个方面：评论互动、私信互动、视频内容互动、直播互动，如表5-14所示。与平时产出的视频内容一样，所有的互动过程，都要符合账号的人设，否则会让用户感到错愕，甚至放弃关注。

表5-14 互动行为

| 评论互动 | 私信互动 | 视频内容互动 | 直播互动 |
| --- | --- | --- | --- |
| 回复受众评论是彰显账号人设的重要一环。如果还能成为热评，那么对视频的传播效果则有强大的增强效应 | 大多数发私信的用户，都在提与产品、品牌有关的问题，如产品性能、价格和品牌发起的活动等。面对这些私信，运营者在互动时要在符合人设的基础上，更多注意解答的专业性和权威性 | 视频内容互动指运营者从某条评论中获得了建议或启发，在不违背账号人设的前提下，发布回应该评论的短视频内容。而这条用于视频回应的评论，一般都是排名极为靠前的热评 | 直播互动指短视频账号人设载体（公司领导、员工、吉祥物人偶等）发起的直播，实时与用户进行互动吸粉。发起直播前要做好万全的准备，保证出镜人设不偏离 |

#### 6. 坚持天天更新

如果用户能一直看到你，那么他会养成固定的习惯，并成为你的粉丝。成为粉丝后才能进一步做商业价值的变现。一个好的短视频平台就像一个网站，网站能带给用户什么，短视频账号就能为用户带来什么。试想，到底是每天更新的流量大，还是每周更新的流量大？这就是短视频为什么要日更的原因。

#### 7. 注意数据整理和评论管理

数据整理一般要关注阅读量、评论量、收藏量、评论率和收藏率。阅读量、评论量、收藏量能帮助我们分析哪些短视频受欢迎，评论率能让我们知道哪类内容能引起大家讨论的欲望。收藏率能从侧面看出这条短视频的内容对大家是否有价值。有了这些数据，就能及时调整内容方向和选题。

### 5.3.2 短视频的营销策略

短视频营销能够绕开用户屏蔽，成为用户群体喜闻乐见的营销方式，主要基于以下4个主要特点。

#### 1. 移动客户端传播方式

在移动互联网技术和智能终端技术的加持下，手机版App操作界面极为简单，点赞、转发、评价、打赏等功能一应俱全。据中国互联网络发展状况调查显示，截至2020年3月，手机版应用软件的用户规模突破8.97亿，为短视频类应用软件的发展提供了坚实的用户基数。以抖音短视频为例，2020年1月5日，其日活跃用户数在已经突破4亿。

#### 2. 内容生产简易化

短视频应用软件的功能不断优化，创作模式"0门槛"，生产成本大幅降低，内容生产简易化。在创作之初，不少素人网红本身不具备视频拍摄、剪辑基础，但应用App的视频编辑功能，指尖轻轻滑动就能轻松实现分镜头录制、植入缩放、AR、裂变等特效，使编辑视频变得得心应手。移动短视频用户与内容创作者的距离越来越近，普通百姓得以随地随心使用应用软件的拍摄、制作功能发布自己的作品。只要勤加练习，大量接地气的视频也可以达到专业设备的水准。传统意义上的用户也可以参与到创作过程中，从而产生多层次的体验感。内容生产简易化使用户生产内容成为主流，促进了短视频创作的内容繁荣。

#### 3. 碎片化传播

几秒到几分钟时长的短视频使录制与观看都更为便捷，能够填补人们的碎片化时间，适应现代人的快节奏信息阅览方式。在内容上，短视频处于激活价值链的长尾部分，随时捕捉，随手一拍的小视频更能够贴近日常生活。利用碎片化时间，短视频营销也就变成了过程间断化、效果持续化营销，实现了营销效果最大化。

### 4. 分享社交化

具备高日常贴合度和高生活关联性的视频内容容易引发粉丝效应，在粉丝的自发分享过程中积累潜在消费群体。目前，以抖音、快手为代表的移动短视频 App 基本都支持微信、QQ 等社交软件账号一键登录，为以转发、分享为主的视频社交提供便捷。各行业营销主体得以通过短视频的社交分享，增加曝光度，在多次转播中触达私域流量价值。

基于短视频用户行为及品牌方对于短视频营销的需求，短视频营销"TRUST 模型"可以为广告主就如何聚焦用户、建立强关系、创新营销创意、传播扩散及赢得消费者认可，提供帮助和策略，如图 5-15 所示。

| Target | Relation | Upgrade | Share | Transform |
|---|---|---|---|---|
| 用户更加聚焦 | 通过精品化内容链接用户 | 形态升级，传播更高效 | 分享激发社交化 | 转化放大流量价值 |

图 5-15 短视频营销"TRUST 模型"

（1）Target：挖掘垂直化短视频潜能，聚焦细分人群和场景，助力品牌精准传播。

对品牌而言，垂直内容能够精准直击，帮助品牌在最短的时间找到目标用户，完成品牌与用户的无缝对接，激发新的销量增长点。

例如，携程旅行在国庆旅游黄金周，联手抖音打造"Fun 肆之旅，游抖一下"旅行季活动，基于旅行内容聚焦年轻人群，通过 4 位头部达人实拍示范，展示旅行途中的美好体验，号召用户在黄金周用抖音记录美好旅行。引领"短视频+旅行"全民种草新模式，激发用户"拔草"愿望。

（2）Relation：搭乘精品化内容，深度传递品牌信任。

精品内容能提升用户的产品偏好度、品牌体验度、品牌价值认同、消费信心，最终将帮助消费者通过好的内容感知到好的产品和美好的生活方式，提升精神层面的愉悦感。

例如，香奈儿借助抖音"美好生活映像志"账号，通过艺术性内容主题与高品质画面的结合，激发用户对美好生活的向往并将之与"香奈儿"的品牌关联起来。

（3）Upgrade：借力 AI 内容经营力，制造品牌超感体验。

短视频平台通过自身技术优势，不断开发适用于营销的技术产品，激发更多创意表达的内容互动方式，如创意定制贴纸、BGM 创作互动等新技术和新体验，为用户提供更为丰富的互动形式，也为品牌合作提供更多创新营销想象力。

例如，vivo 为推动 vivoX21 魅夜紫新配色上市，通过抖音定制魅夜紫彩妆、人脸识别精准 3D 上妆，妆容智能动态贴合，实现前后变装体验，感受 vivo 魅夜紫的独特魅力，如图 5-16 所示。

（4）Share：明星达人引领分享，激发全民参与内容共创，实现品牌声量裂变。

数据显示，超过 42.5%的数字营销决策者在短视频营销中选择达人、明星视频定制作为营销的内容，超过 70%的用户因受明星达人的影响推荐而产生消费行为，在抖音上，明星达人能帮助品牌大大提升内容曝光度，加速完成前期冷启动。

图 5-16　定制魅夜紫彩妆

例如，全新 BMW X3 上市前，通过赵又廷、宋佳的高流量价值的明星资源，为宝马新车上市带来了"强曝光、高互动、粉丝沉淀"的营销价值。

（5）Transform：发掘企业营销自有主阵地，构建长效营销生态。

营销阵地能帮助品牌实现品牌黏性提升、吸引粉丝、提升传播效果的 3 大价值。

例如，作为首批拥有抖音企业号蓝 v 账号运营的品牌，vivo 一开始就在抖音短视频平台建立自己的品牌阵地，开设平台账号、进行广告投放、发起挑战赛、赞助活动等方式快速积累粉丝，目前，vivo 抖音官方账号累计集聚近百万粉丝，获得超过 600 万个点赞，如图 5-17 所示。

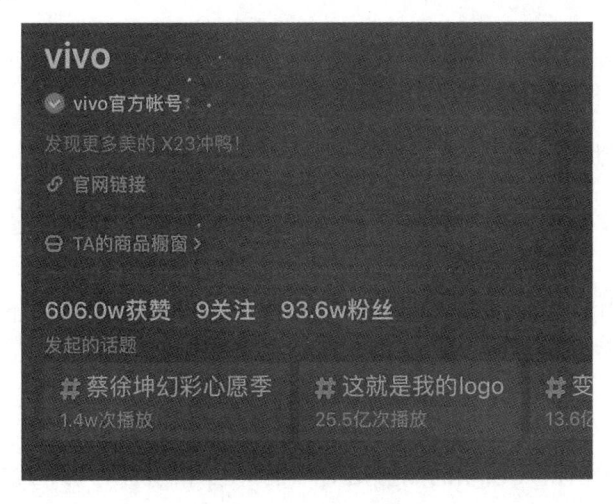

图 5-17　vivo 抖音账号

## 5.3.3　短视频的推广技巧

在短视频推广的过程中，分为纵向与横向，它们相互交错，贯穿始终，能够帮助运营者在营销过程中形成紧密的链接，从而将短视频进行更好的立体化营销。

纵向连锁传播贯穿短视频的构思、制作、宣传、发布、传播的每个环节，应精确抓住每个环节的传播节点，配合相应的渠道进行推广。如某企业要制作一个推广视频，制作初期可以透露关于短视频制作的消息（包括短视频热点、拍摄人员等信息）进行宣传预热；在制作阶段可以剪辑一些片段并发布，利用各种媒体渠道和新闻渠道进行宣传；在视频上线后，进一步对前期预热的效果进行扩展和升华，加大宣传的力度和广度，强化短视频营销的作用。

横向连锁传播贯穿整个纵向传播的过程，又在每个环节进行横向延伸，选择更多、更热门、更合适的传播平台，不局限于某一个媒体或网站，将社交平台、视频平台全部纳入横向连锁传播体系，扩大每个纵向环节的传播范围，扩大传播深度和广度，让营销效果进一步延伸，从而实现立体化营销。

随着各种媒体媒介的发展，各种各样的营销手段也映入人们的眼帘，如微信营销网页、小程序等，然而如何推广是最后的目的。下面是关于短视频推广的5个技巧。

### 1. 保持频繁更新

日更是为获得更好的播放量，同时让系统认为这是有良好运营习惯的账号，增加更多的曝光度。

### 2. 进行宣传

例如，知乎、悟空问答可以回答一些相关的问题，在结尾带上自己的账号名称，对于相关的栏目，可起到推广作用，为高播放量打下基础。

### 3. 录制热点内容

关注热点，视频内容尽量与当天发生的热点相关联，会有更高的播放量，用户也会特别关注。

### 4. 多和用户互动

互动主要有两种方式，第一种是在评论区与用户互动，让用户感到被重视，因此更愿意观看，并转发和点赞。

第二种是引导用户互动。例如，在视频里留下问题，让用户在下面发起讨论。积极调动活跃度，引起评论和吐槽，可以留住用户，并引导转化。

### 5. 互相引流

可以找一些自媒体相关领域的账号进行合作，互相引流，相同领域、相关类型的短视频号，可以聚合粉丝。

短视频的推广渠道是营销中非常重要的一环，很多时候，单一的推广渠道往往无法取得良好的营销效果，此时需要采用多渠道、多链接的形式，打造具有连续性和连锁性的推广方式，扩大视频的传播范围。

## 【任务评价】

### 1. 学生自评（见表5-15）

表5-15　短视频营销与推广任务学生自评表

| 班级 | | 学号 | | 姓名 | |
|---|---|---|---|---|---|
| 角色 | ○ 组长　○ 组员 | | 完成时间 | | |
| 任务 | | 完成情况记录 | | | |
| | | | | | |
| | | | | | |
| | | | | | |
| 任务后的收获 | | | | | |

### 2. 生生互评（见表5-16）

表5-16　短视频营销与推广任务生生互评表

| 班级 | | 被评人学号 | | 被评人姓名 | |
|---|---|---|---|---|---|
| 评价者角色 | | 评价者学号 | | 评价者姓名 | |
| 任务 | | 完成情况记录 | | | |
| | | | | | |
| | | | | | |
| | | | | | |
| 任务后的收获 | | | | | |

### 3. 教师评价（见表5-17）

表5-17　短视频营销与推广任务教师评价表

| 班级 | | 被评人学号 | | 被评人姓名 | |
|---|---|---|---|---|---|
| 任务 | | 完成情况记录 | | | |
| | | | | | |
| | | | | | |
| | | | | | |
| 任务后的收获 | | | | | |

## 【拓展练习】（见表5-18）

表5-18　短视频营销与推广拓展练习表

| 练习名称 | 短视频营销推广 |
|---|---|
| 练习目的 | 熟悉短视频营销推广 |
| 练习安排 | 将之前制作的短视频进行宣传推广，制定能够获得广泛关注的营销策略 |
| 练习小结 | 学生交流过程中遇到的问题与不足，以及自己在这次策划中做得最成功的地方，教师根据讨论成果进行PPT展示，讨论分享中的表现，给每小组打分 |

# 第 6 章

# 直播营销认知

　　网络直播营销是指通过视频直播的方式在计算机或手机端协助企业商家推广他们的品牌，以此作为销售目的进行营销。其中主要包含的特点是以线上为平台、以直播为方式及以营销为目的。随着网络时代的快速发展，营销形式的不断创新，网络直播平台变得越来越多元化，大家不仅可以通过计算机来了解网络直播平台上的一些新闻趣事，同时还能使用手机得知网络直播平台上的新媒体信息。

　　本章介绍了直播营销的基本概念、直播营销的具体策略、直播营销的方法，并指出了直播营销的优势及劣势。旨在帮助初学者更好地选择及运用直播营销模式，并能联系实际，将直播营销运用到职业生涯规划中。

## 【思政案例导入】

### "土味"农产品如何做出好品牌？

田地里、码头上、院坝前、平房外……手机架起来，背后生猛鲜活的农村生活在主播们带着乡音的带货口号中透过屏幕与更广阔的世界激荡连接。当智能手机和网络信号无孔不入地扩散到世界的每个角落，原本宁静遥远的乡村也翻起了澎湃的"触网"浪潮。千百里外的网友们轻轻一点，带着泥土味的新鲜蔬果就能从农户手上迅速发至全国，市场更广了，销量更大了，但随着网络电商呼啸而来的，同样有更多的困难与挑战。

对平日里远离消费者的农产品而言，"土味"是其最大的卖点。农产品本身非常适合走进产地，以最原始新鲜的场景式直播向消费者展示自身卖点。在拼多多公益助农直播活动中，福建省仙游县领导当起了主播，向网友们展示刚摘下来的文旦柚。与其他柚子品类相比，文旦柚个头不算大，但当县长对着镜头掰开柔嫩剔透的柚瓣，眼馋的网友们便再也控制不住自己的荷包了。短短半小时，县长亲自带货的直播吸引超过24万人次网友观看，当天带动拼多多平台文旦柚订单量同比上涨368%。长在高山、远离城市的四川盐源丑苹果在引入电商后便不再发愁销量，当地农户在产地采摘苹果后，装车运往拼多多商家位于成都的仓库，再通过物流运送到全国各地。虽然这样增加了运输成本，但是可以保障发货时效，同时减少快递走山路对苹果的损耗。保证了品质与时效，盐源苹果越卖越好，本地的苹果产值已经突破30亿元，占据盐源县GDP的25%。不仅拼多多，京东旗下生活消费商城"京喜"打造了一个"京喜农场"项目，它一方面深耕产地直采，打通种养植、流通、销售等各个环节，打造产地直达餐桌最短链路，实现最快次日将农产品送到消费者餐桌上，并与多地政府合作共同打造"京喜农场示范基地"，通过28项品控标准，对食品供应链全程把关，助力农产品标准化。另一方面，在种养端推出"强村计划"，通过农资降本、农服增效的模式，帮助农户降本、增产、增收。

放眼未来，政府、企业、科研机构之间越来越多地在农业科技上展开合作，进一步把田间地头的土特产品改造成适合线上消费的商品，农产品将在科技与互联网技术的帮助下拥有更多商机。

从种植到流通再到消费，互联网科技对农业产业链的全链条改造逐步深入，且越来越向最上游渗透。乡村大地上生长的粮食瓜果喂饱了14亿人，现在，是时候用技术与资金去反哺忠诚敦厚的土地和土地上的人民了。

## 【案例解读】

在过去几年的发展中，农村电商开展的扶贫攻坚事业，对农村经济的发展产生了积极促进作用。随着大数据、5G、互联网等信息技术的普及和推广，随着消费市场不断下沉、个性消费持续增长，即便是相对偏远的农村也能搭上电商直通车，把农副产品卖到更广大的市场，实现区域间要素资源的流通，带动农牧产业升级、农村创业就业，提高农业整体效益，以及提升农牧民的思想意识。可以说，农村电商在乡村振兴中将发挥重要作用。

## 【思考问题】

农村电商这条路好走吗?如何建立农产品的品牌效应来提升它的附加值?如何利用农村电商发展乡村经济?

## 学习导图

根据直播营销的基础知识学习活动顺序,本单元学习任务可以分解为以下子任务,如图 6-1 所示。

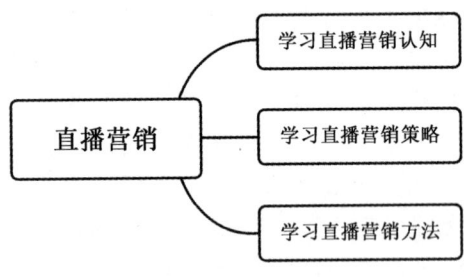

```
直播营销 ─┬─ 学习直播营销认知
         ├─ 学习直播营销策略
         └─ 学习直播营销方法
```

图 6-1　直播营销的基础知识学习活动

# 6.1 直播营销认知

## 【任务描述】

"直播"一词由来已久,在传统的媒体平台已经有基于电视或广播的现场直播形式,随着互联网的发展,尤其是智能手机的普及、互联网速度的提升、直播平台的兴起,越来越多基于互联网的直播形式开始出现。对于商家而言,直播营销成为不可或缺的营销手段。一方面,直播内容的新闻效应明显,可以轻松地进行传播和引起关注;另一方面,能实现与用户的实时互动。那么直播营销是什么?直播营销有哪些特点?直播营销有哪些种类?直播营销的平台有哪些?本任务要求初学者在认识直播营销的过程中,理解营销的概念与特点,了解直播营销的种类和直播营销的平台。

## 【学习目标】

1. 了解直播营销的概念。
2. 掌握直播营销的特点。
3. 熟悉直播营销的种类。
4. 能自主划分直播平台的种类。
5. 能将直播营销知识运用在直播实战中并实践。

## 【任务分配】

本任务为分组任务,学生分组讨论,写下平时关注或使用的直播平台,对平台的种类进行分类,并简单陈述使用或关注它们的原因,如表 6-1 所示。

表6-1　直播平台分类任务分配表

| 班级： | | 组号： | 组名： |
|---|---|---|---|
| 角色 | 姓名 | 学号 | 任务分工 |
| 组长 | | | |
| 组员 | | | |
| | | | |
| | | | |
| | | | |
| | | | |
| | | | |

## 【任务准备】

引导问题1：什么是直播营销？它为生活带来了哪些便利？

引导问题2：你习惯使用的直播平台有哪些，它们的直播侧重于什么领域？

## 【课前导读】

现在的直播界，大火的不再是冯提莫、摩登兄弟等娱乐网红，而是带货网红。电商直播模式改变了消费者的购物习惯与传统供应链的生产方式，也改变了电商各个环节的利润分配及话语权，甚至围绕着"网红带货"已经发展成一个完整的服务产业。

以个人IP带动产品IP化，一直是电商直播模式的核心运营理念。随着罗永浩直播首秀的开启，这一理念被愈加深化、延展。在其带货品类里，除了具有创新特性的数码科技产品、优秀文创产品、图书、兼具设计感和实用性的家居杂货，还有一些性价比奇高的日用百货和零食小吃。科技数码与文创设计产品出现在罗永浩的直播间并不稀奇，但以洽洽为首的食品品牌的出现，则体现了传统食品品牌的转型意愿和新布局。

自罗永浩宣布进军直播带货后，不到一天就有上千家品牌纷纷竞争广告位，而入选比例大约在100∶1。其中，洽洽作为坚果休闲领域的领军品牌在一众科技数码、文创家居中略显醒目。

以往提到洽洽，可能更多想到的是其经典红袋，认为洽洽是一家传统瓜子销售企业。但历经二十几年的发展后，洽洽早已成为坚果休闲零食品牌的代表。同时，洽洽对于致力打造全球领先坚果品牌十分有"野心"。目前，洽洽已成功拓展俄罗斯、中亚、美国、东南亚等海外40多个国家和地区，在欧美日韩华人市场，洽洽覆盖率达到90%以上，并荣耀当选为国际坚果及干果协会（INC）董事会董事成员。

作为洽洽的战略新品，洽洽小黄袋每日坚果是这次直播秀场的入驻产品之一，也是洽洽坚果第二业务线的明星产品。比较有趣的是，罗永浩算是互联网发展的初代网红，而洽洽也是坚果休食领域的第一代网红。两者此次合作"碰撞"，确有不少共通点及互惠之处。首先，创新是罗永浩及其团队选品时较为看重的。近些年来，洽洽从红袋香瓜子、蓝袋系列瓜子，再到如今的洽洽小黄袋每日坚果，这三大创新品类帮助洽洽不断突破业务瓶颈，带来3次新的增长点。同时，洽洽还在产品包装、跨界营销、IP整合等方面不断上演新玩法，如在 2019 年女王节，春纪和洽洽跨界合作推出"瓜子脸面膜"；又如洽洽创新出品每日坚果概念，按照国家营养膳食进行多种坚果配比。正如罗永浩借助电商直播风口转型，洽洽品牌也在积极寻求年轻化、数据化转型，因此在创新这点上，洽洽正符合选品标准。

罗永浩与洽洽除了在产品特性和品牌理念有许多相融之处，这次的合作也是双赢之举。通过"罗永浩个人 IP+直播带货风口"的组合，洽洽能获得更多的品牌曝光和流量转化，直播时间段内，售出近 200 万袋小黄袋每日坚果，如图 6-2 所示。而对于罗永浩来说，洽洽集自主研发、规模化生产、市场营销为一体的全产业链优势，能够有效地保证产品的质量与供应，进而为自己的长尾流量提供了保障。此外，洽洽入局直播领域并非只是这次单纯押宝在"红人流量"，此前开展的国家级专业营养师的直播更多的是从产品角度向消费者传达健康饮食理念。

图 6-2 罗永浩直播恰恰小黄袋

通过明星营养师顾中一、王旭峰及多名营养学会旗下专业营养师、健康管理师的专业直播讲解，可以帮助消费者更合理地搭配坚果，同时也能更直观地感受坚果的营养价值。最终，直播总覆盖粉丝数约为 1 510 万人，曝光完成率达 151%。这种精细化产品制作、矩阵式直播运营在一定程度上满足了消费者的情感需求，也体现了洽洽对挖掘消费者需求和实现品牌使命的不断探寻。眼下，电商直播风头正盛。根据国家统计局发布的数据显示，2019 全年全国网上零售额 106 324 亿元，比上年增长 16.5%，首次突破 10 万亿元大关。而国内最大的电商平台阿里巴巴 2019 年财报显示，阿里巴巴在中国零售市场移动月活跃用户量达 8.24 亿，较 2019 年 9 月增长 3 900 万，创 12 个季度以来新高。年度活跃消费者达 7.11 亿人，同比增长 1 800 万。

同时，艾媒咨询数据表明，2019 年中国在线直播用户规模达 5.04 亿人，较 2018 年增长 10.6%，电商直播交易额突破 4 000 亿元。电商直播与新零售行业增长趋势明显，市场潜力与红利十分可观。作为坚果炒货行业的"第一股"，洽洽正率先打造着自己的新零售模式，其中包括线上线下一体化、游戏话题营销、直播矩阵的搭建等亮点动作。此次洽洽与罗永浩的电商直播合作，不只是对洽洽线上业务进行创新拓展，也为传统食品品牌在即将到来的"后疫情时期"给予了新的发展方向和可能。

**【课堂讨论】**

1. 你观看过类似的直播吗？
2. 你有分享过这些直播给好友的经历吗？
3. 你习惯使用哪些平台进行观看或分享？
4. 你怎样评价直播这一系列的营销活动？

## 6.1.1 直播营销的概念

广播电视词典对直播界定为"广播电视节目的后期合成、播出同时进行的播出方式"。按播出场合可分为现场直播和播音室或演播室直播等形式。电视现场直播为在现场随着事件的发生、发展进程同时制作和播出电视节目的播出方式，是充分体现广播电视媒介传播优势的播出方式。自 2000 年后，随着网络时代的到来，电视直播逐渐被网络直播取代，成为"直播"的代名词。

所谓"网络直播"或"互联网直播"，指的是用户在手机上安装直播软件后，使用手机摄像头对发布会、采访、旅行等进行实时呈现，其他网民在相应的直播平台可以直接观看与互动。

### 1. 直播营销的概念

直播营销是指利用移动网络、智能设备，随着直播进行发展进程，同时制作并播出，观看者在直播过程中进行购买的营销方式。以直播平台为载体，进行产品销售活动，从而获得利润，提高产品知名度。作为新媒体时代背景下的创新性营销策略，与传统营销方式相同，即让消费者对品牌充分了解并激起消费者的购买欲。商家通过直播平台并利用宣传造势等手段，将用户的注意力转移到直播平台，聚焦在某一特定的时间段，通过吸引更多注意力的方式强化用户的黏性、优化品牌信任度，形成"粉丝效益"，进而实现营销的最终目标。

在 69 届戛纳国际电影节中，巴黎欧莱雅在美拍开启#零时差追戛纳#系列直播，全程记录下了多位明星在戛纳现场的台前幕后，创下 311 万人总观看数，1.639 亿个总点赞数、72 万条总评论数的各项数据纪录。而带来的直接市场效应是直播 4 小时后，李宇春同款色系 701 号 CC 轻唇膏在欧莱雅天猫旗舰店售罄。

## 2. 直播营销的模式

互联网行业不断进步，直播营销逐渐成为主流营销方式，网络直播平台以其低门槛的优势使人人都可以直播，商家可以利用直播平台进行产品宣传，企业可以通过直播平台展示现场活动，平民通过网络直播成为网红。随着网络直播的快速普及，更多行业（如微商、医疗、旅游等）进入直播领域。由于不少企业逐步认识到直播平台的优势，使直播一度成为营销的重要方式。且营销模式愈加新颖创意、种类繁多，直播营销模式主要有以下 5 种："明星"营销模式、现场营销模式、企业形象宣传营销模式、电商营销模式和深互动营销模式，如图 6-3 所示。

```
                    ┌── "明星"营销模式
                    │
                    ├── 现场营销模式
                    │
    直播营销的模式 ──┼── 企业形象宣传营销模式
                    │
                    ├── 电商营销模式
                    │
                    └── 深互动营销模式
```

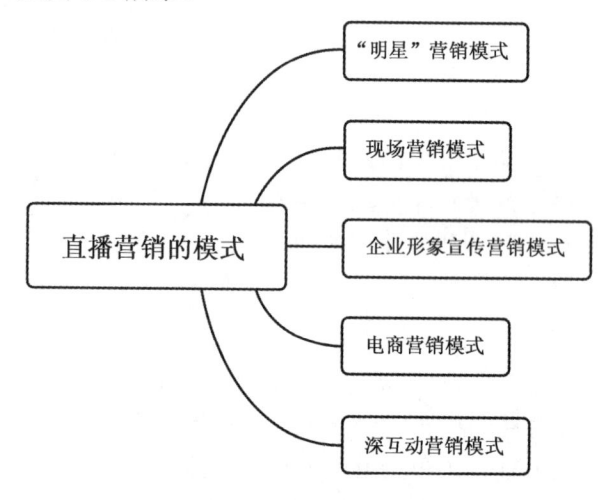

图 6-3　直播营销的模式

## 3. 直播营销的优势

直播营销是一种营销形式上的重要创新，也是非常能体现出互联网视频特色的板块。对于广告主而言，直播营销有着极大的优势。

（1）在某种意义上，在当下的语境中直播营销就是一场事件营销。

除本身的广告效应外，直播内容的新闻效应往往更明显，引爆性也更强。相对而言，一个事件或一个话题，可以更轻松地进行传播和引起关注。

（2）能体现出用户群的精准性。

在观看直播视频时，用户需要在一个特定的时间共同进入播放页面，但这其实与互联网视频所倡导的"随时随地性"是背道而驰的。但是，这种播出时间上的限制，也能够真正识别出并抓住这批具有忠诚度的精准目标人群。

（3）能够实现与用户的实时互动。

相较传统电视，互联网视频的一大优势是能够满足用户更为多元的需求。不仅是单向的观看，还能一起发弹幕吐槽，喜欢谁就直接献花打赏，甚至还能动用民意的力量改变节目进程。这种互动的真实性和立体性，只有在直播时能够完全展现。

（4）深入沟通，情感共鸣。

在这个碎片化的时代里，在这个去中心化的语境下，人们在日常生活中的交集越来越少，尤其是情感层面的交流越来越浅。直播，这种带有仪式感的内容播出形式，能让一批具有相同志趣的人聚集在一起，聚焦在共同的爱好上，情绪相互感染，达成情感气氛上的高位时刻。如果品牌能在这种氛围下做到恰到好处的推波助澜，其营销效果一定是四两拨千斤的。

## 6.1.2 直播营销的特点

直播营销的特点如图 6-4 所示。

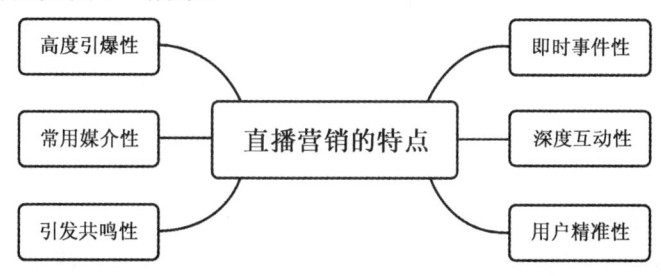

图 6-4 直播营销的特点

### 1. 高度引爆性

网络直播以其实时性、真实性的特点，极大地满足着用户的窥探欲和猎奇心理。通过网络直播可以实时观看直播主体的行为，与直播主近距离互动。这与其他形式的网络营销是不同的，不需要中间媒介来传达。在这个过程中能够看到直播主体的表情和态度，真实性达到极致。这对于品牌营销传播来说意义重大，一次成功的事件营销可以帮助品牌在短时间内迅速提升品牌影响力，创造出更大的品牌价值，从而直接产生销售转化率。在广袤的乡村，还有不少农民走在直播脱贫的路上。截至 2019 年 11 月底，淘宝公益直播超过 120 万场，带动农产品成交 40 亿元，农民主播已超过 5 万名。公益+直播成为直播电商的一条崭新的路径。

### 2. 常用媒介性

常用媒介性泛指收听或观看直播通常无须专门购买昂贵的设备，使用手机、电视机、计算机、车载广播等常用设备即可了解事件的最新进展。也正是由于这一特点，受众之间的相互推荐变得更加方便，从而更有利于直播的传播。

### 3. 引发共鸣性

从文字、图片、视频到网络直播，其表达的感染力不断增强。网络直播相比其他的媒体平台更能激发用户的情绪，使用户沉浸于传播的内容中，这种体验感可直接营销用户对企业和产品或服务的印象，并在这种情绪的带动下不自觉地产生购买行为。

### 4. 及时事件性

由于直播完全与事件的发生、发展进程同步，因此可以第一时间反映现场状态。无论晚会节目的最新投票、体育比赛的最新比分，还是新闻资讯的最新进展，都可以直接呈现。基于网络技术手段的飞速发展，网络直播媒介突破了失控的界限，实现了实时在线展示。尤其是无线网络技术突飞猛进的发展，使高质量、高清晰度的视频信号传播成为可能,时空适应性更强,极大地满足了用户随时随地接收信息的需求。

**5. 深度互动性**

网络直播用户可以用发弹幕、转发、评论,或给"主播"送礼物等方式进行互动交流,网络直播的互动具有真实性、立体性,参与感发挥到了极致。网络直播营销突破了传统大众媒介的单向式传播,将实时的双向互动传播成为可能。网络直播不仅使用户与用户之间的平等沟通交流成为可能,还搭建了传播者与接收者信息的实时双向流动。

**6. 用户精准性**

随着移动互联网和智能手机的普及,使随播随走的网络直播的传播模式大肆推广开来,网络直播的内容形象、立体、生动,用户理解、辨识无须耗费更多脑力,进入门槛低,使网络直播迅速积聚了大批用户。不仅如此,网络直播需要用户在某一特定时段进入直播间,且这种行为是用户主动选择的结果,用户凭借个人喜好选择,因此具有高度的精准性。能够精准识别忠诚度高的目标用户,能够帮助品牌迅速抓取大批优质用户。

### 6.1.3 直播营销的种类

**1. 泛娱乐类**

泛娱乐类直播平台通常包含较多的直播类目,兴起于移动端,为娱乐产业相关直播,网友进入平台后的可选择余地较多,包括全民移动直播和个人直播、户外直播、校园直播、秀场直播等。

**2. 泛生活类**

泛生活类直播包含的内容比较广泛且社交属性较强,例如,健身、旅行、聊天等所有日常生活类的内容都可以划分到这一类。

**3. 秀场类**

秀场直播的内容包括唱歌、跳舞、综艺等。例如,优酷旗下的来疯直播,点击导航栏处的"广场"即可看到以才艺作为直播间的分类,包括好声音、舞蹈、脱口秀等。

**4. 游戏类**

起源于 PC 端,主要内容是观看主播玩游戏、讲攻略或观看主播实时解说电竞赛事,主播在各种直播平台进行游戏直播,在进行直播空闲时段为自己所做产品或个人网店进行推广,从而提高自己产品的知名度或增加产品的销售量。

**5. 垂直类**

垂直类网络直播平台是指注意力集中在某些特定的领域或某种特定的需求,以网络直播的形式提供有关这个领域或需求的全部深度信息和相关服务的网络平台。随着网络直播行业的白热化竞争，各家平台对内容的争抢更激烈，优质的头部内容可以带来流量和变现，直播平台开始与各个垂直行业深度融合，从"全民直播"向细分领域直播转型。垂直类网络直播平台专业性强、即时性、互动性更强。

### 6.1.4 直播营销的平台

#### 1. 综合类直播平台

综合类直播平台通常包含较多的直播类目，用户进入平台后的可选择余地较多，包括游戏直播、户外直播、校园直播、秀场直播等。目前属于综合类的直播平台有一直播、映客、花椒直播、QQ空间等。

#### 2. 游戏类直播平台

游戏类直播平台主要是针对游戏的实时直播平台。与体育爱好者痴迷于某项体育比赛，甚至某位体育明星相似，游戏爱好者通常会较为规律地登录游戏直播平台，甚至追随某位游戏主播。目前属于游戏类的直播平台有斗鱼、虎牙、龙珠等，其中较典型的是斗鱼直播。

#### 3. 秀场类直播平台

秀场类直播从2005年开始便在国内兴起，是直播行业起步较早的模式之一。秀场直播是主播展示自我才艺的最佳形式，观众在秀场直播平台浏览不同的直播间，类似于走入不同的演唱会或才艺表演现场。目前属于秀场类的直播平台有六间房、YY、新浪秀场、腾讯视频等。

#### 4. 商务类直播平台

与游戏、秀场等平台不同，商务类直播平台具有更多的商业属性，因此在商务类直播平台进行直播的企业通常带有一定的营销目的。利用商务类直播平台，企业可以尝试以更低的成本吸引观众并产生交易。商务类直播平台又可以分为两大类，即常规商务直播和电子商务直播。其中，脉脉、微吼等直播平台属于常规商务直播平台，而京东、天猫等直播平台属于电子商务直播平台。

#### 5. 教育类直播平台

传统的在线教育平台以视频、语音、PPT等形式为主，虽然呈现形式足够丰富，但互动性不强，无法做到实时答疑与讲解。因此，教育类直播平台应运而生，其中，网易云课堂、沪江等平台都是在原有在线教育平台的基础上增加了直播功能，而千聊、荔枝微课等平台则属于独立开发的教育直播平台。

## 【任务评价】

### 1. 学生自评（见表6-2）

表6-2　直播营销认知任务学生自评表

| 班级 | | 学号 | | 姓名 | |
|---|---|---|---|---|---|
| 角色 | ○ 组长　○ 组员 | | 完成时间 | | |
| 任务 | | 完成情况记录 | | | |
| 理解直播营销的概念 | | | | | |
| 掌握直播营销的特点 | | | | | |
| 能够描述生活中直播营销的种类及平台 | | | | | |
| 任务后的收获 | | | | | |

### 2. 生生互评（见表6-3）

表6-3　直播营销认知任务生生互评表

| 班级 | | 被评人学号 | | 被评人姓名 | |
|---|---|---|---|---|---|
| 评价者角色 | | 评价者学号 | | 评价者姓名 | |
| 任务 | | 完成情况记录 | | | |
| 理解直播营销的概念 | | | | | |
| 掌握直播营销的特点 | | | | | |
| 能够描述生活中直播营销的种类及平台 | | | | | |
| 任务后的收获 | | | | | |

### 3. 教师评价（见表6-4）

表6-4　直播营销认知任务教师评价表

| 班级 | | 被评人学号 | | 被评人姓名 | |
|---|---|---|---|---|---|
| 任务 | | 完成情况记录 | | | |
| 理解直播营销的概念 | | | | | |
| 掌握直播营销的特点 | | | | | |
| 能够描述生活中直播营销的种类及平台 | | | | | |
| 任务后的收获 | | | | | |

## 【拓展练习】（见表6-5）

表6-5　直播营销认知拓展练习表

| 练习名称 | 直播营销初步认识 |
|---|---|
| 练习目的 | 了解直播营销在新媒体营销中的运用 |
| 练习安排 | 学生挑选若干直播营销的平台，分析这些直播平台的直播特点，并判断它们是否具有经济效应 |
| 练习小结 | 学生小组交流各自关注的直播平台的类型和特点，教师根据讨论成果进行PPT展示，讨论分享中的表现，给每小组打分 |

## 6.2 直播营销策略

### 【任务描述】

随着直播营销时代的来临,安迪·霍沃尔那句著名的预言"每个人都可以成为15分钟的明星"真的实现了。直播并不陌生,互联网没有诞生时,直播只在电视上出现过,有重要新闻都会直播,而现在直播随处可以见,在新时代直播更是翻越了新篇章,成为新兴行业。在直播营销中包含着哪些基本流程?直播营销中又有哪些活动规划?应该如何着手完成直播的脚本策划?本任务要求初学者在认识直播营销的基础上了解直播营销的基本流程、直播营销的活动规划和直播营销的脚本策划。

### 【学习目标】

1. 了解直播营销的基本流程。
2. 认识直播营销的活动规划。
3. 掌握直播营销的脚本策划。
4. 能够将直播营销灵活运用到企业营销中。

### 【任务分配】

本任务为分组任务,学生分组讨论,尝试分析一场成功的直播营销案列,记录该直播营销中的基本流程,并讨论该直播过程中的活动规划及前期脚本的策划。将成果做成PPT进行演示,并组织全班讨论与评析,如表6-6所示。

表6-6 直播营销流程任务分配表

| 班级: | | 组号: | | 组名: | |
|---|---|---|---|---|---|
| 角色 | 姓名 | | 学号 | | 任务分工 |
| 组长 | | | | | |
| 组员 | | | | | |
| | | | | | |
| | | | | | |
| | | | | | |
| | | | | | |

### 【任务准备】

引导问题1:通过分组任务的初尝试,你认为直播营销有哪些基本流程?
引导问题2:观看成功直播营销案列过程中,哪些互动吸引到了你?

引导问题 3：如果让你开展一场直播营销，该如何策划脚本？

**【课堂讨论】**

1. 你喜欢观看直播购物吗？
2. 你有通过观看直播的方式购买过产品吗？
3. 从直播渠道购买产品和线上或实体店购物有哪些不一样的地方？
4. 直播营销有哪些优势？直播购物吸引你的原因是什么？

## 6.2.1 直播营销的基本流程

与简单地对着摄像头聊天的直播营销方式不同，企业直播营销需要在营销的目标用户基础上进行设计，策划专门的营销活动方案，并根据方案来执行。一般来说，直播营销活动的过程可以分为直播前期准备、直播活动现场、直播活动开场、直播活动结尾 4 个阶段。其中，直播活动开场可帮助观众判断该直播是否值得观看；直播活动过程可提升观众的兴趣；直播活动结尾可促使观众接受营销内容。每个阶段的内容安排与营销技巧不同，下面分别进行介绍。

**1. 直播前期准备**

（1）预约直播时间。

（2）制作直播海报（可使用直播海报模板），提前 3 天做好海报并与直播组对接。

（3）准备及检查拍摄道具，如三脚架（2 个）、话筒（1 个）、小黑板（1 块）、LED 灯（2 个）、单反相机（1 台），直播用手机在直播前将电池充满，一个 LED 灯需要用 5 号电池 6 节。

（4）直播参与人员：2 人（与嘉宾及用户互动 1 人，现场问题沟通 1 人），如图 6-5 所示。

图 6-5　直播前期准备

## 2. 直播活动现场

（1）布置场地，调整灯光，确认最佳拍摄效果。
（2）检测网速。
（3）直播用手机若是使用 Wi-Fi，则开启飞行模式，保证直播最佳状态。

## 3. 直播活动开场

（1）直播介绍。
（2）留意直播现场的状况。
（3）关注观众提出的问题，与观众进行更好地互动。

## 4. 直播活动结尾

（1）最大限度引导直播结束时的剩余流量。
（2）记录当天的直播观看量。
（3）上传直播视频。
（4）清点所有直播工具。

### 6.2.2 直播营销的活动规划

一场直播活动，看起来只是几个人对着镜头说说话而已，但背后有着明确的营销设计，通过直播营销提升企业品牌形象、增加产品销量。

将营销目的巧妙地设置在直播各个环节，这是直播营销的整体设计。直播营销的整体设计主要包括 5 大环节：整体思路、策划筹备、直播执行、后期传播、效果总结。直播团队需要对每个环节进行策划，用"五步法"设计直播营销，确保其完整性和有效性。

需要强调的是，直播营销的第四环节和第五环节虽然都是在现场直播结束后进行的，但直播团队必须在直播开始前就做好以下两方面的准备。

（1）提前设计数据收集路径，如淘宝店流量来源设置、网站分销链接生成、微信公众号后台问卷设置等。
（2）提前安排统计人员。

不少直播网站后台的数据分析功能不够细化，因此，一部分数据（如不同时间段的观看人数情况、不同环节的互动情况等）需要人工统计，便于后续分析。

### 1. 整体思路

在做营销方案前，直播团队必须先厘清整体思路，然后有目的、有针对性地策划和执行，刚接触直播营销的新手容易进入一个误区，认为直播营销只不过是一场小活动而已，做好方案然后认真执行就够了。实际上，如果没有整体思路的指导，直播营销很有可能只是好看、好玩，并没有达到营销目的。

直播营销的整体思路设计包括 3 部分：目的分析、方式选择和策略组合。
（1）目的分析。
对企业而言，直播只是一种营销手段，因此，企业直播营销不能只是直播人员线上才艺表演或互联网游戏分享，而需要企业根据产品确定目标用户、营销目标。

（2）方式选择。

在确定直播目的后，直播团队需要在明星营销、稀有营销、利他营销等方式中选择其中的一种或多种进行组合。

（3）策略组合。

方式选择完成后，直播团队需要对场景、产品、创意等模块进行组合，设计出最优的直播策略。

### 2. 策划筹备

直播营销的第二大环节是策划筹备。好的直播营销需要"兵马未动，粮草先行"。首先，直播团队将直播营销方案撰写完整；其次，直播团队在直播开始前将直播过程中用到的软硬件测试好，并尽可能降低失误率，防止因为筹备疏忽而引起不良的直播效果；最后，为确保直播当天的效果，直播团队还需要预热宣传，鼓励用户提前进入直播间，静候直播开始。在直播预热文案中，可以给用户留一些悬念，即保留一些直播的亮点和福利，例如，罗永浩的直播预告文案，向大家表明了直播间有福利和亮点，但没有直接向用户展示，成功勾起用户的好奇心，吸引用户进入直播间，如图6-6所示。

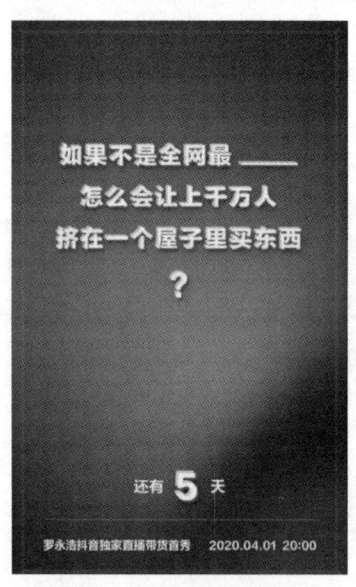

图6-6 罗永浩直播文案

### 3. 直播执行

直播营销的第三大环节是直播执行。前期筹备是为了直播现场执行更流畅，从用户的角度只能看到直播现场，无法感知直播团队前期的筹备。为达到已经设定好的直播营销目的，直播团队需要尽可能按照直播营销方案将直播开场、直播互动、直播收尾等环节顺畅地推进，并确保直播的顺利完成。

### 4. 后期传播

直播营销的第四大环节是后期传播。直播结束并不意味着营销结束，直播团队需要将直播涉及的图片、文字、视频等继续通过互联网传播，让其抵达未观看现场首播的用户，使直播效果最大化。

### 5. 效果总结

直播营销的第五大环节是效果总结。直播后期传播完成后，直播团队需要进行复盘，一方面进行直播数据统计并与直播前的营销目的作比较，判断直播效果；另一方面组织团队讨论，分析本场直播的经验与教训，做好团队经验分享。

每次直播营销结束后的总结与复盘，都可以作为直播团队的整体经验，为下一次直播营销提供优化依据或策划参考。

## 6.2.3 直播营销脚本策划

### 1. 直播主题和直播目标

做好直播营销的第一步是选好直播的主题。一个引人瞩目的优秀主题是直播不可或缺的，因此，如何确立直播主题，吸引用户观看直播是直播营销中最关键的一个步骤。

首先，企业要明确直播的目标，是单纯营销还是提升知名度？如果企业只想提高销售量，可将直播主题指向卖货的方向，吸引用户立马购买；如果企业的目的是通过直播提升企业知名度和品牌影响力，那么直播的主题要显得宽泛一些，最重要的是要具有深远的意义。对于持久性营销而言，其直播目的在于通过直播平台持久卖货，获得比较稳定的用户。所以，持有这类直播目的的直播主题应该具备长远性的特点。在策划直播的主题时，应从自身产品的特点出发，结合其他店家的特点突出自己的优势，或者直接在直播中推送，给用户一些实用的知识和技巧。

直播主题和目标也需要考虑产品的受众，从而运用直播间的内容、产品、权益福利吸引粉丝。如粉丝人群是 20 岁左右的年轻女性，那么在做权益福利时应该选择口红、香水这类更有吸引度的产品。

### 2. 通用与基础活动

力度中等，可单日或长期重复结合，活动形式有新人关注专项礼物、抢红包雨、开播福利、下播福利等。例如，一场 14：00—17：00 的直播，15：00 或 16：00 做什么通用活动要明确，方便主播引导用户，提高停留时间。

### 3. 专享活动

力度大，定期活动（如固定每周 1 元秒杀、周二拍卖等），大力度的周期活动不一定每天举行，但一定要有，可根据当日的在线人数确定。活动力度大，可以吸引用户记住直播间。

### 4. 产品卖点和节奏

商品一般分为爆款、新品、清仓、常规等类型，对商品进行要点提炼，每个时间段的产品推荐安排和产品讲解也值得主播注意，如表 6-7 所示。

产品在不停地更替，主播要不断补充产品知识，更快了解新产品。主播在开播前如果没有熟悉直播间的内容和产品,那么会让直播的效果大打折扣。

表 6-7 产品直播脚本

| SIXPAD10 月直播脚本 |||
|---|---|---|
| 主题 | 肌肉与健身 SIXPAD 新一代产品推荐 ||
| 主播 | 一男一女 ||
| 主播介绍 | 男主播:健身达人　　女主播:化妆美妆类 ||
| 内容提纲 |  ||
| 1 | 介绍肌肉与脂肪的区别 ||
| 2 | 介绍肌肉在健身和减脂中的重要性 ||
| 3 | 穿插进电击刺激肌肉的理论和案例 ||
| 4 | 引出 EMS 和 CMM 理论 ||
| 5 | 介绍产品 ||
| 6 | 体验产品 ||
| 现场互动 |  ||
| 1 | 试戴 ||
| 2 | 描绘使用感受 ||
| 3 | 解答问题 ||
| 直播流程 | 总 1 小时 ||
| 序号 | 时长(min) | 主要内容 |
| 1 | 3 | 主播自我介绍 |
| 2 | 3 | 公司简介 |
| 3 | 3 | 肌肉与脂肪的区别 |
| 4 | 3 | 生物电的理论 |
| 5 | 2 | 电击刺激肌肉的理论(EMS) |
| 6 | 3 | 案例 1:李小龙 |
| 7 | - | 开始试戴 |
| 8 | 3 | 案例 2:老年人临床医疗案例 |
| 9 | 3 | 描述感受,现场互动 |
| 10 | 3 | 肌肉与线条 |
| 11 | 3 | 体重数字可能反而上去了,但线条好了 |
| 12 | 3 | 肌肉在健身和减脂中的重要性 |
| 13 | 4 | 比喻成蛋白粉和游戏外挂 |
| 14 | 3 | 现场互动 |
| 15 | 3 | 女神进化 |
| 16 | 4 | 插入对于生活理念、碎片化时间利用的看法 |
| 17 | 3 | 男神进化 |
| 18 | 3 | 老年人 |
| 19 | 3 | 瑜伽养生 |
| 20 | 3 | 再次强调不是万能的,是助攻 |
| 21 | 2 | 健康的生活方式 |

## 【任务评价】

### 1. 学生自评（见表6-8）

表6-8　直播营销策略任务学生自评表

| 班级 | | 学号 | | 姓名 | |
|---|---|---|---|---|---|
| 角色 | ○ 组长　○ 组员 | | 完成时间 | | |
| 任务 | 完成情况记录 ||||||
| 掌握直播营销的基本流程 | |||||
| 了解直播营销的初步规划 | |||||
| 能够独立策划直播营销脚本 | |||||
| 任务后的收获 | |||||

### 2. 生生互评（见表6-9）

表6-9　直播营销策略任务生生互评表

| 班级 | | 被评人学号 | | 被评人姓名 | |
|---|---|---|---|---|---|
| 评价者角色 | | 评价者学号 | | 评价者姓名 | |
| 任务 | 完成情况记录 |||||
| 掌握直播营销的基本流程 | |||||
| 了解直播营销的初步规划 | |||||
| 能够独立策划直播营销脚本 | |||||
| 任务后的收获 | |||||

### 3. 教师评价（见表6-10）

表6-10　直播营销策略任务教师评价表

| 班级 | | 被评人学号 | | 被评人姓名 | |
|---|---|---|---|---|---|
| 任务 | 完成情况记录 |||||
| 掌握直播营销的基本流程 | |||||
| 了解直播营销的初步规划 | |||||
| 能够独立策划直播营销脚本 | |||||
| 任务后的收获 | |||||

## 【拓展练习】（见表6-11）

表6-11　直播营销策略拓展练习表

| 练习名称 | 基本掌握直播营销策略 |
|---|---|
| 练习目的 | 了解直播营销的基本流程及前期活动规划并能自主策划 |
| 练习安排 | 1. 挑选一个自己感兴趣的直播营销案例，分析其优点与不足，并灵活运用于自己的直播营销策划方案中。<br>2. 写一篇直播营销策划方案，内容题材不限 |
| 练习小结 | 学生展示交流各自的直播营销策划方案，教师根据学生撰写成果进行PPT展示，交流分享中的表现，给每位学生打分 |

## 6.3 直播营销推广

### 【任务描述】

随着直播平台愈加火爆,网络主播凭借直播而发家致富的故事越来越多,众多商家也想要通过直播平台为自家产品做好营销推广。那么,怎样利用直播的方式做好产品的营销推广?直播带货的新手,该掌握哪些直播语言?直播方法论,以及直播间商品销售法是什么?在直播过程中怎样运用引流互动技巧?直播后如何做数据分析与复盘?

### 【学习目标】

1. 了解直播营销的语言设计。
2. 掌握直播营销的方法论。
3. 灵活运用直播间商品销售法及引流互动技巧。
4. 能够将所学知识运用于直播间数据的分析与复盘。

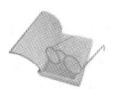

### 【任务分配】

本任务为分组任务,学生分组讨论,观看2~3场经典的直播案例并分析主播与直播间的观众做了哪些互动?如何介绍推广的产品?主播在推广产品时吸引你购买的点在哪里?将成果做成PPT进行演示,并组织全班讨论与评析,如表6-12所示。

表6-12 直播营销推广任务分配表

| 班级: | | 组号: | 组名: |
|---|---|---|---|
| 角色 | 姓名 | 学号 | 任务分工 |
| 组长 | | | |
| 组员 | | | |
| | | | |
| | | | |
| | | | |
| | | | |

### 【任务准备】

引导问题1:你认为直播带货需要设计哪些方面的营销语言?
引导问题2:你认为主播为销售产品运用了怎样的商品销售法?
引导问题3:在直播间中需要怎样的方式与观众互动才能增长直播流量?

引导问题 4：你觉得需要收集直播间数据吗？该如何分析这些数据？

## 【课前导读】

电商直播模式改变了消费者的购物习惯与传统供应链的生产方式，也改变了电商各个环节的利润分配及话语权，甚至围绕着"网红带货"已经发展起来一个完整的服务产业。

以个人 IP 带动产品 IP 化，一直是电商直播模式的核心运营理念。随着 2020 年 4 月 1 日罗永浩直播首秀的开启，这一理念被愈加深化、延展，如图 6-7 所示。在其带货品类里，除了具有创新特性的数码科技产品、优秀文创产品、图书、兼具设计感和实用性的家居杂货，还有一些性价比高的日用百货和零食小吃。科技数码与文创设计产品出现在罗永浩的直播间并不稀奇，但以洽洽为首的食品品牌的出现，则体现了传统食品品牌的转型意愿和新布局。至此，不妨细想一下，"罗永浩个人 IP+直播带货风口"的组合效益究竟有多大？传统食品品牌转型线上，布局新零售会有哪些机遇？2022 年的电商直播领域将迎来多少变革？

## 【课堂讨论】

1. 你与主播弹幕互动过吗？
2. 你认为这些直播吸引人观看的原因有哪些？
3. 你有在直播间买过主播推荐好用实惠的小众产品吗？
4. 你喜欢看整场直播来挑选产品还是只看自己喜欢产品环节的直播？

图 6-7　罗永浩直播带货

## 6.3.1 直播营销语言设计

要想直播的效果令人满意,直播营销的语言必不可少,与传统的电视直播相比,互联网直播更具参与感,用户可以与主播更好地互动、发表言论,而无互动性、交流性的直播会导致用户的流失。6个适用于直播营销的语言分别是留人语言、互动语言、产品介绍语言、催单语言、成交语言与结束语言。直播带货语言本身的作用不是机械式的复述,而是有技巧的引导、互动和促进成交。直播语言用一轮轮惊喜轰炸的方式,让用户产生"不买可能真的要吃亏了"的心理,很难"抵御诱惑"。同时,无论哪一种语言,都不是独立存在的,需要营销者融会贯通、烂熟于心,在直播间重复、灵活地表达。

### 1. 留人语言

留人顾名思义就是留住直播间里的粉丝,提高直播间的留存率,有助于增加直播间的推荐流量。留人语言的技巧主要有以下两点。

(1)福利诱惑。

利用各种福利、抽奖活动、利好政策留住用户。不仅在直播开头,各种利好政策需要贯穿全场,大概5~10分钟重复提醒一次,留住直播间的粉丝。直播间不停会有新进的用户,前面讲过的福利如果不重复表达,后进的新用户就没办法留住。

(2)及时回答粉丝提问。

及时回答粉丝提问非常重要,因为在直播间提问的大多是极其精准的用户。这时主播要充当客服的角色,及时回复提问,同时再加上福利语言引导,促进成交。

### 2. 互动语言

想要留住用户并促其转化,必须让直播间的用户参与进来,产生互动,互动也是算法评价直播是否优质的关键指标。互动有很多种,如直播间内关注、评论、单击购物车、单击商品、送礼物、加入粉丝团等,因此在开播时,要基于开播目的尽量引导用户进行有效互动,其中,点赞、评论、关注相对来说最简单、性价比最高。互动语言的技巧主要有以下3点。

(1)提问式互动。

例如:这款口红你们用过吗?

(2)选择题互动。

例如:想要A款的按1,要B款的按2。

(3)刷屏式互动。

例如:想要买的亲在评论里输入"想要"。

### 3. 产品介绍语言

产品介绍是直播带货语言里最基础,同时也是最重要最影响转化率的因素。如何做好产品介绍直播带货语言,提升直播间转化率?可以参考以下两点。

(1)产品举证。

出示产品可信证明,证明产品靠谱。包括但不限于销量截图、网友好评、网红推荐、官方资质和专家背书等。

（2）专业+场景化介绍。

从产品的功效、成分、材质、价位、包装设计、使用方法、使用效果、使用人群等维度介绍产品，越专业越有说服力（需要提前对产品足够了解，同时准备好产品单品脚本）。除了专业，场景感也是影响直播间用户是否愿意下单的重要因素之一，如图6-8所示。

图6-8 直播间场景感

让产品介绍场景化最简单的方法是多用比喻句，巧妙运用虚实结合的方法。例如，推荐香水时，可以把看不见摸不着"虚"的香味比喻成"恋爱中的少女，开心的去找男朋友，那种很甜的感觉""屋顶花园，斩男香，非常适合夏天""穿着白纱裙，在海边漫步的女生，非常干净的那种感觉"。

4. 催单语言

用户在下单时如果犹豫不决，就需要用催单语言来刺激用户的下单欲望。催单直播带货语言的关键是营造抢购的氛围，给消费者发出行动指令。让用户认为"现在不买，就再也买不到这么便宜的了""现在不买就没有机会了"，让他们产生紧迫感，然后快速下单。

（1）重复强调产品效果和价格优势。

例如，卖一款羽绒被时，可以一直强调"不用想，直接拍，只有我们这里有这样的价格，往后只会越来越贵"，不断重复强调直播间的价格优势。

（2）重复提醒用户限时限量。

反复用倒计时的方式督促用户马上下单，营造时间紧迫、再不买就没（亏）了的抢购氛围。

5. 成交语言

（1）打消顾虑提升信任感。

推荐产品时，可以讲家人、工作人员使用过的经历，或在直播间展示自己的购买订单，证明某款产品是"自用款"，且重复购买。这些看似不经意的动作，其实都暗藏玄机——以此打消观众对产品的顾虑。在直播间现场试用产品、分享使用体验与效果、验证产品的功效，才有足够的说服力，让用户信服并购买。同时还要描述出产品的使用需求和购买需求，双管齐下，激发用户的购买欲望。

（2）价格锚点。

我们在购物时经常会发现这几种现象：某商品建议零售价为29元，实际却仅售19元；商家经常划掉原价，再写一个优惠价；实体商家喜欢开一个略高的价格等消费者还价。这里的"29块""原价"就是商家设置的"价格锚点"。这件产品的合理价格是19元，但是让人感觉它从29元降为19元。看上去用户占了便宜，但用户并不是真的为商品的成本付费，而是为商品的价值感付费。这就是著名的锚点效应。

### 6. 结束语言

主播们通常会在一款产品限时、限量、限优惠价格后，在直播间直呼"没了，秒完了、抢完了、还可以加库存吗"。这也是一种直播带货语言套路，故意限制上架产品的数量，紧接着再进行补货，通过这样的方式不仅可以控制直播间的销售节奏，也可以给用户营造出紧张、刺激的抢购氛围。利用稀缺性，抢到了是惊喜，没抢到下次会更快出手。

除此之外，一款产品或一场直播快结束时，一定要预告下一场直播、下一款产品的时间、产品、福利，同时再次重复提醒直播间的接下来的福利、产品等，甚至直接告知用户某款产品具体的上架时间段，方便不能一直坚守在直播间的用户购买。

## 6.3.2 直播方法论

带货有"三驾马车"在驱动，分别是促销力、产品力和品牌力。以下是"三驾马车"对于带货的一些方法论和注意事项。

（1）带货的"第一架马车"：促销力。

商家提供足够大的促销优惠，自然会吸引用户购买，哪怕用户没有这个需求。电商直播的本质是基于这些头部主播有足够大的用户基础和吞吐量，可以撼动商家们给到独家促销折扣，以此在用户和商家之间形成良性循环，自然货也销售一空。而促销力带货有一个致命的影响，促销刺激导致过度依赖，回到正常价格后，购买的用户越来越少。商家可以通过提供大量的促销折扣给这些主播，他们也可以在短期内发挥惊人的销售表现，但商家们没办法一直有这么大的促销力度。所以需要知道什么时候最适合发挥促销力的威力，以及如何最大降低它对自身的伤害，以下三种情况最适合发挥促销力的威力。

① 推广确有卖点，但用户尝试门槛高的产品，促销力度可以有效降低这种尝试门槛。

② 少数产品牺牲，但能为整个店铺引流。

③ 当最终的销量，对直播者有决定性影响时。

同时，也可以通过把促销刺激作为一个合理的名号或理由，以此降低它对营销者自身的伤害。例如，只在特定的时间点提供促销力度（如品牌周年庆、超级品牌日/欢聚日、双11、国庆等）；只针对有特定行为的用户提供促销力度（粉丝、会员、前100名下单用户等）；只针对特定产品提供促销力度（反季款、试用装、限码款等）。

（2）带货的"第二架马车"：产品力。

在控制促销力这个变量的前提下，直播间的产品之所以有销量差异，最根本的影响因素是产品力。一个好产品销量不会差。而一个不好的产品，即使刚开始有人抱着尝鲜或捡便宜的心态买了，后续也不会大卖。

那么，如何才能从根本上打造强大的产品力呢？如今评估一个好产品的根本，在于能否为用户打造差异化的消费体验，并为此买单。打造产品差异可以分别从价格带、消费场景、产品功能切入。

① 价格带切入。

从产品出发思考问题，首先考虑价格带。例如，一杯咖啡星巴克卖 30 元，瑞幸卖 10~20 元，三顿半卖 6~7 元。在新品初始的调研阶段应首先把对应行业所有竞品的价格梯度列出来，看看是否存在价格区域的断档。

② 消费场景切入。

仍然以咖啡为例，星巴克侧重空间体验式的咖啡服务业，买了咖啡还可以坐下来与人交流，它的空间体验是很重要的消费场景。瑞幸咖啡侧重的是办公室场景，如果下午吃完饭有点困，很可能去瑞幸买点下午茶回办公室。瑞幸开到了每个办公楼的大堂，大多情况是买 3 杯或 5 杯才有优惠，这些都是为了让用户在办公室与同事分享。

③ 产品功能切入。

产品功能切入是指通过技术、成分、外观等创造用户能够看得见摸得着或体会得到的产品功能点，这个功能点可能解决了用户的某个痛点或爽点。

例如，以前速溶咖啡融于热水，现在三顿半咖啡融于冷水；以前的奶茶将奶和茶混在一起，现在喜茶是分离的；代餐奶昔品牌 wonderlab 和喜茶合作，推出奶茶口味的代餐奶昔，打破了以往代餐粉口感欠佳的痛点。

（3）带货的"第三架马车"：品牌力。

关于品牌力带货存在一个误解，大部分用户认为运用促销力或产品力才是对生意最直接的帮助，而品牌力中的"品牌主张、价值观、人生态度"这些精神层次的信息是虚无缥缈的，对销售不但没有直接的助益，而且耗时长久，其实不然。一个好产品，本来就应该卖得不错，但如果它是真正的品牌，可以卖得更好。之所以消费者很难感知到品牌力带货，是因为存在这样的迷雾：许多企业只是拥有一个知名的品牌名称和一些不错的产品，但销售业绩主要来自产品的竞争力而不是品牌力。真正拥有强大品牌力的品牌，可以通过"建立购买偏爱"和"增加产品溢价"两种机制作用于带货效果。

如果要让用户喜欢并偏爱上你的产品，必须让用户在潜意识中感觉这个产品不仅是个物品或服务项目，而是一个"人"，品牌化的原理就是拟人化。首先，这个人必然是个价值观坚定、主张明确的人。人们认同他的价值，欣赏他的主张，甚至被他的价值主张打动。其次，他的个性必须一致。人们对那些性格时好时坏、忽热忽冷的人无法产生信赖感，如一个严格、严肃的老板，只要他保持一致，还是容易相处的。将产品通过拟人化打造成品牌，最重要的是以下两点：提出一个动人的品牌主张，保持一致的品牌个性。

① 打造品牌主张。

建立品牌时打造一个品牌主张，来指引品牌策略发展的方向及指导所有品牌接触点所需要的"零件"非常必要。一个没有品牌主张的产品永远无法真正成为一个迷人的品牌。品牌主张不仅要展现所有的品牌诉求，还要有助于生意的成长，真正的品牌主张应该和产品类别的制高点相关，并且有智慧地利用人性的某一部分来帮助营销者达到目的。

② 塑造品牌个性。

无法被辨认出个性的产品，永远不是品牌。品牌个性的形成，来自一致的文字语调与不凡的视觉风格。为产品设计它的品牌个性时最佳的依据就是品牌主张的精神。要塑造一种品牌个性，还必须有耐心与毅力，让品牌个性真正地进入用户的意识中。

### 6.3.3 直播间商品销售法

为吸引用户观看直播，直播团队需要设计吸引用户的直播吸引点，并结合前期宣传覆盖更多用户。根据"直播吸引点"划分，直播营销的常见方式有以下 6 种：明星营销、稀有营销、利他营销、才艺营销、对比营销和采访营销。

#### 1. 明星营销

明星经常会占据娱乐新闻头版，一举一动都会受到用户的关注，因此，当明星出现在直播中与用户互动时，会出现极热闹的直播场面。明星营销适用于预算较为充足的项目，企业在明星筛选时应尽量在预算范围内寻找最贴合产品及用户属性的明星进行合作。

在流量为王的时代，偶像明星的影响力毋庸置疑，成为品牌拉近与年轻人距离、提升市场竞争力的绝佳武器。如畅意 100%的代言人，从金秀贤到鹿晗、吴磊，无一不是备受年轻人追捧的当红偶像，品牌可谓早已打入饭圈内部，赢得了年轻人的支持和喜爱。

#### 2. 稀有营销

稀有营销适用于拥有独家信息渠道的企业，如独家冠名、知识版权、专利授权、唯一渠道方等。稀有产品往往备受用户追捧，稀有营销不仅体现在直播为用户带来的独特视角，更有助于企业利用稀有内容直接提升直播间人气，对于企业而言也是很好的曝光机会。

#### 3. 利他营销

直播中常见的利他营销主要是知识的分享和传播，旨在帮助用户提升生活技能或动手能力。与此同时，企业可以借助主持人或嘉宾的分享，传授产品使用技巧、分享生活知识等。利他营销主要适用于美妆护肤类和时装搭配类产品。

例如，美妆测评主播章小鱼精心准备了近两周的"六款畅销粉底亲测"的专题直播，为保证直播效果，她特意提前准备了不少营销"方案"。先在每次直播结束前做预告，再进行粉丝的黏性互动，即在当天选出 6 位不同肤质的活跃粉丝，把这 6 款畅销粉底液送给他们。果然，开播 10 分钟后，章小鱼的粉丝就直线上升。

#### 4. 才艺营销

直播是才艺主播展示的舞台，无论主播是否有名气，只要拥有才艺，都可以带来大量的用户围观。才艺营销适用于主播围绕才艺所使用的工具类产品，例如，主播进行古筝才艺表演，制作古筝的企业可以与该主播进行合作。

在法国闹市街头，一袭红衣、一架古筝，一位中国姑娘缓缓拨动细细的琴弦。随着姑娘的"指尖舞蹈"，优美的音符一个个轻快地跳出，吸引了很多驻足观看的外国友人。

一位中国女性"碰碰彭碰彭"在社交媒体上传了自己在法国街头进行古筝表演的视频，在法国发生疫情期间一下子走红，如图6-9所示。

图6-9 @碰碰彭碰彭在法国街头古筝表演

**5. 对比营销**

产品有对比就会有优劣之分，而用户在购买产品时往往会偏向于购买更具优势的产品。当用户无法识别产品的优势时，企业可以通过与竞品或自身上一代产品的对比，直观展示差异化，以增强产品说服力。

**6. 采访营销**

采访营销指主播采访名人嘉宾、路人、专家等，以互动的形式，通过他人的立场阐述被采访者对产品的看法。采访名人嘉宾，有助于增加用户对产品的好感；而采访路人，有利于拉近产品与用户之间的距离，增强用户对产品的信任感。

### 6.3.4 直播间引流互动技巧

宣传与引流的6种方法如下。

（1）硬广引流。

硬广即硬广告的简称。企业新媒体团队可以利用官方媒体平台，直接进行直播宣传推广。常见的官方媒体平台包括官方网站、认证微博、官方微信公众号等。由于官方媒体平台属于企业的自有媒体，因此可以直截了当地将直播时间、直播账号、参与嘉宾、抽奖与惊喜等详细列出，完整地告知粉丝，并邀请其传达给自己的好朋友。

（2）软文引流。

与硬广告相比，软文突出一个"软"字。从用户角度，在标题、开头、正文等部分看不出任何广告的迹象，阅读到结尾后才能发现直播的宣传信息。软文引流需要注意两个细节。第一是相关性，软文需要投放到目标用户活跃的平台或账号，否则推广效果就会大打折扣；第二是目的性，虽然是软文，但需要在文末引导用户点击直播间网址或下载直播软件。

（3）视频引流。

视频之于文章，正如电视节目之于报纸。由于视频比文章更容易理解，降低了受众的认知门槛，因此，越来越多的企业开始利用视频进行宣传推广。当前网民普遍生活节奏变快，没有一个小时以上的完整浏览时间，所以短视频尤其受到用户的喜欢。在新浪微博、今日头条等平台，优秀的短视频可以达到上百万级甚至千万级曝光效果。

（4）直播引流。

直播平台通常有"推送""提醒"或"发布"功能，在直播开始时，可以将直播消息直接推送给关注直播间的用户。因此，在直播开始前，企业可以在同一直播平台进行预热，一方面鼓励观众关注直播间，积累原始用户；另一方面调试软件与硬件，争取在直播正式开始前达到最佳状态。

（5）问答引流。

传统的问答网站包括百度知道、搜搜问问等，用户可以在问答网站获得想知道的答案，企业也可以借助问答网站，友好地回答用户问题，同时为企业做宣传。除以上传统问答网站外，知乎问答、头条问答、果壳问答等也可以作为企业宣传与引流的渠道。如手机新品推广的直播，在开始前可以在问答网站回复"请推荐一款好用的手机""哪款手机屏幕比较大"等问题，在友好回复的同时宣传直播，引导用户前往直播间。

（6）线下引流。

虽然直播营销属于新媒体营销的一部分，但传统渠道的引流效果也不容小觑。如果企业有线下的渠道，如产品体验店、营业厅、线下门店等，完全可以借助线下渠道，以海报、宣传单等形式，宣传直播内容，引导线下消费者关注直播。

## 6.3.5 直播间数据分析与复盘

从开播第一天就要养成看数据、分析数据的习惯，无论多少场直播都需要做复盘和数据分析。数据分析应注意以下 3 点：确定数据分析目标、获取数据、整理和处理数据。

### 1. 确定数据分析目标

首先要明确做数据分析的目的，大致有以下 3 点：找出数据波动的原因（数据上升或者下降都算波动）；找到止跌或提升的方案；通过数据规律推测算法，找到其中的问题并做数据模型。

### 2. 获取数据

直播的数据获取大部分是通过 PC 端及手机 App 的回放，还有一部分数据可通过文创中心及店铺生意参谋获取，部分隐藏数据需要通过特殊渠道。

### 3. 整理和处理数据

统计直播数据需要包含以下内容：日期、直播时间段、时长、累积场观、累积互动、累积商品点击、粉丝点击占比、最高在线、粉丝平均停留时长、粉丝回访、新增粉丝、转粉率、本场开播前累积粉丝、场间掉粉、订单笔数、预估转化率等。

### 4. 数据分析

直播间数据分析有以下方法：描述统计、假设检验、信度分析、列联表分析、相关分析、方差分析、回归分析、聚类分析、判别分析、主成分分析、因子分析、时间序列分析、生存分析、典型相关分析、ROC分析、多重响应分析、距离分析、项目分析、对应分析、决策树分析、神经网络，系统方程等。

其中常用的方法有以下3种。

（1）对比分析。

顾名思义，对比分析即通过对比，找出异常数据。例如，某主播每天增粉长期维持在50~100个，某天增粉量突增到200个，虽然是个好结果，但也算异常数据，需要密切关注查找原因，数据多的情况下建议使用Excel的数据透视功能。

（2）曲线分析。

一般挑选3个左右相关性高的数据放在一起观察其曲线走势，一致或不一致都能解读出不同的含义。

（3）特殊事件法。

大部分的数据"异常"都会关联特殊事件，如淘宝首页或频道改版、标签变化、开播时段更改等，这就要求运营或场控在做日常数据记录时同步记下这些特殊事件。

### 5. 经验总结

数据分析与总结只能体现直播的客观效果，而流程设置、团队协作、主播的台词等主观层面无法用数据获取，需要直播团队通过自我总结、团队讨论等方式进行总结，并将总结结果记录，整理成经验手册，便于后续直播营销参考。

### 6. 直播经验技巧

（1）直播团队需要对直播过程中涉及人的因素进行总结。

尤其在团队协作过程中，不同性格的团队成员会呈现不同的做事风格。作为一支完整的团队，需要将成员的优势充分发挥、劣势尽量避免，在团队沟通环节尽量减少人为失误。在总结过程中，除需要对团队成员进行总结外，对于主播、嘉宾等也需要进行总结。

（2）直播团队需要对直播硬件设施进行总结，例如，场地的布置、直播手机的性能、电池的耐用程度、道具的尺寸设计等。

（3）直播台词、直播环节设置、直播互动玩法、直播开场与收尾方法等提前设计好的内容，需要总结出内容是否有效发挥、有无考虑到的环节而导致现场混乱等。

（4）直播团队需要对直播前的方案正文、项目操盘表、项目跟进表等进行总结。

尤其是重新评估项目操盘表是否具有实际指导价值、项目跟进表是否有效地引导团队成员进行直播相关的运作等。

（5）直播团队需要对直播环境进行总结。

主要针对现场声音清晰度、灯光亮度、现场屏幕流畅度等方面进行讨论与回顾。除此之外，还需要重新在直播网站进行环境评估，尤其是直播现场画面在网页及移动端的适配程度。

## 【任务评价】

### 1. 学生自评（见表6-13）

表6-13　直播营销推广任务学生自评表

| 班级 | | 学号 | | 姓名 | |
|---|---|---|---|---|---|
| 角色 | ○组长 | | ○组员 | 完成时间 | |
| 任务 | | 完成情况记录 ||||
| 了解直播营销语言设计 | |||||
| 熟悉直播方法论 | |||||
| 能够正确分析直播间数据与复盘 | |||||
| 任务后的收获 | |||||

### 2. 生生互评（见表6-14）

表6-14　直播营销推广任务生生互评表

| 班级 | | 被评人学号 | | 被评人姓名 | |
|---|---|---|---|---|---|
| 评价者角色 | | 评价者学号 | | 评价者姓名 | |
| 任务 | | 完成情况记录 ||||
| 了解直播营销语言设计 | |||||
| 熟悉直播方法论 | |||||
| 能够正确分析直播间数据与复盘 | |||||
| 任务后的收获 | |||||

### 3. 教师评价（见表6-15）

表6-15　直播营销推广任务教师评价表

| 班级 | | 被评人学号 | | 被评人姓名 | |
|---|---|---|---|---|---|
| 任务 | | 完成情况记录 ||||
| 了解直播营销语言设计 | |||||
| 熟悉直播方法论 | |||||
| 能够正确分析直播间数据与复盘 | |||||
| 任务后的收获 | |||||

## 【拓展练习】（见表6-16）

表6-16　直播营销推广拓展练习表

| 练习名称 | 认识直播营销推广 |
|---|---|
| 练习目的 | 深入理解直播营销的推广技巧以及后期数据分析 |
| 练习安排 | 1. 学生分为小组分工合作扮演直播团队与观众完成一场模拟直播，运用所学知识将直播技巧运用进直播中，模拟直播观众的同学点评直播时的优缺点，复盘直播并集体讨论分析直播的互动数据。<br>2. 以小组PPT形式汇报，并组织全班讨论与评价 |
| 练习小结 | 学生交流过程中遇到的问题与不足，以及自己在这次策划中做的最成功的地方，教师根据讨论成果进行PPT展示，讨论分享中的表现，给每个小组打分 |

# 第 7 章

# 微博营销认知

微博是时下互联网界的热点，无人不知无人不晓。微博因其简练、互动、便捷的特性，已吸引了中国数亿网民使用。微博适应了用户互动交流的需求，顺应了信息传播方式大变革的趋势。作为互联网的最新应用模式，它的高度开放性介于互联网与移动网之间，无论在何时何地，用户都能及时发布消息。随着微博的火热，催生了微博营销。一些企业通过各类焦点话题、个性文章、特色活动等吸引众多用户。微博逐渐成为一种营销工具，一个品牌与顾客之间沟通的持久性平台。那么微博营销是什么？微博营销有哪些特点？微博营销有哪些价值？

本章介绍了微博营销的基本概念，微博营销的内容策划，阐述了微博营销的推广，旨在帮助初学者和从业人员打好基础，并能结合实践，对微博营销做出自己的判断与见解。

## 【思政案例导入】

### 云旅游

新年伊始，人民文旅联动全球 40 家顶级文旅机构在微博发起"世界的礼包"线上活动，2022 年 1 月 1 日当天，一位幸运儿独得全球各地最具特色的礼物，不仅收获了"野生世界文旅大使"称号，更接收到来自世界各地的温暖与祝福，活动规格堪称世界顶级，中国国家博物馆、法国卢浮宫博物馆、英国 VA 博物馆、颐和园等均有参与。微博与人民文旅积极倡导，能碰撞出怎样的火花呢？

近年来，各大城市的商业模式和微博一同发起云旅游，从线上预约到"一码游一地"，从线上消费到网络营销，"互联网+旅游"为游客提供了多元化体验和服务。福建省平潭"蓝眼泪"景观在社交平台、短视频平台走红。据悉，平潭联合微博、去哪儿等平台，多次推出"追泪"直播等活动。通过直播的方式，现场向观众演示如何花式"追泪"，重点聚焦游客体验，加深平潭旅游记忆点，提升平潭旅游好评度、回头率。直播活动观看人次累计超 2 亿，300 余万人参与微博话题互动。此外，平潭还依托百度地图推出"智慧追泪"系统，利用大数据等技术，将"蓝眼泪"景观播报与旅游出行服务相结合，打造集吃、住、行、游、娱于一体的智慧旅游景区。

2021 年 5 月，上海通过一场 10 小时的直播大接力，正式启动"五五购物节•品质生活直播周"，将线上直播间直接拉入消费场景中，以"大文化"理念和场景式体验，激发线下文旅消费新动能。直播周中有 330 多场直播活动，消费补贴约 30 亿元，有 1 000 多位主播深入上海的文旅消费场所中，宣传推介上海老字号、文创产品、文旅演艺、艺术家装、美服美妆等文化品类。微博、小红书等多家平台进行补贴发放，助力上海文旅直播周。据悉，2020 年微博旅游直播开播超过 4 万场次，微博旅游直播观看量超过 20 亿人次。通过直播技术，发挥线上交流互动、引客聚客、精准推送等优势，可以引导线上用户转化为实地体验、线下消费。

## 【案例解读】

"实施文化产业数字化战略"已正式写入"十四五"规划纲要。新技术、新手段，持续激发创意灵感。文旅等传统行业借助数字化技术实现转型升级，直播、短视频等以数字技术和互联网为依托形成的新型文化产业蓬勃兴起，文化场馆打破物理边界，云观展、云旅游等新形态逐渐成为常态。

## 【思考问题】

面对疫情常态化，文旅行业该如何发挥自身优势吸引更多资源？

## 学习导图

根据微博营销实战知识学习活动顺序，本单元学习任务可以分解为以下子任务，如图 7-1 所示。

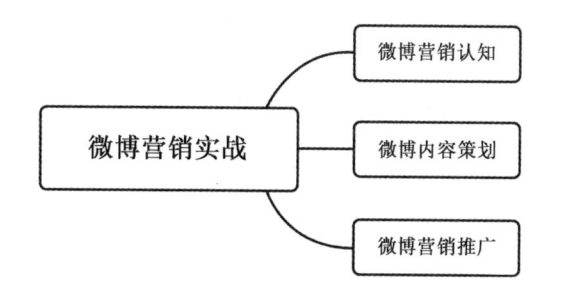

```
                    ┌── 微博营销认知
    微博营销实战 ────┼── 微博内容策划
                    └── 微博营销推广
```

图 7-1  微博营销实战学习活动

## 7.1 微博营销认知

### 【任务描述】

随着社会各界人士不断涌入微博的浪潮中，微博的用户量不断增加，而微博营销以微博为平台，每个用户都是信息的接收者与传播者，不得不说，微博已经触及不同人群的方方面面。那么微博营销是什么？微博营销有哪些特点？我们该如何分析微博营销的价值？

### 【学习目标】

1. 了解微博营销的概念。
2. 掌握微博营销的特点。
3. 理解微博营销的价值。
4. 将微博营销灵活运用于实践中。

### 【任务分配】

本任务为分组任务，学生分组讨论。写下平时关注的个人微博、企业微博，以及其他微博各 5 个，并简单说明关注或喜欢它们的理由。将成果做成 PPT 进行演示，并组织全班讨论与评析，如表 7-1 所示。

表 7-1  微博分享任务分配表

| 班级： | | 组号： | 组名： |
|---|---|---|---|
| 角色 | 姓名 | 学号 | 任务分工 |
| 组长 | | | |
| 组员 | | | |
| | | | |
| | | | |
| | | | |
| | | | |
| | | | |

## 【任务准备】

引导问题 1：微博有什么特点？微博有哪几种类型？

引导问题 2：什么是微博营销？你认为微博营销有哪些要素？

引导问题 3：你认为微博有哪些值得推荐的功能？

## 【课前导读】

鸿星尔克，一家创始于 2000 年的国产运动品牌，曾一度面临破产传闻。在河南发生汛情后，这家"淡出"公众视野很久的公司宣布捐赠 5 000 万元物资驰援河南，一下子点燃了网友的购买热情。2021 年 7 月 22 日晚，"鸿星尔克的微博评论好心酸"这一话题登上微博热搜首位，起因是 7 月 21 日傍晚，鸿星尔克宣布向河南捐赠 5 000 万元物资。宣布之初，这条微博并没有获得很多关注，网友甚至发现鸿星尔克的官方微博没有购买微博会员。在明星捐赠信息不断轰炸热搜榜单时，有网友开始为鸿星尔克抱不平："明星（捐）50 万元直接冲热搜，良心企业（捐）5 000 万元评论一百多，点赞才两千，我真的有点意难平。"低调的处理方式，反而引发关注热潮，网友们激情转发，在一天后将鸿星尔克送上微博热搜首位。

最终，这条捐赠信息微博被转发 21 万多次，收获 853 万个点赞。热心网友给鸿星尔克官方微博充会员一口气充到了 2140 年。面对突如其来的流量，鸿星尔克的这份"克制"显得格外珍贵。看惯了直播间主播总是让大家赶快下单的语言，鸿星尔克从老板到员工一脉相承的真诚，把品牌形象立了起来。不少网友表示，"全网唯一让客户理智消费的主播，鸿星尔克太实在了！"

品牌希望消费者是真心喜欢产品而触发购买行为，而不是用消费表达对他们赈灾的认可。全民出圈的热搜话题对于营销上不占优势的老品牌来说，是一个很好的流量红利窗口。

## 【课堂讨论】

1. 你关注过微博投票功能吗？
2. 你参与过微博抽奖转发吗？
3. 结合导读，你怎样评价鸿星尔克公司这一营销活动？

### 7.1.1 微博营销的概念

**1. 微博的概念**

微博是一种基于用户关系信息分享、传播及获取，通过关注机制分享简短实时信息的广播式的社交媒体。允许用户通过 Web、Wap、Mail、App、IM、SMS 访问，以及用户可以通过 PC、手机等多种移动终端接入，以文字、图片、视频等多媒体形式，实现信息的即时分享、传播互动。

**2. 微博的类型**

微博是一种即时信息传播平台，根据使用目的与作用不同，主要分为以下 5 种类型。

（1）个人微博。

个人微博是微博中最大的组成部分，数量最多，包括明星、专家、名人、高管、大众用户等。个人微博不仅是用户用于日常表达的场所，也是个人或团队营销的主要阵地。一般来说，个人微博的营销由个人本身的知名度决定，通过发布有价值的信息吸引关注和粉丝，从而扩大个人的影响力，最终达成营销的目的。

（2）企业微博。

很多企业都创建了自己的官方微博，根据产品或品牌的粉丝进行企业的宣传推广。企业微博一般以盈利为目的，微博运营人员及团队通过微博来增加企业的知名度，为最后的销售服务奠定基础，如图7-2所示。

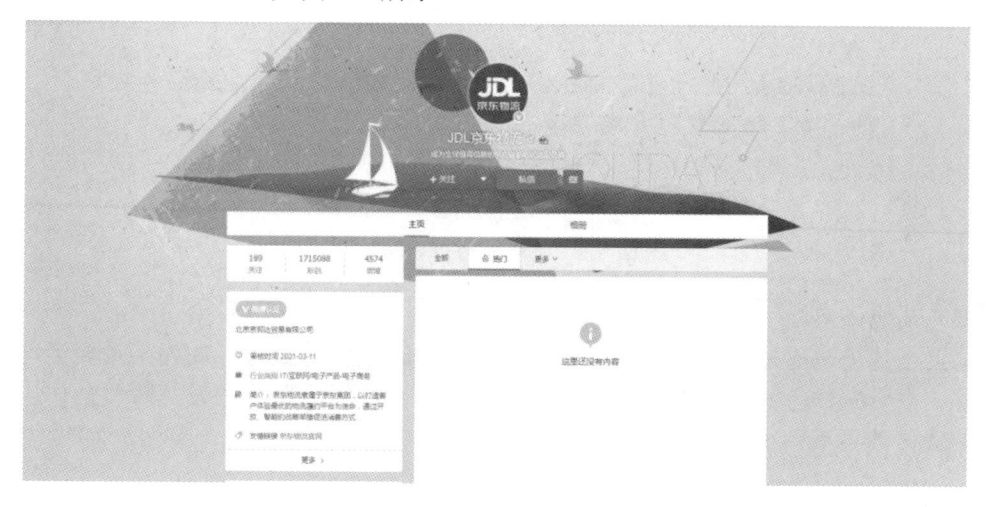

图7-2　企业微博

（3）政务微博。

政务微博是指政府部门推出的官方微博账户，是用于收集意见、倾听民意、发布信息、服务大众的官方网络互动平台。通过微博，政府部门可以调和政府信息透明、国家安全和个人隐私之间的矛盾。通过微博，群众可以监督党政机关和公职人员的工作情况，如图7-3所示。

图7-3　平安北京政务微博

（4）组织机构微博。

微博快速传递信息的特点使其不仅深受个人和企业的青睐，还逐渐受到很多组织机构的欢迎。很多学校、机构、组织纷纷开设了官方微博，用于传播信息、促进沟通，在教育教学，危机公关等方面发挥着重要作用，如图7-4所示。

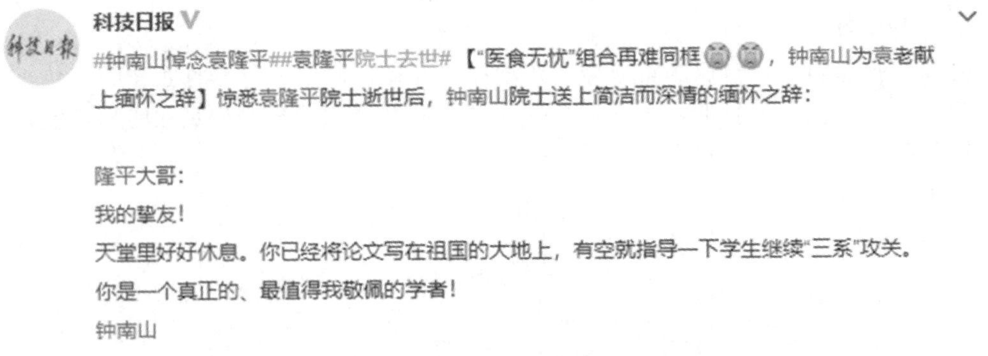

图7-4　科技日报机构微博

（5）其他微博。

除上述几类微博外，还有一些具有特殊用途和时效性的微博，如为某重要活动、重要事件、电影宣传等开设的微博。这类微博通常不会持续运营，只发挥阶段性作用，但带来的宣传效果不容小觑。

### 3. 微博营销的概念

微博营销是指通过微博平台为商家、个人等创造价值而执行的一种营销方式，也是指商家或个人通过微博平台发现并满足用户各类需求的商业行为方式。微博营销以微博作为营销平台，每个用户都是潜在的营销对象，企业通过更新微博向网友传播企业信息、产品信息，树立良好的企业形象和产品形象。每天更新内容就可以与大家交流互动，或发布用户感兴趣的话题来达到营销的目的，这样的方式就是互联网新推出的微博营销。

该营销方式注重价值的传递、内容的互动、系统的布局、准确的定位，微博的火热发展也使其营销效果尤为显著。微博营销涉及的范围包括认证、有效粉丝、朋友、话题、名博、开放平台、整体运营等。自2012年12月后，新浪微博推出企业服务商平台，为企业在微博上进行营销提供一定帮助。

## 7.1.2　微博营销的特点

### 1. 微博营销的特点

微博营销非常常见，当下绝大多数新兴品牌都会借助微博的传播能力进行产品、品牌的推广。在微博中，我们可以看到非常多样的营销形式，如热搜话题、图文消息、活动链接、品牌联动、推广代言等，无论哪种方式，都与营销内容、话题热度、互动等因素密切相关，这些都源于微博平台提供的营销条件和环境。总体来说，微博营销主要有以下7个特点。

（1）微博操作简单，运营成本比较低。
（2）用户多，覆盖面广，传播迅速，曝光度高，宣传效果快、明显。
（3）内容简短，支持多种营销方式。
（4）平台社交功能突出，微博营销中非常注重互动交流。
（5）在微博上企业具有品牌拟人化的特点。
（6）打造企业微博矩阵，有利于全方位、精准的营销。
（7）KOL影响力大，可以较好地借助名人效应进行推广。

**2. 微博营销的优势**

正是由于以上这些特点，微博营销拥有非常明显的6个优势。

（1）实施起来简单便捷，信息发布快、传播迅速，运营和推广成本低，性价比和容错率高。
（2）覆盖量大，微博信息量和涵盖范围大，便于网友交流讨论，形成社交话题。
（3）互动性强，有利于企业与消费者之间进行及时、双向沟通，迅速了解消费者需求和建议。
（4）针对性强，对企业或产品有兴趣的用户可以成为其粉丝，粉丝即潜在消费者。针对粉丝可以更好地进行精准营销。
（5）支持多种形式的内容，品牌、KOL、用户之间可以形成良性高效的联合和互动，令营销变得更加多元化。
（6）贴近消费者，直接的互动交流可以打造出亲和的品牌形象，加深用户对品牌的了解。

## 7.1.3 微博营销的价值

微博营销指企业以微博作为营销平台，通过内容更新、活动策划、粉丝互动等方式，传播企业的宣传信息，从而达到树立良好企业形象的目的。对于企业和个人来说，微博的营销价值包括以下5方面。

**1. 品牌推广**

微博具有内容低门槛、传播高效率、互动更多元的特性，可将信息迅速传递到广大用户群体中。任何企业都可以按照宣传需求，随时随地在微博平台发布广告或其他内容。仁和药业是一家专注于药品的公司，近年来也发展了护肤行业，其中的补水美白面膜是一款非常受欢迎的产品，受到消费者的青睐。它在整个微博的推广过程中，成为成功"出圈"的面膜产品，并且尝试了高效转化的导流形式：同样使用优质KOL进行聚宝盆代投，但是它增加了一个优惠券落地页进行承载，点击优惠券跳转至电商页面，达到了较好的转化效果。

### 2. 用户维护

微博营销的便利之处，就是在通过内容、活动触达用户的同时，还可以一对一地进行用户维护，提升用户的满意度，进行用户管理。

### 3. 市场调查

市场调查是企业开展营销不可缺少的环节，通常企业可以通过问卷调查、人工调研、数据购买等方式调查用户的需求，但这些调查方式耗费的财力和人力都较大，不同的行业，效果也参差不齐，然而微博的出现，为企业提供了一个低成本、高效率的创新工具。

### 4. 危机公关

在微博平台上，涉及知名企业产品质量、企业信用问题等公众事件会迅速登上微博的热搜排行榜。企业如果不进行应对处理，事件持续发酵对企业会非常不利。企业可以通过微博，快速了解并应对突发情况。通过检测关键词，企业可以迅速了解对事件高度关注的用户群体，从话题中可以全面了解用户对此事件的评价和意见。由此，企业能够迅速在微博上锁定危机公关的目标人群，了解危机发生的原因和经过，并据此迅速做出更有针对性的措施，如图7-5所示。

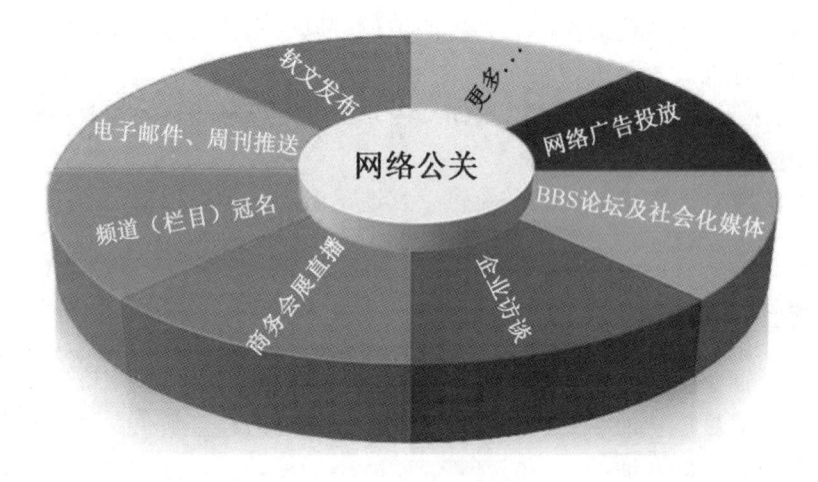

图7-5 网络公关

### 5. 闭环电商

个人或企业通过微博运营，获取了一批用户后，可以直接导流销售获取收益。例如，企业在微博平台发布产品推文时，植入产品的购买链接，用户看到微博内容可直接通过链接进行购买。Flower Knows（花知晓）是一个国产的平价彩妆品牌，包装偏二次元，是一款网红自创品牌，主打实用，且产品非常适合亚洲人。例如，花知晓的高光修容，可以作为资生堂WT905高光的平价替代产品。花知晓重点布局微博、哔哩哔哩、小红书三大平台，利用图文、视频的视觉冲击，不断强化品牌心智。以"独角兽"系列为例，产品以独角兽为视觉设计元素，上架当天成交额突破400万元，如图7-6所示。

# 第 7 章 微博营销认知

图 7-6 花知晓官方微博主页

## 【任务评价】

### 1. 学生自评（见表 7-2）

表 7-2 微博营销认知任务学生自评表

| 班级 | | 学号 | | 姓名 | |
|---|---|---|---|---|---|
| 角色 | | ○ 组长　○ 组员 | | 完成时间 | |
| 任务 | | | 完成情况记录 | | |
| 掌握微博营销的概念 | | | | | |
| 熟悉微博营销的特点 | | | | | |
| 能够辨别微博的类型及描述微博营销的价值 | | | | | |
| 任务后的收获 | | | | | |

### 2. 生生互评（见表 7-3）

表 7-3 微博营销认知任务生生互评表

| 班级 | | 被评人学号 | | 被评人姓名 | |
|---|---|---|---|---|---|
| 评价者角色 | | 评价者学号 | | 评价者姓名 | |
| 任务 | | | 完成情况记录 | | |
| 掌握微博营销的概念 | | | | | |
| 熟悉微博营销的特点 | | | | | |
| 能够辨别微博的类型及描述微博营销的价值 | | | | | |
| 任务后的收获 | | | | | |

## 3. 教师评价（见表 7-4）

表 7-4  微博营销认知任务教师评价表

| 班级 | | 被评人学号 | | 被评人姓名 | |
|---|---|---|---|---|---|
| 任务 | | 完成情况记录 ||||
| 掌握微博营销的概念 | |||||
| 熟悉微博营销的特点 | |||||
| 能够辨别微博的类型及描述微博营销的价值 | |||||
| 任务后的收获 | |||||

### 【拓展练习】（见表 7-5）

表 7-5  微博营销认知拓展练习表

| 练习名称 | 微博营销初步认知 |
|---|---|
| 练习目的 | 能够正确运用营销策略进行微博营销 |
| 练习安排 | 发表一篇自己常用品牌的软文并用 PPT 复述使用了哪些产品策略和营销策略 |
| 练习小结 | 学生小组交流各自发表的微博软文，教师根据讨论成果进行 PPT 展示，讨论分享中的表现，给每小组打分 |

## 7.2 微博内容策划

### 【任务描述】

微博具有强大的传播力，且微博内容的表现形式非常的多元化，文字、图片、视频、短文、头条文章等都是微博内容的常用元素。如何运用微博内容的创意？在微博营销实践中如何撰写微博内容？如何在微博营销中设计微博活动？

### 【学习目标】

1. 了解微博内容创意。
2. 掌握微博内容撰写。
3. 能够运用微博活动设计相关知识，帮助企业实现微博营销实战。

### 【任务分配】

本任务为分组任务，学生分组讨论。列举出吸引你的微博文案，文字和视频图片各一例，并简述该微博为什么吸引你。将成果做成 PPT 进行演示，并组织全班讨论与评析，如表 7-6 所示。

表 7-6　微博内容策划任务分配表

| 班级： | | 组号： | 组名： |
| --- | --- | --- | --- |
| 角色 | 姓名 | 学号 | 任务分工 |
| 组长 | | | |
| 组员 | | | |
| | | | |
| | | | |
| | | | |
| | | | |
| | | | |
| | | | |

## 【任务准备】

引导问题1：你见过哪些你认为非常好的微博创意形式？

引导问题2：结合微博内容撰写板块，你会如何撰写微博营销内容？

引导问题3：如果要举行一场微博营销活动，你会如何策划？

## 【课前导读】

2021是特别的一年，这365天被我们塞进太多悲欢。有国民一心的牵挂，也有超越不可能的昂扬热情；有聚焦热点事件的大众共情，也有个体守护故事的感人肺腑……一一细数之中，每个家国事件背后都牵动着千万人的守望相助与亲密情感，每个网络热词背后也凝聚着上亿人共同的探讨与关心。

微博商业推出过一支年度回顾视频，结合2021年全年的热搜话题与事件，描绘出公众这一年以来的共同记忆。

聚焦当代舆论环境下的大众性公共话题，微博年度短片从国家政策、社会事件、个人生活等方方面面切入，记录下宏观世界的大变化和微观个体的小情绪。在情绪明线与事件暗线的交织嫁接中，短片透过真实记录与温情凝视的创意叙事，多重维度呈现出公众全年的关注焦点，将品牌内容带入一个更具有社会价值的讨论空间。

这里有激动人心的国家大事件，唤醒社会集体记忆，激发全民族的热烈情绪：神州十二号发射成功，随着宇航员刘伯明、杨洪波的顺利出舱，中华民族的梦想终于在广袤神秘的太空开花结果，中国的航天事业实现了创新的一大步。每个人都有幸成为历史的见证者。这里也有国潮国风的审美偏好与人群取向，击中圈层情感共鸣，形成"懂你"的心智链接。当青春稚嫩的面容碰上传统的深厚底蕴，这不仅是一场视觉盛宴，更是一次文化接力。民族文化带动下的国潮国风，催生了一批以民族文化为基点的文化实体产业。基于时代新趋势的精准洞悉，微博在短片中一一还原了以文化精神为基底的汉服等年轻风潮的亮相，这既是微博呼应时代情绪的表达，也是对国潮品牌大放异彩这一未来趋势的预见和展望。

不同类型的社会事件回顾，激起不同圈层的情绪认同，引爆泛社交场的势能释放。与此同时，文案作为点睛之笔，以一种敞开心扉的姿态，完成了一场与大众的深刻对话。

无论是"去传承"之下的文化自信、"去发现"之下的新品类、新需求,"去创造"之下的新科技、二次元成果,还是"去成就"之下的民族自豪……在层层递进的情感张力中,从见证历史、发掘奥秘、达到成就等不同角度,激发不同圈层的价值认同。

在当下的时代语境,伴随个人社会意识的觉醒,共情力成为品牌新资产。借助社会性议题的关注与优质内容的纽带,微博以一己之力、关注社会动向、个体生存,在大众与品牌之间实现强关联,从而牵动微博平台与大众双向抵达的心理效能,有效共鸣并占据心智。与此同时,微博这支年度短片,更是在不同社会事件与共感情绪的相互关联及蒙太奇式呈现中,跳脱出单个事件的思维局限,转而从共鸣中提炼出具有微博自身特色的价值思考——"定义这一年"。这种定义可以是感人至深的地铁站求婚,可以是引起瞩目的孟晚舟回国,更可以是平凡交警"公主抱"救老人过马路……在历历在目的事件记忆与真实还原中,大众不仅能实现记忆的有序归纳,而且找到了容纳个体情绪的同一空间。与此同时,微博发布的"这一年该如何定义"话题,搭建起一个具有弹性的讨论空间,在引发个体强烈谈论和传播的同时,也成为品牌价值和大众观念深度黏合、交汇、聚集的发声场,构建起一个具有深度和传播力的价值场域。

"这一年该如何定义",成为2021年末撬动大众神经的重量级话题,多家媒体账号自发传播。有关注事态动向的,如"社会化营销快讯"等影响力大号,也有知名博主的二次创作与转发传播,进而触达不同兴趣群体,由此,话题也成功拓展到多维空间,形成从个人生活记录、兴趣爱好等层面的内容裂变。这一破圈传播过程下,话题也经由UGC互动与创作,有效沉淀优质内容。

【课堂讨论】

1. 你转发过带微博话题的文章吗?
2. 你自己发过带话题的微博吗?
3. 你运用过微博的推广功能吗?
4. 你常在哪些时间段看微博?

## 7.2.1 微博内容创意

现如今,不同产品的品牌都开始注重在社交平台进行营销布局,以近几年突然崛起的互联网电商坚果品牌为例,微博是大多数品牌进行运营的基本营销工具。借助微博的内容营销,建立品牌和目标用户之间联系。有效的互动保持,可潜移默化地传递品牌信息。

**1. 话题营销**

话题营销是微博营销常用的方法。配合坚果品牌近期的新品发布、促销活动,又或是恰逢节日热点等,都可以策划比较有讨论性、参与度较高的话题,吸引粉丝参与。例如,此前百草味在毕业季时期,就制造了"献礼毕业季"超级话题,在了解消费者喜好基础的同时增加了产品的曝光度。话题营销还可以进一步上升到微博话题榜营销,通过策划话题使话题成功上榜,依靠微博的强大流量,将产生强势曝光,如图7-7所示。

图 7-7 百草味"献礼毕业季"话题

## 2. 活动营销

微博是诸多品牌进行线上活动发布的主阵地，对坚果品牌来说也不例外。活动策划一定要有创意，当然，日常的抽奖转发、互动评论抽奖也是可行的。一般情况下，活动营销伴随着话题营销一起进行，活动营销时还可以与其他品牌进行跨界合作互粉，以此提高品牌曝光。例如，此前百草味针对情人节策划的活动，融合了品牌跨界互动、话题营销、转发抽奖等，较好地完成了品牌在情人节期间的曝光，如图 7-8 所示。

图 7-8 百草味情人节活动营销

### 3. 海报营销

在微博内容产出方面，图片内容通常比文字更有传播价值，应尽量使用图片，而图片中比较好的展示方式则是海报。活动、话题营销等往往需要海报的配合，在海报上进行品牌信息的有效植入能很好地传递品牌价值。海报如果有创意，在自发性传播上就有极大优势。例如，在高考季，百草味展示出了鼓励高考学子的相关坚果零食海报，引发了大量关注和转发，如图7-9所示。

图7-9 百草味高考季活动海报

### 4. 直播营销

直播营销可以配合微博营销同步进行。依靠微博的粉丝基础和病毒式转发属性进行直播信息发布，配合相关转发参与活动同时进行营销。例如，百草味策划的一次直播活动，通过微博进行信息发布，内容融合了明星相关的精美海报、参与送礼活动、直播信息等，以此吸引用户参与，如图7-10所示。

### 5. KOL营销

在微博营销的行列中，KOL是不可缺少的元素。坚果品牌在初期粉丝不多的情况下，可以通过与KOL的互动合作，通过KOL的转发实现微博涨粉。除微博上的KOL外，还有官方微博和名人微博。鱼爪媒介为各个行业提供了微博营销平台、微博推广平台等精准的社会化自媒体广告投放，如百草味与云集就是通过互动实现涨粉。

对于坚果品牌的微博营销来说，注重创意内容产出往往比单纯依靠转发互动效果更好。在如今这个注重内容创意的时代，洞悉受众，贴合受众的优质内容始终能产生无形的传播价值。微博营销的目的是吸引用户能够注意到企业产品的品牌，多方面地吸引消费者的目光，有效为自己的品牌知名度进行营销。

## 7.2.2 微博内容撰写

什么样的微博才能带动用户转发及"涨粉"？内容的设计非常重要。运营者首先要了解微博平台哪些内容有"吸粉"特质，然后再从中选择适合自己的输出形式。比较受欢迎的微博有以下4种。

### 1. 干货类

干货类的内容受欢迎的原因主要有两点：一是实用性，能够解决用户某方面的问题，让用户有获得感，从而觉得账号有价值；二是便利性，大多数用户希望节约时间，干货内容能让用户有及时的获得感。目前，微博平台上的干货内容主要分为3类。

（1）专业内容普及。

专业内容普及有一定的专业门槛，如医学、病理、心理咨询等知识由有专业的背景人员来编写，才具有权威性，如图7-10所示。

（2）实践经验分享。

实践经验分享要求分享人拥有一定的实践经验，才能写得既实用又可以让用户产生共鸣，在一定程度上可以不受专业门槛限制，如摄影教程、美食教程、穿搭技巧、美妆教程等一些日常生活类的内容，如图7-11所示。

（3）合集分享。

合集分享要求分享人拥有一定的用户基础，以合集内容干货为主，覆盖范围较广，如办公软件快捷键合集、英语四六级必备短句、职场人必看书籍等。

图7-10 博物杂志官方微博

图 7-11 穿搭博主推荐微博主页

那么如何创作干货类内容来增加可读性和传播性？

① 九图干货。九图干货在微博平台是转化和提升互动较好的形式之一。统一的图片风格会给用户带来视觉的冲击，同时，相对视频来说更省流量、更直观、更容易传播。内容应做到视觉统一，也就是版式风格尽量达到统一，先完成用户视觉上的注意力吸引。同时保证信息清晰，图片的主题和具体信息文案要注意重点突出。

② 长文干货。发布长文干货对运营者的专业度和内容的优质程度要求较高。好的长文是非常"吸粉"的，但是长文的打开率和文章的标题、用户的积累都有关系。好的长文要具备以下两个特点。

- 好标题：一个好标题可以吸引用户点开文章，提升长文的打开率。
- 好文章封面：一张好的文章封面也是影响用户是否打开长文的因素。

在发布微博文章时，系统会直接带主题发出，这不利于内容表达的丰富性。运营者应该用"主题+文案"的形式，大概地描述文章的重点内容，这样做更容易让用户了解关键信息。

③ 视频干货。随着 5G 时代的到来，短视频越来越受欢迎，它无疑是微博平台非常好的干货形式之一。其优点在于可以更加清晰地表达细节，尤其是教程类的干货。运营者发布视频时要注意以下两点。

- 视频时长：微博故事的时长应小于 1 分钟，微博视频的时长一般为 3~5 分钟，运营者要注意视频的完播率。
- 视频封面：一个好的视频封面，可以提升视频的点击率。

④ 问答干货。问答干货更有针对性，有利于运营者吸引精准的用户人群，运营者发布问答时要注意参与门槛不要过高，否则容易影响问答的热度。话题应带有一定讨论性，可以配合热门话题设置问答。

**2. 热点类**

对运营者来说，跟踪热点是非常重要的提升阅读量曝光的途径，它有以下 3 个优点。

（1）培养"网感"，活跃思维。

通过微博热点内容的跟踪，运营者可以培养自己在微博生态的"网感"，对热点的敏感度。

（2）提升阅读，自然"涨粉"。

运营者可以在热点这个大的公域流量中，用好的方式和内容获取精准流量。

（3）提升账号质量，提升权重。

在微博平台，运营者要获得如"知名""金V""签约自媒体"等称号，可以通过追热点快速达到目标。

如何更好地借势热点？运营者需要从及时性、精确性、高热度3个方面入手。

① 及时性。发现热点并及时跟上。

② 精确性。发布的内容符合账号定位。运营者在"蹭热点"前一定要考虑当前的热点是否能和自己的账号定位很好地结合。如果"乱蹭"一些与自己账号定位无关的热点话题，将不利于可持续地获得粉丝。

③ 高热度。输出的内容要引起粉丝的关注。

### 3. 美图类

美的图片总是容易让人们产生对美好事物的喜爱，对美好生活的向往。

（1）展示才华。

适用于不太愿意真人出镜，但有才华、才艺的博主，如练字、画画、手工制作类的博主。

（2）展示实物。

用实地拍摄或实物的展示，引起用户的注意，如家居设计图、美食餐具图和饰品图，都在用美图吸引用户。

以上两个分类会有交叉的地方。不管是否真人出境，也不管是风景还是实物，只要运营者发布的图片精美，坚持输出，总能吸引到喜欢这一类风格的粉丝。

### 4. 推荐类

好物推荐类的内容博主帮助用户节省了时间。同时，因为向往博主的生活，用户也越来越愿意下单，越来越多的粉丝需要博主帮自己筛选好物。这也是目前微博平台"带货力"非常强的一种形式。目前，微博平台上有3种较常见的推荐方式。

（1）测评推荐。

真人测评是目前非常流行的推荐方式之一。博主通过真人的实测向用户推荐。这种方式提升了内容的可信度，同时会让用户觉得有人帮自己选好了产品，不用太费脑筋。久而久之，用户就喜欢跟着测评博主购买。

（2）教程推荐。

教程推荐一方面为粉丝提供了教学，另一方面也让用户产生一种和博主买了同款的工具或产品后，就能够做出和博主一样效果的感觉，所以用户更愿意下单。

（3）晒图推荐。

晒图推荐与美图类的内容非常接近，只是在内容的选择上更具有"带货"的性质。

### 7.2.3 微博活动设计

**1. 制定活动目标**

活动目标的制定需明确以下 5 点。
（1）确定本次活动想要实现哪些目标。
（2）结合活动平台选择容易实现目标的平台做活动，或定目标时看平台利于实现哪些目标。
（3）活动目标按顺序一般从品牌到销售。
（4）活动目标要具体，但不需要写出具体的数字，数字效果可以在活动效果中撰写。
（5）活动目标确定后，要保证后面的互动形式必须能实现目标。

**2. 活动主题**

活动主题有时可以决定活动是否能成功。活动主题一般是一句短语，也是宣传口号，更是活动方案中的点睛之笔。活动主题应该简单、明确、直接，活动主题是创意，不是广告。

**3. 活动时间**

要先确认策划时间和执行时间，活动时间一般为一周，无论是策划期还是执行期，一般选择周一或周二上线活动，便于用户传播。用户传播的高峰期是晚上 8：00—11：00。

**4. 活动受众分析**

活动受众分析特别重要，如果出现偏差会影响广告投放效果，自然也就影响了最终活动效果。活动受众分析一般要注意以下 4 点。
（1）活动受众根据活动目标决定，想推广什么产品给哪些用户，就选哪些用户当受众。
（2）活动目标根据品牌和产品决定。
（3）活动受众可以有两类，一个是精准受众，另一个是扩大范围的受众。
（4）受众人群决定后期的投放方向选择。

**5. 活动形式**

微博活动一次只做一个形式为佳，多做效果打折扣。活动形式是指在某个平台采取某个具体方式让用户参与活动。活动方案要简明扼要，活动形式越简单越好，参与难度过大，用户拒绝参加，将会导致活动失败。

**6. 活动内容**

这里以转发抽奖为例，转发抽奖的微博撰写技巧有以下 8 种。
① 要包含活动缘由，给用户一个合理的理由。
② 活动奖品：激励用户积极参与活动。
③ 参与方式：告诉用户如何获得奖品。
④ 推广信息：做微博活动的主要目的。
⑤ 撰写文案：字数越少越好。

⑥ 吸引点要足够确切。
⑦ 活动规则不要过于复杂，简单才是上策。
⑧ 排版清晰美观。

### 7. 推广渠道

微博平台曝光首选微博广告产品，互动首选大 V 投放。

### 8. 费用预算

费用预算应有理有据。费用预算一般包含奖品费用、投放费用、物料费用、人员费用等。奖品和广告投放比例最好是 1∶5，费用预算应精确详细。

### 9. 活动效果预估

要体现具体数字，如精确预估提升粉丝数 1 000 个，预估哪些活动效果根据目标来确定。

## 【任务评价】

### 1. 学生自评（见表 7-7）

表 7-7　微博策划任务学生自评表

| 班级 | | 学号 | | 姓名 | |
|---|---|---|---|---|---|
| 角色 | | ○ 组长　○ 组员 | | 完成时间 | |
| 任务 | | | 完成情况记录 | | |
| 了解微博内容创意 | | | | | |
| 掌握微博内容撰写 | | | | | |
| 能够运用微博活动设计相关知识帮助企业实现微博营销实战 | | | | | |
| 任务后的收获 | | | | | |

### 2. 生生互评（见表 7-8）

表 7-8　微博策划任务生生互评表

| 班级 | | 被评人学号 | | 被评人姓名 | |
|---|---|---|---|---|---|
| 评价者角色 | | 评价者学号 | | 评价者姓名 | |
| 任务 | | | 完成情况记录 | | |
| 了解微博内容创意 | | | | | |
| 掌握微博内容撰写 | | | | | |
| 能够运用微博活动设计相关知识帮助企业实现微博营销实战 | | | | | |
| 任务后的收获 | | | | | |

## 3. 教师评价（见表 7-9）

表 7-9　微博策划任务教师评价表

| 班级 | | 被评人学号 | | 被评人姓名 | |
|---|---|---|---|---|---|
| 任务 | | 完成情况记录 ||||
| 了解微博内容创意 | |||||
| 掌握微博内容撰写 | |||||
| 能够运用微博活动设计相关知识帮助企业实现微博营销实战 | |||||
| 任务后的收获 | |||||

## 【拓展练习】（见表 7-10）

表 7-10　微博内容策划拓展练习表

| 练习名称 | 微博内容策划初步认识 |
|---|---|
| 练习目的 | 掌握微博内容的撰写及可自主策划微博活动 |
| 练习安排 | 1. 挑选一个自己感兴趣且知名的企业，运用所学知识为该企业模拟策划一场微博直播营销活动。<br>2. 以小论文的形式进行总结陈述，2 000 字以内 |
| 练习小结 | 学生小组交流各自的微博内容策划过程与结果，教师根据讨论成果进行 PPT 展示，讨论分享中的表现，给每个小组打分 |

## 7.3　微博营销推广

### 【任务描述】

微博营销实际上就是粉丝营销，拥有粉丝，发布的微博才能被更多人看到，从而引导更多人进行互动、扩大影响，取得实际的营销效果。那么如何才能提升微博的粉丝量？如何提升微博的活跃度？如何打造微博营销矩阵？

### 【学习目标】

1. 了解如何提升微博粉丝量。
2. 掌握提升微博活跃度的方法。
3. 灵活打造微博营销矩阵。
4. 能够将微博营销运用进实战中。

### 【任务分配】

本任务为分组任务，学生分组讨论。写下关注的不同类别微博名人或企业，并记录其微博转发抽奖或话题微博的大致频率，将成果做成 PPT 进行演示，并组织全班讨论与评析，如表 7-11 所示。

表 7-11　微博营销推广任务分配表

| 班级： | | 组号： | 组名： |
|---|---|---|---|
| 角色 | 姓名 | 学号 | 任务分工 |
| 组长 | | | |
| 组员 | | | |
| | | | |
| | | | |
| | | | |
| | | | |
| | | | |

## 【任务准备】

引导问题 1：你会关注名人或企业微博吗？你是如何获取微博粉丝的？

引导问题 2：你日常会发微博吗？会有陌生人点赞评论或者关注吗？

## 【课前导读】

　　2021 年，一汽大众奥迪联合智族 GQ 共创海上赛道 RS 燃擎之夜，将极致产品和高端场景融合，打造国内首个极速生活方式大赏，为品牌焕新赋能。从 F1 赛道蒙特卡洛汲取灵感，"包岛"珠海日月贝，首创国内仅现 24 小时海上赛道。Audi Channel 全场景类真人秀超长直播，将"海上赛道"打造成为属于所有奥迪粉丝的燃擎之夜。媒体由见证者的身份，变成活动深度参与者，内容制造者。明星效能最大化，突破圈层壁垒，借助粉丝形成自传播。

　　"黑卡"创意邀请函，引发媒体对于海上赛道的猜想，开启第一波攻势。50 家媒体产出 20 支创意视频及多篇图文信息，回顾空中赛道，同时猜想海上赛道，引导消费者关注。一汽—大众奥迪与 GQ 共创事件，释放明星信息，引发用户猜想。双方喊话共创"海上赛道，RS 燃擎之夜"话题，逐步释放极致产品与明星玩咖信息，吸引用户强势围观和转发。在赛道中感受极加速/减速、极限转弯/漂移等，超重与失重的感觉，让媒体大呼过瘾，自愿分享活动感受。

　　全程直播明星玩咖海上赛道"飙车"，粉丝围观并为自家明星打 Call。红毯造型大片释放，全网热议最美 LOOK，"彭冠英的黑色蕾丝礼服""GQ 红毯"等话题阅读瞬间过亿。接下来是创意视频《极速发布会》，众多明星为产品站台，悬念引出产品高燃画面，再次引发关注热潮。仅限百人的私享晚宴花絮释放，阿云嘎、郁可唯登台献唱，用户疯狂围观及转发。

　　最后微博端实现 5 个破亿热搜话题，传播效果曝光量 3 亿+，社交话题阅读量 12 亿+，总互动量 1 673 万。

**【课堂讨论】**

1. 你关注过类似事件吗？
2. 你转发过这些微博吗？
3. 你的微博有被"大V"转发或评论过吗？

## 7.3.1 提升微博粉丝量

### 1. 获取第一批粉丝

一个新注册的微博账号除前期账号的定位和内容规划运营外，第一步要做的是快速获得第一批粉丝。有了粉丝，运营者通过该账号发布的微博内容才会被人看到，才会产生互动传播，给微博账号带来更多的粉丝。

当然，快速获取粉丝的前提是微博账号持续输出一些有价值的内容，这些内容往往决定着第一批粉丝是否会长期关注该微博账号。

### 2. 利用身边关系网增粉

运营者开通新微博账号后，通过与身边的亲戚、朋友、同学进行微博"互粉"，相互关注，增加微博互动，这是微博运营前期一种不错的"增粉"方式。除此之外，还可以通过好友推荐的形式来"增粉"。好友推荐的好处有两点：一是有推荐人的信任背书；二是通过推荐语可以看出被推荐人的特点，换句话说，推荐语是写给其他人关注被推荐人的理由。

如果是企业微博，在创建之初可以先利用内部员工来积累第一批粉丝，如要求员工关注并鼓励员工向个人关系网推广，可以通过一定的奖励措施激励员工。另外，企业还可以与其合作伙伴沟通，双方发动各自的资源互相宣传和关注。

### 3. 关注同类人群增粉

在微博上，有很多处于同一个领域，有共同或相似的爱好者群体，这些群体往往因为共同爱好、交流方便互粉。在微博创建前期可以尝试加入不同的交友群或超话社区，与其互动，更容易吸引粉丝，得到关注。

普通人更多地关注同城好友、对同一个话题感兴趣的人，人们往往围绕自己喜欢的"圈子"生活。微博有用户对关注的人设置分组，分组后只查看某组人群的微博的功能。对于特别重要的人，用户也可以设置"特别关注"，如图7-12所示。

### 4. 通过外部引流增粉

（1）视频直播。

2015年以来，各大直播平台开始流行起来，如图7-13所示。视频直播最大的特点是主播可以与用户现场实时互动。不少平台的网络主播通过直播给自己的微博账号"增粉"，主播可在简介中输入自己的微博账号引导粉丝关注，还可在直播中通过活动的形式引导粉丝关注自己的微博账号。

图 7-12　微博同城界面

图 7-13　视频直播界面

（2）问答平台。

2016 年，一款问答服务的产品付费语音问答"分答"火了。同时，不少人借助"分答"自然而然植入微博账号，为微博账号"带粉"。在此之前，知乎、百度知道等问答平台，回答者往往会在简介或答案中植入微博账号，实现引流"增粉"。

（3）媒体网站。

随着互联网各行各业细分媒体网站的崛起，越来越多的自媒体人通过撰稿发布的形式在各种媒体上发布文章，同时利用文章内容及账户简介为微博账号"增粉"。以科技类媒体为例，自媒体人可通过在果壳网、虎嗅网等媒体网站上发布文章为自己的微博账号"增粉"。

（4）视频平台。

伴随着社交平台一起发展起来的还有视频类平台，运营者通过视频平台也可以为自己的微博账号"增粉"。

（5）出版物、口碑、搜索等其他"增粉"方式。

除以上几种外部导流"增粉"的方式外，还有很多种形式，如出版物、粉丝口碑等方式。

### 5. 通过发起微博活动增粉

通过发起微博活动增加粉丝的方法比较常见，但如何提高参与度为微博账号带来更多流量并不简单。对于用户而言，他们更愿意参与一些新鲜、有趣、有奖励的活动。因此，博主可以通过关注转发抽奖、关注参与话题讨论等形式，引导粉丝转发微博，吸引非粉丝用户的关注，常见的如"关注+转发"微博抽奖活动。

### 6. 通过微博原创内容增粉

通过微博内容增粉这种方式实质上属于内容营销，是指通过发布有价值的"干货"来吸引用户，这要求博主能够写出高质量的微博内容。在一般情况下，如果微博的内容对用户有一定价值并且足够吸引人，就会被大量转发，当然这对博主的创作能力、表达能力和专业知识要求较高。

爱下厨的朋友可能对"Amanda 的小厨房"这个名字不陌生。她在下厨房拥有 35 万粉丝，微博有 422 万的关注者，菜谱视频在 YouTube 累计播放量过千万……Amanda 可以说是不折不扣的美食"大 V"了。膳美师正式官宣《曼食慢语》栏目创始人、微博超级美食红人 Amanda，作为品牌艺厨官，携手探索厨房的无限可能，如图 7-14 所示。

图 7-14 Amanda 的小厨房微博主页

## 7.3.2 提升微博活跃度

在获得粉丝后，还需要注意与微博粉丝互动来提升粉丝的黏性、维护粉丝，这样才能使微博账号具备真正强大的影响力，从而使营销效果最大化。可从微博粉丝互动、微博话题、"大V"转发3个方面来提升微博活跃度。

### 1. 与微博粉丝互动提升活跃度

与粉丝互动增加黏性的方法，一是发布有吸引力的内容，二是和粉丝多互动。

互动的方式有4种：评论、转发、私信和提醒。

（1）评论：粉丝在微博评论区回复，博主会收到提醒。

（2）转发：别人的微博内容在自己的微博账号中出现。如果博主设置了接收全部提醒，将会看到粉丝的转发。

（3）私信：某粉丝发送给博主的私密信息，其他人看不到此类信息。

（4）提醒：在微博中，"@+微博昵称"的形式被称为提醒，例如，使用"@微博小秘书"，对方就会收到你的消息提醒。

### 2. 引导粉丝之间的互动

博主除与粉丝互动外，还可以引导粉丝之间进行互动，例如，提出一个问题，让粉丝通过转发和评论的方式进行交流。粉丝间的互动可以提高整个粉丝群体的活跃度，特别对于话题性比较高的微博来说。但需要注意的是，由于粉丝的类型各不相同，对相同的事件可能有不同的看法，从而导致出现争执的情况，影响微博的整体氛围，因此，要谨慎选择互动问题。如果微博评论中出现了不同的声音，博主不能主动介入争论，否则难以平复粉丝情绪，容易造成粉丝的流失。

### 3. 通过话题提升微博活跃度

这里的"话题"有两种含义：第一种是热点信息，既然是热点就有话题性、传播性，能够引发讨论和转发的都是话题。第二种是微博平台的话题功能，运营者可以把话题关键词用"#"围住，引发更多粉丝注意。

### 4. 通过微博"大V"转发提升微博活跃度

"大V"是指在如新浪、网易等微博平台获得个人认证，拥有众多粉丝的微博用户。由于经过认证的微博用户，在微博昵称后会附有类似于大写的英语字母V的图标，因此，这种经过个人认证并拥有众多粉丝的微博用户被称为"大V"。因为"大V"们的网络互动十分活跃，且又有着众多吸引粉丝的技巧或手段，他们的"粉丝"通常在50万以上。

要让"大V"们转发自己的内容难度较大，内容应尽量为原创，且内容本身的热度非常高，如某个知名人物具有较大争议性的话题，"大V"们为加持热度或增加更多的粉丝可能有概率转发。

观察"大V"账号的互动习惯。了解"大V"的基本情况后，运营者要看他们是否有与人互动的习惯。通过更新频率获取到"大V"的活跃度及活跃的时间段，在活跃时间段内，运营者更加容易找到他们。同时观察"大V"是否经常与其他微博用户互动，更多使用点赞、转发，还是直发的形式。"大V"会给什么样的微博内容点赞、转发、直发，这些都是需要运营者去观察和分析的。

与"大V"沟通的关键在于能提供对方需要的价值，所以，了解"大V"的需求和在什么时间需求更加紧迫是运营者要做的重要工作。需求分为两种：日常需求和活动需求。

对于日常需求，运营者可以思考对方近期是否有产品宣传的需要。如做课程的人有学员的反馈需要、出书的作者有读者的反馈需要、做训练营的人需要学员一起打卡等。另外，"大V"是否有铁粉需要？运营者通过长期互动让"大V"记住也是一个比较常见的方式。

活动需求是在日常需求的基础上，加入一些关键时间点。在活动的关键宣传期，运营者的反馈更容易被回复，到后期的长尾宣传时，难度就会提升。如拍电影的人有观众的影评反馈需要，特别是在电影的宣传期间；出版图书的人会有新书售卖、冲榜的需求。

### 7.3.3 打造微博营销矩阵

微博矩阵是 PRAC 理论的方法论，是指两个必需项：品牌微博和客户微博，和 4 个选择项：员工微博、产品微博、粉丝微博和活动微博，"4+2"模式下的矩阵分布。即在企业人、产品线、生活理念重塑 3 个维度上，布局微博账号，最大限度地发挥企业内部资源的微博布局方式。

微博矩阵是指在一个大的企业品牌下，开设多个不同功能定位的微博，与各个层次的网友进行沟通，达到 360 度塑造企业品牌的目的。

#### 1. 建立微博矩阵的方法

微博的功能非常强大，不仅可以进行即时营销，还能进行品牌宣传、粉丝管理、公关传播等操作。但如果使用同一个微博账号发送多个定位的内容，不免使用户觉得微博账号不够专业、内容不够贴切，难以满足不同用户的需求。此时，建立微矩阵是一个比较有效的方法。

常用的建立微矩阵的方法主要包括按品牌需求进行建设、按地域进行建设、按功能定位进行建设、按业务需求进行建设 4 种。

（1）按品牌需求进行建设。

大多数企业都有很多产品线，这些产品线塑造的品牌不同，因此可以直接根据品牌建立微矩阵，将品牌通过不同的微博账号链接起来，通过矩阵账号进行不同用户流量的相互引导，以避免用户流失。

（2）按地域进行建设。

按地域进行建设这一方法在银行业和互联网等行业使用较为普遍，便于进行区域化管理。例如，建设银行开通了北京、上海、深圳等微博子账号。

（3）按功能定位进行建设。

根据微博账号功能的不同，可以开通不同的微博子账号形成微矩阵，例如，宝洁根据不同功能开通了宝洁招聘、宝洁生活家等微博子账号。

(4)按业务需求进行建设。

对于公司业务较多的企业微博来说,根据业务需求来建立微矩阵。

### 2. 建立微博矩阵的模式

目前,企业建立微矩阵比较常见的模式主要有 3 种,如表 7-12 所示。

表 7-12  企业建立微矩阵的常见模式

| | |
|---|---|
| 蒲公英式 | 蒲公英式,即由一个核心账号统一管理旗下多个账号,这种模式比较适合拥有多个子品牌的集团,如阿迪达斯等 |
| 放射式 | 放射式是比较常见的一种模式,主要由一个核心账号领各分属账号,各分属账号之间是平等的关系,信息由核心账号放射向分属账号,分属账号之间的信息并不进行交互,如万达等 |
| 双子星模式 | 顾名思义,这种模式存在于两个或多个核心账号。例如,新东方有一个官方账号,新东方创始人的微博关注度也比较高,而两个微博账号的内容实质都是宣传新东方,两者就形成了良性的互动 |

## 【任务评价】

### 1. 学生自评(见表 7-13)

表 7-13  微博营销推广任务学生自评表

| 班级 | | 学号 | | 姓名 | |
|---|---|---|---|---|---|
| 角色 | ○ 组长 | ○ 组员 | | 完成时间 | |
| 任务 | | 完成情况记录 ||||
| 了解如何提升微博粉丝量 | |||||
| 掌握提升微博活跃度 | |||||
| 灵活打造微博营销矩阵 | |||||
| 任务后的收获 | |||||

### 2. 生生互评(见表 7-14)

表 7-14  微博营销推广任务生生互评表

| 班级 | | 被评人学号 | | 被评人姓名 | |
|---|---|---|---|---|---|
| 评价者角色 | | 评价者学号 | | 评价者姓名 | |
| 任务 | | 完成情况记录 ||||
| 了解如何提升微博粉丝量 | |||||
| 掌握提升微博活跃度 | |||||
| 灵活打造微博营销矩阵 | |||||
| 任务后的收获 | |||||

## 3. 教师评价（见表7-15）

表7-15 微博营销推广任务教师评价表

| 班级 | | 被评人学号 | | 被评人姓名 | |
|---|---|---|---|---|---|
| 任务 | 完成情况记录 ||||||
| 了解如何提升微博粉丝量 | |||||
| 掌握提升微博活跃度 | |||||
| 灵活打造微博营销矩阵 | |||||
| 任务后的收获 | |||||

## 【拓展练习】（见表7-16）

表7-16 微博营销推广拓展练习表

| 练习名称 | 有效提升微博活跃度 |
|---|---|
| 练习目的 | 深入运用微博营销推广 |
| 练习安排 | 1. 实际发送一条带话题能够引发讨论和转发的热点信息，内容表现形式不限（包括但不限于视频、漫画、文案、图片等）。<br>2. 以小组PPT形式汇报，并组织全班讨论与评价 |
| 练习小结 | 学生交流过程中遇到的问题与不足，以及自己在这次策划中做得最成功的地方，教师根据讨论成果进行PPT展示，讨论分享中的表现，给每小组打分 |

# 第 8 章

# 其他新媒体营销实战

　　随着互联网的快速发展，越来越多的新媒体营销模式逐渐被开发出来，不仅在各个营销领域得到广泛应用，还带来了十分可观的营销效果。在新媒体营销多元化发展的今天，单一的营销模式已经失去了竞争优势，多种营销模式和营销渠道的结合才能在网络营销中占据有利位置。

　　本章介绍了 App 营销、二维码营销和新媒体写作平台营销的概念、特点及运营模式，旨在让大家对这 3 种新媒体营销概念及特点有所了解，并掌握其各自的营销运行模式并进行合理的应用，拓宽新媒体营销途径，提高新媒体营销运营能力。

**【思政案例导入】**

## 第二个"中国农民丰收节"

2019年9月23日是我国第二个农民丰收节。丰收节活动的主题设计与新中国成立70周年、乡村振兴战略、脱贫攻坚战这3大主题紧密结合,活动重心进一步下沉到县乡村,且更为遵循现代节日规律,为广大农民及各类市场主体搭建平台,充分调动起社会和市场的积极性。

金黄的稻谷压弯了稻穗,成片的莲蓬从莲叶中探出头来。2019年9月22日,江西省崇义县过埠镇长庆村,一派热闹的丰收景象。当地农民正在举行一场别开生面的抢收莲蓬技能比赛。他们比效率、比质量,看谁采摘多、看谁遗漏少。"今天特别开心,这样的活动让我体会到了丰收的喜悦,也让在场的朋友了解了农耕文化。"农户刘来香说。

连日来,全国各地以"庆祝丰收、弘扬文化、振兴乡村"为主题,策划了一系列农民参与度高、互动性强的活动,搭建起农业的嘉年华、农民的欢乐节、丰收的成果展、文化的大舞台。农业农村部部长韩长赋表示,办好中国农民丰收节的一大标准,就是农民广泛参与,基层自觉组织,对乡村振兴产生烘托和推动作用。今年丰收节丰富多彩的活动充分展现了蓬勃的时代气象、火热的生活激情、多样的农耕文化及农民的时代风采,引起了强烈的社会共鸣。

"今年,我们办节思路做了调整,国家层面主要是加强组织和指导,重心进一步下沉到县乡村,鼓励每个县重点支持和培育至少一项丰收节庆活动。目的是提高农民的参与度和基层的覆盖率。"农业农村部副部长于康震介绍,节庆活动只有贴近生产生活,让农民有更强的获得感,才能得到更大的认同。因此,今年提出要深化实化丰收节庆内容,为广大农民搭建风采展示的舞台和干事创业的平台,提升丰收节的参与性和互动性。

丰收节全面体现了信息化的元素。有关部门特别策划了"我的丰收我的节"70地庆丰收全媒体联动直播活动,应用5G最新的信息化技术,在丰收节当天通过专线、5G+VR、5G+无人机等多种技术,立体式展示各地优秀灿烂的农耕文明、丰富多彩的民族风情、千姿百态的丰收美景。通过丰收节搭建的信息化平台,生产端与消费端、农民与市民得以通过网络实现"零距离"接触。

"今年丰收节更注重利用市场化的手段。"农业农村部市场与信息化司司长唐珂说,在去年庆丰收购物节基础上,结合"互联网+"农产品出村进城工程、消费扶贫等内容,今年组织了"庆丰收·消费季",进一步扩大了节日市场规模,吸引城镇的居民走进乡村,活跃农村消费市场。今后要持续培育节日市场,推动农产品消费升级,在拉动乡村产业、增加农民收入上下功夫,让丰收节在市场的土壤中扎根。

农业农村部就2019年中国农民丰收节有关活动安排举行了新闻发布会,对活动举办时间、活动主题、活动清单、办节思路等内容进行了解读,引起了部分舆论关注。9月23日,第二届中国农民丰收节在全国各地如期举行,丰富多彩的活动通过官博及媒体的转发及报道,取得了较好的传播效果。

据数据统计,从2019年9月4日至26日,"农民丰收节"的全网信息量为31万条。截至2019年9月24日,"中国农民丰收节""我和我的家乡"等相关话题总阅读量为4.9亿次,讨论量为260.5万次。据新媒体工具铀媒统计,参与话题#我和我的家乡#的政务账号为32个。

## 【案例解读】

2019年1月，中共中央政治局在人民日报社就全媒体时代和媒体的融合发展举行第十二次集体学习，习近平总书记创造性地提出了"全程""全息""全员""全效"的"四全媒体"论，并强调要形成资源集约、结构合理、差异发展、协同高效的全媒体传播体系，为加快构建全媒体新格局指明了发展方向。农民丰收节的顺利开展及热烈反响，得益于线上新媒体的造势宣传及线下丰富多彩的活动内容。官博助力传播的同时，利用新闻发布会及宣传片吸引众多媒体密切关注，曝光率较高。与此同时，线下丰富多彩的活动内容，通过专线、5G、5G+VR、5G+无人机等多种技术呈现，新颖、独特的创意形式引人瞩目，全民在欢度节日的过程中也加深了对农业的重视和对农民的尊敬。

## 【思考问题】

"中国农民丰收节"展现了各民族共同参与、共庆丰收的节日，但是如何结合当地的民俗文化、农时农事，组织开展好农民群众喜闻乐见的活动，做到天南地北、精彩纷呈，突出地方特色？如何通过农民丰收节来更好地为农民增收搭建平台？

## 学习导图

根据其他新媒体营销实战基础知识学习活动顺序，本单元学习任务可以分解为以下子任务，如图8-1所示。

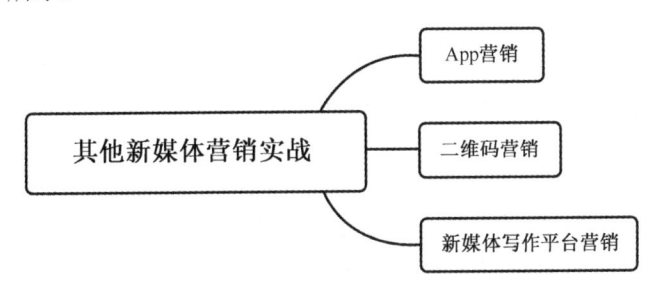

图8-1 其他新媒体营销实战基础知识学习活动

## 8.1 App 营销

### 【任务描述】

随着新媒体营销的广泛兴起，App营销逐渐受到消费者及各企业营销者的青睐。App营销可以精准传递客户，从接触顾客、吸引顾客、黏住顾客，到管理顾客、发起促销，再到最终的达成销售，整个营销过程可通过App这一小小的端口完成，受到许多企业及消费者的青睐。本任务将带领大家了解App营销的概念与特点和App营销的运营模式和推广方式，让大家进一步对App营销有所了解。

## 【学习目标】

1. 了解App营销的概念与特点。
2. 掌握App营销的运营模式。
3. 熟悉App营销的推广。
4. 选择一款知名App,分析其营销运营模式及推广方式有哪些。

## 【任务分配】

本任务为分组任务,学生分组讨论,写下平时关注或使用的购物网站类App,分析其在双十一期间的App推广方式,如表8-1所示。

表8-1 任务分配表

| 班级: | | 组号: | 组名: |
|---|---|---|---|
| 角色 | 姓名 | 学号 | 任务分工 |
| 组长 | | | |
| 组员 | | | |
| | | | |
| | | | |
| | | | |
| | | | |
| | | | |

## 【任务准备】

引导问题1:什么是App营销?App营销有哪些特点?

引导问题2:你习惯使用的App有哪些,它们运用了哪些运营模式?

## 【课前导读】

瑞典著名家具卖场宜家(IKEA)推出了一款名为IKEA NOW的App应用软件。当你用智能手机下载这款应用后,可以在App上"设计自己的家"。消费者可以在该应用上选择卧室、客厅、厨房或书房,然后按照自己的兴趣爱好在App上的虚拟房间中摆放宜家的家具。

尽管是虚拟的房间布置游戏,但许多手机用户乐此不疲。他们不一定都是宜家家具的消费者,但亲手设计自己的家是大部分人的兴趣点。在现实中,大家受制于财力、时间、人力等因素,无法把房间完全布置成自己最喜欢的个性化风格。但在IKEA NOW中,只需轻轻点击滑动手指,就能轻松创建出五花八门的自定义家具布局。此外,宜家还通过投票的方式鼓励大家支持自己最喜欢的布局,然后对创意优秀的布局者进行奖励。宜家并不是一家互联网公司,做的是以线下发展为主的实体生意。电子商务非其所长,也不是其主攻方向。但很多消费者缺少时间在线下充分体验宜家的家居产品,于是宜家营销团队想到了手机 App 这种特殊的营销工具。

消费者可以在手机上通过虚拟的家具布局场景来了解宜家的最新产品，并轻松地完成一部分产品体验。尽管他们还没接触到真正的家具，但在用 App 设计好自己心中理想的家居布局后，消费者也就大致清楚自己需要预定什么样的产品了。这种利用 App 的个性化定制营销来扩大品牌影响力的策略，进一步提升了宜家的口碑，并且一举打通了会员营销、产品体验与服务体系。

【课堂讨论】

1. IKEA NOW 这款 App 属于哪种运营模式？
2. 分析 IKEA NOW 这款 App 的推广方式。
3. 下载 IKEA NOW 并说一下你是否喜欢这款 App，为什么？

## 8.1.1　App 营销的概念

App（Application）营销就是应用程序营销，它是基于智能手机和无线电子商务的发展而兴起的一种营销方式。App 营销的核心是手机用户，企业将开发的 App 应用程序投放到手机或移动应用设备上，用户通过下载并使用 App 获得信息或达到其他目的。企业以 App 为载体，达到推广品牌、挖掘新用户、开展营销的目的。

App 营销是目前较为流行的一种营销方式，从趋势上看，App 不仅正吞噬着软件，对游戏、零售、新闻媒介、旅游等行业都产生了不小的影响。App 既是一种时尚的流行方式，也可以不间断的连接网络、SNS、微博等工具，加上新型技术的发展，App 完全有望形成一种志缘、趣缘的社区。App 不仅是厂商提供营销的计划，也是经销商提供服务和增值盈利的计划首选，还是厂商和经销商及消费者、潜在消费者之间的桥梁。例如，小红书 App，它是一个网络社区，也是一个跨境电商，还是一个共享平台，更是一个口碑库，小红书的用户既是消费者，还是分享者，更是同行的好伙伴，打开小红书，没有商家的宣传和推销，只有依托用户口碑写的"消费笔记"，不仅将产品介绍得更加真实可信，也传递了美好生活方式，如图 8-2 所示。

图 8-2　小红书 App 界面

## 8.1.2　App 营销的特点

App 营销能够为企业带来各种不同类型的网络用户和大量的平台流量，深入挖掘这些流量和用户，可以为企业带来更多的忠实用户，实现企业品牌的传播。作为移动营销的一种特有营销方式，App 营销有以下 8 个特点，如图 8-3 所示。

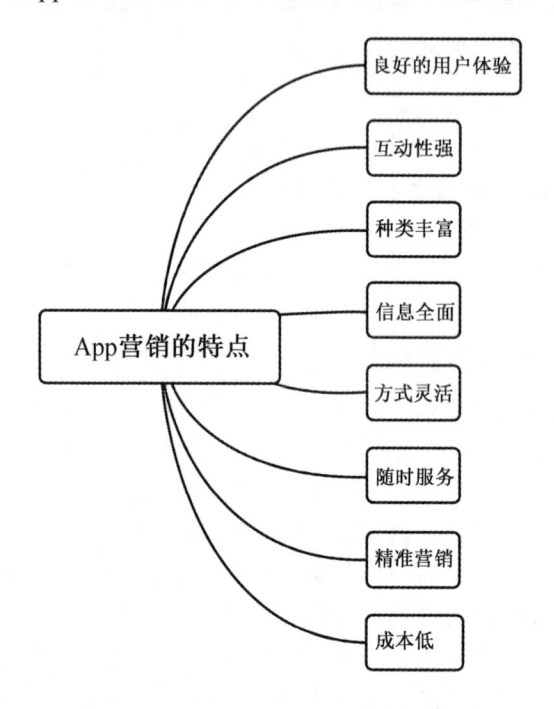

图 8-3　App 营销的特点

（1）良好的用户体验。

与 PC 端相比，App 应用程序设计了更加满足手机用户需求的功能和界面，风格简洁清晰，突出重点，文字、图片的显示比例和排版也更加注重用户的视觉习惯。所有功能的开发都是为展示核心的功能和特点，针对性强，能够更好地吸引对 App 感兴趣的用户，提升用户的使用体验。

（2）互动性强。

App 是一个功能完整的应用程序，除可以使用 App 完成各种生活娱乐的需求外，还能进行评论、分享等互动行为，增加与用户之间的联系。

（3）种类丰富。

App 的种类十分丰富，企业可以根据自己的营销目的选择不同类型的 App 进行推广，例如，购物、社交、拍照、学习、游戏、教育等多个种类。

（4）信息全面。

App 中展示的信息非常全面，可以帮助用户快速、全面地了解产品或企业信息，通过这种方式打消用户对产品的顾虑，增强用户对企业的信心，提高用户的忠诚度与转化率。

（5）方式灵活。

App 的营销方式较为灵活，对于用户来说，可以通过扫描二维码直接下载安装 App；

对于企业来说，可以通过手机或计算机后台发布、管理 App 中展示的内容。同时，用户在 App 中进行的活动也可以被企业统计，使企业更好地进行用户行为分析，帮助企业改善营销策略。

（6）随时服务。

网上订购，通过移动应用对产品信息的了解，可以及时地在移动应用上下单或连接移动网站下单。顾客交流和反馈，利用手机和网络，易于开展由制造商与个别用户之间的交流。客人的喜爱与厌恶的样式、格调和品味，也容易被品牌一一掌握。这对产品大小、样式设计、定价、推广方式、服务安排等均有重要意义。

（7）精准营销。

通过可量化的精确的市场定位技术突破传统营销定位只能定性的局限，借助先进的数据库技术、网络通信技术及现代高度分散物流等手段保障和顾客的长期个性化沟通，使营销达到可度量、可调控等精准要求。摆脱了传统广告沟通的高成本束缚，使企业低成本快速增长成为可能，保持了企业和客户的密切互动沟通，从而不断满足客户个性需求，建立稳定的企业忠实顾客群，实现客户链式反应增殖，从而达到企业的长期稳定高速发展的需求。移动应用具有很强的实用价值，手机本身就是一种实用性很强工具，App 可以帮助自身生活、学习、工作，是手机的必备功能，每款手机都或多或少有一些 App。

（8）成本低。

App 营销的模式，费用相对于电视、报纸，甚至网络低很多，只要开发一个适合于本品牌的 App 就可以了，可能还有一些推广费用，但这种营销模式的营销效果是电视、报纸和网络不能代替的。

## 8.1.3 App 的运营模式

随着移动互联网的兴起，越来越多的互联网企业、电商平台，甚至传统企业开始将 App 作为销售的主战场之一，App 营销的应用也越来越广泛。为实现更好的营销效果，需要为不同的应用设计不同的运营模式，主流的 App 运营模式包括广告运营模式、用户运营模式、内容运营模式和购物网站运营模式 4 种类型，如图 8-4 所示。

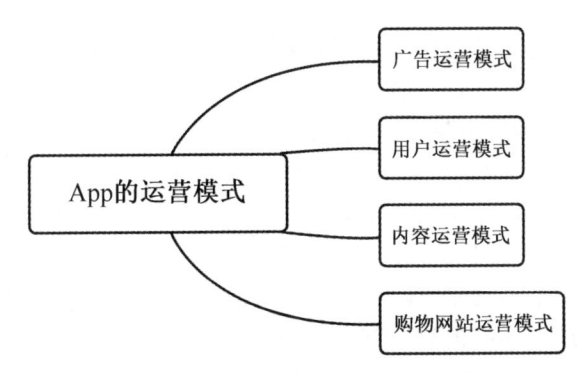

图 8-4　App 的运营模式

**1. 广告运营模式**

广告运营模式是众多功能性应用和游戏应用中最基本的一种运营模式，广告主通过动态广告栏链接进行广告植入，当用户点击广告栏时会进入指定的界面或链接，了解广告详情或参与活动。这种广告运营模式的操作十分简单，适用范围很广，广告主只需要将广告投放到与自己产品用户匹配的热门应用上就能达到良好的传播效果，但这种广告植入方式会影响用户对 App 的使用体验，很容易影响持续发展。

为保证广告的效果和 App 的寿命，在进行广告运营时，可以借助一些营销方法进行广告的植入，如内容植入、道具植入和背景植入等。内容植入是指在应用中自然地融入广告，且不影响用户对 App 的使用，甚至可以增加用户互动，以便达到更好的广告效果；道具植入是指将品牌融入应用的道具中，在用户游戏的过程中增加品牌的曝光率和影响力；背景植入是指将某品牌作为应用中某个界面、某个按钮、某个内容、某个主题的背景，从而达到对品牌进行宣传和深化的效果，如爱奇艺等视频类 App 会在开始界面插入广告，以进行品牌的宣传和广告的植入，如图 8-5 所示。

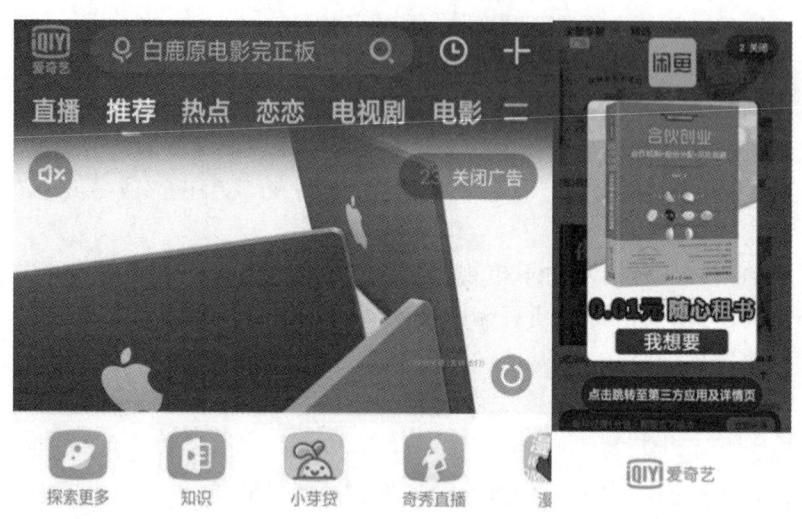

图 8-5　爱奇艺 App 开始界面

### 2. 用户运营模式

用户运营模式常见于网站移植类和品牌应用类 App，这种方式通常没有直接的变现模式，主要是为了让用户了解产品，培养品牌的影响力和用户的忠诚度。企业设计具有一定价值和作用的应用供用户使用，用户通过该应用可以很直观地了解企业信息，与企业品牌产生更多的联系，同时应用又能为用户提供便利。例如，某化妆品品牌针对化妆定制相关应用，吸引目标用户进行下载，在 App 中设计化妆、搭配、时尚等游戏内容，让用户在进行游戏的过程中，不断强化对品牌的印象，以便企业培养更精准的潜在用户群。

App 的运营核心就是用户运营，主要分为用户拉新、留存、促活、转化 4 个指标。Keep 作为在线健身课程 App 的佼佼者，搭建了出色的用户运营体系，Keep 通过给用户提供好用的健身工具、搭建健身社区获取用户及留存用户，最终通过会员付费、线下健身房销售课程、搭建 Keep 商城实现商业变现，如图 8-6 所示。

### 3. 内容运营模式

内容运营模式是指通过优质内容吸引精准用户和潜在用户，从而累积口碑和忠实用户，最终实现营销目的。内容运营模式需要先做好市场调查和目标用户群体的精准定位，并通过文字、图片、音乐、动画、视频等形式传达有价值的、符合用户需求的信息，以便对内容主题、营销平台等进行更准确的定位，从而达到最佳的营销效果。例如，一些介绍搭配知识的 App，通过为用户提供实用有效的搭配技巧，吸引有服饰搭配需求的用户，然后向其推荐合适的商品。

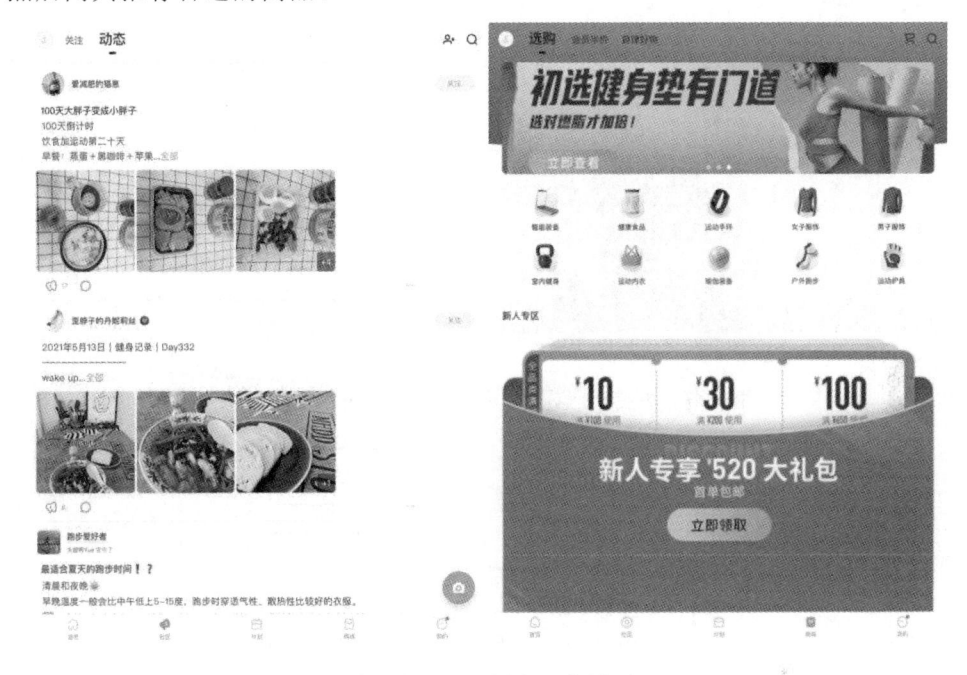

图 8-6　Keep 用户运营界面

阿里巴巴集团发布了其新的旅游业务子品牌"去啊"，而针对"去啊"发布会现场 PPT 上那句"去哪里不重要，重要的是……去啊"的广告语，竞品品牌"去哪儿"快速做出反应，而一场没有预料到的品牌混战就这么开始了。去哪儿、途牛、携程、同程等行业对手纷纷跟上，形成了颇为有趣的一幕，在这场广告大战中，所有参与者都赢取了曝光率，可谓是真正的共赢，如图 8-7 所示。

**4．购物网站运营模式**

购物网站运营模式的 App 多由购物网站开发，其主要方式是商家开发出自己网站的相关 App，投放到各大应用商店供用户免费下载使用，用户可以通过该应用随时随地浏览商品或促销等信息，并完成下单和交易。购物网站运营模式的 App 是移动电商运营的主要趋势，对于用户而言，移动应用的特性更加方便商品的选购，对于购物网站而言，移动应用的便捷性大大增加了流量和转化率，促成了更多的交易。

## 8.1.4　App 的推广

企业开发好的 App 需要通过各种途径进行推广才能得到更多的用户，App 的推广主要可以使用以下 4 种方法，如图 8-8 所示。

图 8-7　去哪儿（左）、携程（右）App 开始界面

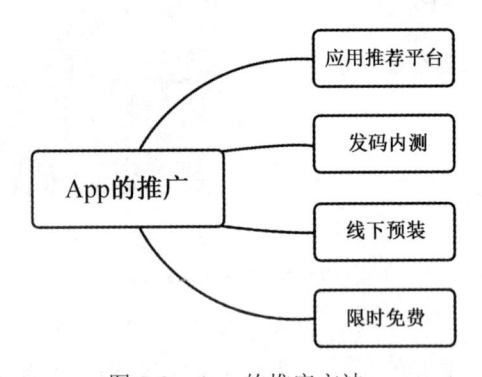

图 8-8　App 的推广方法

### 1. 应用推荐平台

在各类 App 应用推荐网站、商店中上架，如 App Store、安卓市场、小米应用、华为应用市场等。这些应用平台拥有大量的流量，可以被用户搜索并下载安装。但需要注意 App 的排名优化，主要从用户的下载量和安装量、应用数据（如打开次数、停留时间、下载数量、评论数等）、App 标题关键词、应用评分、应用描述、应用视频等角度进行。

### 2. 发码内测

发码内测是指利用饥饿营销的方式，先为 App 造势和预热，塑造 App 的形象和价值，再以有限的条件不断刺激用户，增加用户迫切希望获得的想法，如限时抢 500 个激活码等。

### 3. 线下预装

有实力的企业可以和手机厂商合作，在手机出厂前将 App 直接预装到手机里，这样购买了手机的用户就直接成了该 App 的使用用户。

### 4. 限时免费

部分收费 App 可以通过开展限时免费等活动吸引用户下载和使用,通过功能、界面、服务等方面的优势引导用户进行后续的付费体验,如图 8-9 所示。

图 8-9　苹果收费软件下载界面

## 【任务评价】

### 1. 学生自评(见表 8-2)

表 8-2　App 营销基础任务学生自评表

| 班级 | | 学号 | | 姓名 | |
|---|---|---|---|---|---|
| 角色 | | ○ 组长　　○ 组员 | | 完成时间 | |
| 任务 | | 完成情况记录 ||||
| 了解 App 营销的概念与特点 | |||||
| 掌握 App 营销的运营模式 | |||||
| 熟悉 App 营销的推广方式 | |||||
| 任务后的收获 | |||||

### 2. 生生互评(见表 8-3)

表 8-3　App 营销基础任务生生互评表

| 班级 | | 被评人学号 | | 被评人姓名 | |
|---|---|---|---|---|---|
| 评价者角色 | | 评价者学号 | | 评价者姓名 | |
| 任务 | | 完成情况记录 ||||
| 了解 App 营销的概念与特点 | |||||
| 掌握 App 营销的运营模式 | |||||
| 熟悉 App 营销的推广方式 | |||||
| 任务后的收获 | |||||

## 3. 教师评价（见表 8-4）

表 8-4　App 营销基础任务教师评价表

| 班级 | | 被评人学号 | | 被评人姓名 | |
|---|---|---|---|---|---|
| 任务 | | 完成情况记录 ||||
| 了解 App 营销的概念与特点 | |||||
| 掌握 App 营销的运营模式 | |||||
| 熟悉 App 营销的推广方式 | |||||
| 任务后的收获 | |||||

### 【拓展练习】（见表 8-5）

表 8-5　App 营销基础拓展练习表

| 练习名称 | App 营销初步认识 |
|---|---|
| 练习目的 | 了解 App 营销推广的方法及 App 广告运营模式 |
| 练习安排 | 学生挑选自己关注的 10 个 App，从企业的角度分析可以通过哪些途径进行 App 的推广，并分析可以通过哪些方法在 App 中植入广告 |
| 练习小结 | 学生小组交流，教师根据讨论成果进行 PPT 展示，讨论分享中的表现，给每个小组打分 |

## 8.2 二维码营销

### 【任务描述】

二维码的出现是一场营销革命。在短短几年的时间里，从无处可见到满城尽是二维码，在地铁上、公交车站、报纸杂志上、扶梯的助手上等，扫二维码成为一道亮丽的风景。在这个飞速发展的互联网时代，企业及商家想要更好地发展，无法避免营销推广，最常见的就是二维码营销。什么是二维码营销？二维码营销能带来哪些好处？本任务将带大家了解二维码营销的概念、特点及推广运营模式。

### 【学习目标】

1. 了解二维码营销的概念及优势。
2. 掌握二维码营销的推广形式。
3. 熟悉二维码的营销运营模式。

### 【任务分配】（见表 8-6）

本任务为分组任务，学生分组讨论，每组选择一个美妆品牌，分析其在情人节期间的二维码营销推广方式，并思考与传统营销方式相比，二维码营销有哪些优势？

表 8-6  任务分配表

| 班级： | | 组号： | 组名： |
|---|---|---|---|
| 角色 | 姓名 | 学号 | 任务分工 |
| 组长 | | | |
| 组员 | | | |
| | | | |
| | | | |
| | | | |
| | | | |
| | | | |
| | | | |

### 【任务准备】

引导问题 1：什么是二维码营销？

引导问题 2：二维码运营的优势是什么？

引导问题 3：你所了解的二维码运营渠道有哪些？

### 【课前导读】

#### 1. 二维码饼干

香港某书店将二维码运用到了饼干上，将这样的饼干在客流量较大的咖啡厅里进行派送，用户可以通过扫描饼干上的二维码在书店下载免费的试读书籍。这花费 4 万港币预算制作的 800 个二维码美味点心，成功地为该书店带来比以往高出 45%的网站访问量，以及 12%的销售额增长。

#### 2. 报纸叫你喝咖啡

针对商务人士每天早上喝咖啡看报纸的习惯，以色列某咖啡企业将包含二维码的广告刊登到报纸上，用户如果用智能手机扫描二维码，会收到距离他们最近的一家该品牌咖啡馆的信息，包括在谷歌地图上显示通往该咖啡馆的路线，以及一杯免费咖啡的优惠券，这样就可以吸引用户到咖啡店，一边喝咖啡一边看报纸了。创意互动的方式能为店家带来大批新顾客，打开知名度，其中培养成忠实用户群体的可能性也大大提高了。

#### 3. 二维码出行

青桔、支付宝单车等共享出行的方式近几年成为各方投资的焦点。扫一扫二维码，轻松骑车，随停随取，极大地方便了城市最后一公里的短途出行。

#### 4. 微信优惠券

腾讯微信平台以商家为主角，推出了微信优惠券。微信用户只需用手机扫描商家的独有二维码，就能获得一张存储于微信中的电子会员卡，享受商家提供的会员折扣和服务。企业可以设定自己品牌的二维码，用折扣优惠券等信息吸引消费者扫描，如深圳大型商场海岸城推出"开启微信会员卡"活动，微信用户扫描海岸城专属二维码可以免费得到海岸城手机会员卡，凭此卡享受海岸城内多家商户优惠特权。

【课堂讨论】

1. 案例中给出的二维码运营方式有哪些？
2. 案例中涉及哪些二维码推广方式？
3. 你认为二维码运营的优势有哪些？

【任务实施】

## 8.2.1 二维码营销的概念

### 1. 二维码

二维码是将特定的几何图形按照一定的规律，在二维方向上分布的黑白相间的图形。二维码图案指向的内容十分丰富，可以是产品资讯、促销活动、礼品赠送、在线预订、网址、文章等，它不仅为用户提供了更加便利的服务，还为企业带来了更优质的营销与运营途径。二维码营销就是将企业的营销信息植入二维码中，通过对二维码图案的传播，推广企业的各种信息，刺激用户产生消费行为。

### 2. 二维码营销

二维码营销是一种十分具有潜力的营销方式，企业通过引导用户扫描二维码，使用户了解相关的产品资讯或推广活动，从而刺激用户进行购买。二维码营销也是移动营销中的重要组成部分之一，它的传播途径非常广泛，可以直接通过互联网进行发布传播，如许多公众号在文章结尾会放置二维码进行宣传和推广，如图 8-10 所示。也可以将二维码印刷到纸张、卡片上，通过传统线下途径进行传播。

## 8.2.2 二维码营销的优势

### 1. 运营成本低，作用好

二维码营销较媒体广告、传单广告等有成本优势。二维码的出现大大削减了版面数量，降低了印刷成本，不管企业规模的大小还是企业经营何种方向，都可以使用二维码营销，给本企业提供的产品、服务做宣传，提升企业的重视度。

### 2. 可以与传统的广告、企业活动宣传完美结合

很多广告或电视节目都会结合二维码吸引用户。在举行企业活动时，也可以将印有二维码的广告放在醒目位置，达到二维码与传统广告及企业活动完美结合的目的。

图 8-10　武汉种草君（左）、大学生义工旅行（右上）、武汉大学（右下）微信公众号二维码

## 8.2.3　二维码营销推广

二维码具有信息容纳度高、表现形式多样化、易识别、容错率高、操作便捷等特点，使其在企业营销中占据了十分重要的地位，越来越多的企业和个人将二维码营销纳入整体营销策划的一部分。从企业运营层面来看，二维码营销推广主要包括以下 4 种形式，如图 8-11 所示。

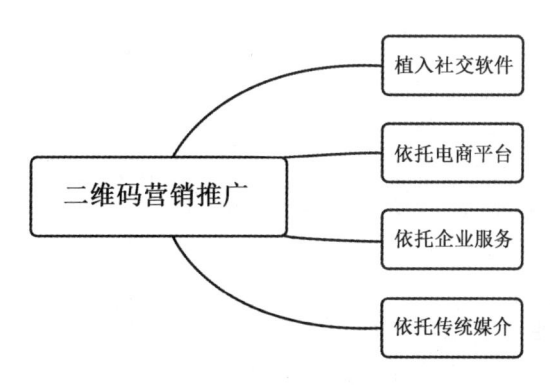

图 8-11　二维码营销推广

（1）植入社交软件。

植入社交软件指以社交软件和社交应用为平台推广二维码。以微信为例，微信的特点是可以让企业和用户之间建立起好友式的社交关系，实现基于微信的 O2O 营销，利用

微信扫描二维码提供各种服务，为用户带来便捷、有价值的操作体验。

（2）依托电商平台。

依托电商平台指将二维码植入电子商务平台中，依托电子商务平台的流量引导用户扫描二维码。现在很多电子商务平台中都有二维码宣传，用户在扫描二维码时即可下载相应的App，或关注网店账号。

（3）依托企业服务。

依托企业服务指企业在向用户提供服务时，引导用户对二维码进行扫描关注或下载相关应用，例如，在电影院使用二维码网上取票时，通过扫描二维码引导用户下载相应App，或查看相关营销信息等。

（4）依托传统媒介。

依托传统媒介指将二维码与传统媒介结合起来，实现线上营销和线下营销的互补，例如，在宣传海报上印刷二维码，提示用户进行预约和订购，参加相应促销活动等。

## 8.2.4 二维码的运营模式

二维码运营是移动营销与运营背景下商户和企业之间竞相使用的一种运营方式，与其他运营方式一样，二维码运营也需要提前进行定位，确认运营目标和运营方式才能取得理想的营销效果。虽然二维码运营具有很大的便捷性，在运营方式上的限制较少，但企业也应该根据自己的定位和运营策略选择更合适的运营模式，下面对主流的二维码运营模式进行介绍，如图8-12所示。

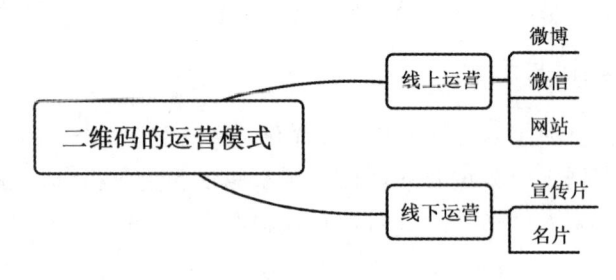

图8-12 二维码的运营模式

**1. 线上运营**

二维码的线上运营平台较多，企业通常选择用户定位比较精准的平台或用户基数比较大的平台，如与产品相对应的论坛、贴吧、网站等，此外，也可以在微博、微信等渠道进行二维码的推广营销。

（1）微博。

微博是用户基础非常大，且活跃度非常高的社交应用之一，微博上的热门话题通常可以在短时间内引起非常高的关注度，企业在微博上进行相关活动宣传推广二维码，可以获得不错的效果，如图8-13所示。

（2）微信。

微信作为主流的即时通信工具，不仅具有二维码的传播能力，可以将二维码快速传播到具有相同特征和消费习惯的精准人群中，还具有二维码扫描功能，方便用户进行二维码信息的读取，是企业进行二维码营销的主要方式之一，如二维码支付、扫码骑车、扫码取款和支付等新型的二维码营销及应用模式，在微信上均可实现。除微信本身的功能可以用于二维码营销外，微信公众平台也是二维码营销的沃土，在微信公众平台进行推送时附带相关二维码信息，也能够获得非常好的营销效果，如图8-14所示。

图8-13　星巴克、瑞幸、麦当劳微博海报

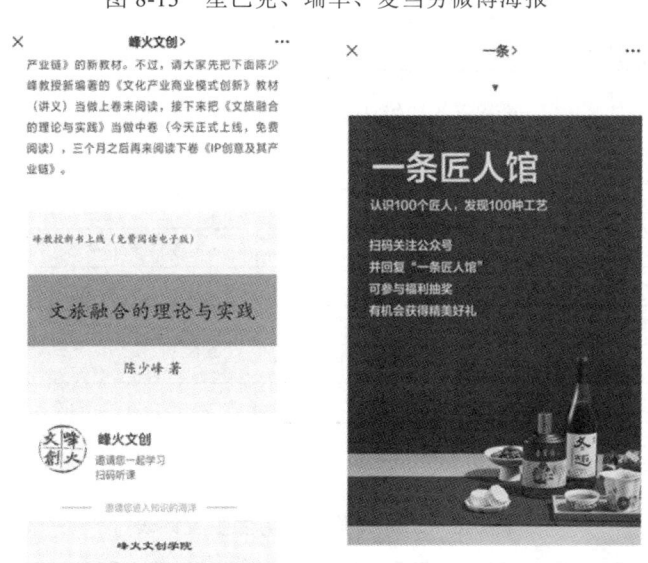

图8-14　烽火文创、一条匠人馆微信公众号

（3）网站。

现在的新媒体营销正朝着整合营销的方向发展，企业在各大贴吧、论坛进行内容营销时，可以与二维码灵活结合起来，例如，在新浪、腾讯、豆瓣、天涯等网站或新媒体写作平台发布信息时，附带相关的二维码，引导用户扫描，可以达到增加用户、提高宣传效果的目的。

## 2. 线下运营

二维码线下运营具有非常强的适应性，特别是随着二维码对人们生活渗透得越来越深入，二维码应用的场所越来越多，二维码运营渠道也越来越多。

（1）宣传品。

在新媒体营销的冲击下，传统营销虽然经历了一定的衰变，但仍然具有非常强大的效果，将传统营销、新媒体营销进行整合更是未来营销的新趋势。现在很多企业和商户开始通过平面、户外及印刷品等媒体，结合二维码，策划整合式的线上线下运营方案，二维码与传统媒体进行捆绑，可以将传统媒体传播价值延伸至互联网中，累积更多不同渠道的新用户。传统的平面、户外及印刷品等媒体所包含的种类非常多，宣传单、宣传画册、宣传海报、产品包装、产品说明书、产品吊牌、服装、卡片、优惠券、小赠品、户外广告、报纸、杂志、鼠标垫、周边产品购物清单等都是非常典型的传统宣传媒介。

（2）名片。

名片代表着企业和企业职员的形象，也是展示和宣传企业信息的一种传统媒介。将二维码与传统名片相结合，用户只需扫码，就可以读取到名片上多于名片表达的内容信息。通过二维码名片，企业可以将用户引导到指定页面，使用户了解产品款式、产品参数和产品介绍等信息，让用户更快速、更直接地接触到产品，从而提高转化率。

## 【任务评价】

### 1. 学生自评（见表 8-7）

表 8-7　二维码营销任务学生自评表

| 班级 | | 学号 | | 姓名 | |
|---|---|---|---|---|---|
| 角色 | ○ 组长　○ 组员 | | 完成时间 | | |
| 任务 | 完成情况记录 ||||||
| 了解二维码营销的概念及优势 | |||||
| 掌握二维码营销的推广形式 | |||||
| 熟悉二维码营销的运营模式 | |||||
| 任务后的收获 | |||||

### 2. 生生互评（见表 8-8）

表 8-8　二维码营销任务生生互评表

| 班级 | | 被评人学号 | | 被评人姓名 | |
|---|---|---|---|---|---|
| 评价者角色 | | 评价者学号 | | 评价者姓名 | |
| 任务 | 完成情况记录 |||||
| 了解二维码营销的概念及优势 | |||||
| 掌握二维码营销的推广形式 | |||||
| 熟悉二维码营销的运营模式 | |||||
| 任务后的收获 | |||||

## 3. 教师评价（见表 8-9）

表 8-9　二维码营销任务教师评价表

| 班级 | | 被评人学号 | | 被评人姓名 | |
|---|---|---|---|---|---|
| 任务 | | 完成情况记录 |||||
| 了解二维码营销的概念及优势 | |||||
| 掌握二维码营销的推广形式 | |||||
| 熟悉二维码营销的运营模式 | |||||
| 任务后的收获 | |||||

## 【拓展练习】（见表 8-10）

表 8-10　二维码营销拓展练习表

| 练习名称 | 二维码营销内容初步认识 |
|---|---|
| 练习目的 | 认识二维码营销的概念、优势及其运营方式 |
| 练习安排 | 挑选一个自己感兴趣且知名的企业，从企业的角度分析二维码营销有哪些优势，分析企业在进行二维码营销时，可以采用哪些方法。以小论文的形式进行总结陈述，2 000 字以内 |
| 练习小结 | 学生小组交流各自的营销案例的分析过程与结果，教师根据讨论成果进行 PPT 展示，讨论分享中的表现，给每小组打分 |

## 8.3　新媒体写作平台营销

### 【任务描述】

新媒体写作平台是新媒体形势下顺势产生的优质信息生产平台，现在的各大主流媒体都开通了自己的新媒体平台，自媒体可以通过这些平台分享自己的观点、输出个人价值，从而积累个人影响力并开展相关营销活动。本任务帮助学生了解在新媒体写作平台开展营销的方法，那么新媒体写作平台有哪些类型？新媒体写作平台的营销价值是什么？如何进行新媒体写作平台的运营？

### 【学习目标】

1. 了解新媒体写作平台的类型。
2. 掌握新媒体写作平台的营销价值。
3. 熟悉新媒体写作平台的选择方式。
4. 列举简书这一新媒体写作平台的特点。

### 【任务分配】（见表 8-11）

本任务为分组任务，学生分组讨论，列举一个影响范围广的新媒体写作平台，并分析其写作平台的类型及营销价值，介绍其平台的选择策略。将成果做成 PPT 进行演示，并组织全班讨论与评析。

表 8-11　新媒体写作平台任务分配表

| 班级： | | 组号： | 组名： |
|---|---|---|---|
| 角色 | 姓名 | 学号 | 任务分工 |
| 组长 | | | |
| 组员 | | | |
| | | | |
| | | | |
| | | | |
| | | | |
| | | | |
| | | | |

【任务准备】

引导问题 1：新媒体写作平台的类型有哪些？

引导问题 2：思考新媒体写作平台的营销价值？

引导问题 3：你认为新媒体写作平台的选择方式是什么？

【课前导读】

今日头条是一款个性化推荐引擎软件，能为平台的用户提供有价值的各种信息。今日头条从创立开始，其用户数量不断突破。平台庞大的用户量，为企业营销推广的运营吸粉、引流提供了强有力的支撑。今日头条平台具有以下 6 个方面的特点。

（1）登录方式多样。

用户登录今日头条的方式是多样的，除手机号、邮箱等方式外，还支持新浪微博、腾讯微博、QQ 空间、微信等平台授权登录。

（2）推送内容全面、及时。

今日头条平台上新闻内容更新的速度非常及时，用户几分钟就可以刷新一次页面，浏览新信息。而且今日头条平台涵盖面非常广，用户能够看见各种类型的内容，以及其他平台上推送的信息。

（3）精准推送。

今日头条能根据用户所在的位置，精准地将当地新闻推送给用户，并且还能根据用户的性别、年龄层次、兴趣爱好等特征，推送用户最感兴趣的信息。

（4）互动性强。

在今日头条大部分推送的信息下，用户都可以对该信息进行评论，不同用户之间也可以进行互动。

（5）信息分享与传播便捷。

今日头条平台为用户提供了方便快捷的信息分享功能，用户看见自己感兴趣的信息后，只要点击页面上的转发按钮即可分享该信息，将其传播到其他平台，如新浪微博、微信等。

(6) 云端存储。

用户只要登录自己的今日头条账户，在该平台上评论或收藏的信息就可以自动存储。只要用户自己不删除，不论是在手机端还是计算机端，登录平台账号后都可以查看到信息，完全不用担心信息丢失。

**【课堂讨论】**

1. 你在哪些新媒体写作平台上阅读或发布过文章？
2. 分析今日头条的营销价值。
3. 简述今日头条这一新媒体写作平台的选择方式是什么？

## 8.3.1 新媒体写作平台的类型

新媒体是基于互联网发展起来的一种新的媒体形态，区别于报刊、广播、电视等传统媒体，其在传播主体、传播媒介上与传统媒体有很大的不同，也正是这种不同，让"人人都是自媒体"成为一种趋势。越来越多的个人选择通过新媒体平台表达自己，专业的新媒体写作平台顺势出现。除博客、微博、公众号、今日头条、豆瓣、知乎等平台外，现在主流的自媒体写作平台还包括简书、大鱼号、企鹅号、搜狐号、百家号等，如表8-12所示。

表8-12　主流自媒体写作平台

| | |
|---|---|
| 简书 | 简书是一个优质的创作社区和内容输出平台，任何人都可以在其上创作自己的作品，并与其他用户交流。简书界面简洁、体验效果好，深受文艺青年和大学生的青睐。简书对文章的原创性要求较高，要想上选首页推荐，文章必须为原创，并且具有较高的质量。由于简书的准入门槛较低，用户数量和流量十分可观，所以非常利于打造个人品牌。同时，用户在简书上持续创作优质文章不仅可以获得大量粉丝，还可能与出版社或其他平台的"大V"号合作，进步扩大自己的影响力 |
| 大鱼号 | 大鱼号是原UC订阅号、优酷自频道账号的统一升级，内容创作者可在大鱼号畅享阿里文娱生态的多点分发渠道，获得多产品、多平台的流量支持。第一阶段接入的平台为UC、UC头条、优酷、土豆、淘宝、神马搜索、豌豆荚，第二阶段接入的平台为天猫、支付宝等。大鱼号升级之后，阿里文娱在原有"大鱼计划"10亿元内容扶优基金之上，继续追加10亿元纯现金投入，为创作者提供现金扶持，进一步激励优秀原创作者及短视频创作的产出 |
| 企鹅号 | 企鹅号是由腾讯推出的自媒体写作平台，提供开放全网流量、开放内容生产能力、开放用户链接、开放商业变现能力4个方面的功能。媒体/自媒体在企鹅号发布的优质内容，可以通过手机QQ浏览器、天天快报、腾讯新闻客户端、微信新闻插件和手机QQ新闻插件进行一键分发，增加了内容的曝光度和精准度，通过微社区等形式，该平台还可以帮助媒体/自媒体实现与粉丝的互动，方便快速沉淀粉丝群，快速建立起与粉丝的连接，实现粉丝资源的积累 |
| 搜狐号 | 搜狐号是搜狐门户网打造的分类内容分发平台，它集中了搜狐网、手机搜狐网、搜狐新闻客户端3方面的资源进行推广，个人、媒体、企业、政府均可入驻。搜狐个人号面向个人，提供以文字、图片创作为主的内容管理互动平台，帮助个人用户寻找自己的粉丝，打造自己的品牌。搜狐媒体号面向报纸、杂志、电视台、电台、互联网等媒体开放内容发布平台，与搜狐共享亿万移动用户。搜狐企业号面向企业、机构及其他提供内容或服务的组织，共享海量流量资源，扩大自身品牌影响力。搜狐政府号面向国家各省市区的各级党政机关，为公开政务信息而打造 |

| | |
|---|---|
| 百家号 | 百家号是百度公司为内容创作者提供的内容发布、内容变现和粉丝管理平台。百家号支持内容创造者轻松发布文章、图片、视频作品，未来还将进一步支持 H5、VR、直播、动图等更多内容形态。百家号为内容创造者提供广告分成、原生广告和用户赞赏等多种变现机制，在百家号上发布的内容可以通过手机百度、百度搜索、百度浏览器等多种渠道进行分发，从而获取多渠道流量，实现粉丝的积累 |

### 8.3.2 新媒体写作平台的营销价值

互联网在人们生活中的广泛普及，使新媒体逐渐变成信息接收和传播的主流媒体。与传统媒体相比，新媒体覆盖面更广、流量更大，优质自媒体的加入更使其不断展现出营销价值，新媒体写作平台的主要营销价值有以下 3 点。

#### 1. 创造个人品牌

很多人借助自媒体写作平台，提高了个人影响力。通过写作平台不断高质量地输出，拥有了大批用户，打造出个人品牌。互联网背景下的网络营销，依靠自媒体这种形式创造价值的不在少数，依靠自媒体的渠道不断提升个人影响力，再通过不断的内容输出打造具有鲜明标志的个人品牌，同时积累庞大的用户群体，最终实现自媒体营销的变现。不管是哪一个自媒体写作平台，只要能够坚持提供高质量的内容服务，就能够打造出个人品牌。

#### 2. 导入电商平台

自媒体在网络营销中，凸显"长尾"模式价值。随着自媒体的发展，线上线下（Online To Online，O2O）逐渐被自媒体广泛应用。自媒体人可以借助写作平台打造粉丝经济，创办线上或线下店铺，从而实现自媒体人至自媒体商户的转变。有些自媒体人经营与自身定位比较相符的产品，利用自身在行业或圈子里的知名度引导用户购买，实现高效的价值产出，直接产生经济效益，例如，"罗辑思维"的罗振宇，就是利用自媒体积累粉丝，再通过网上店铺出售自己的产品。

#### 3. 内容付费

自媒体的广泛传播，开启了内容付费的新模式。各大自媒体平台相继推出"打赏"模式，粉丝可以通过打赏为喜爱的知识付费。一些知名的自媒体人也借助写作平台开启了内容创业。

### 8.3.3 新媒体写作平台的运营

选择一个合适的自媒体写作平台能够获得事半功倍的营销效果，一般来说，好的平台和好的运营会对最终的营销产生直接影响，新媒体写作平台的运营方式如图 8-15 所示。

#### 1. 选择好平台

好平台可以为自媒体营销提供更大的价值，对于内容创作者而言，平台的流量、规则和曝光度非常重要。

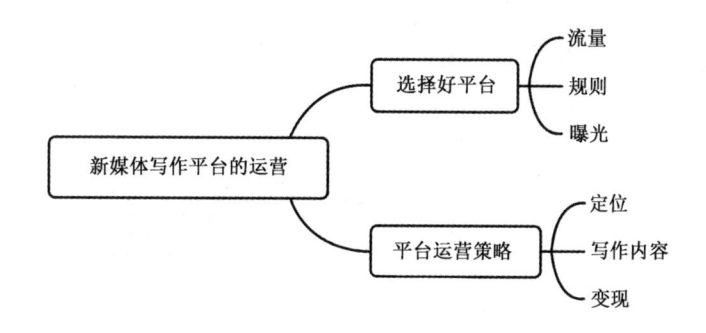

图 8-15　新媒体写作平台的运营方式

（1）流量。

流量是选择自媒体平台首先要考虑的因素，流量大的平台通常具有更大的影响力，也会为创作者提供更多的展示机会。一般来说，百度、腾讯、阿里巴巴旗下的自媒体写作平台具有天然的流量优势和推广优势，定位精准、内容优质的创作者在这些平台更容易获得高阅读量。

（2）规则。

不同的平台有不同的规则，对于一个原创型的内容创作者而言，平台规则是否对原创有利，直接影响内容的最终影响力。保护原创内容的平台，更利于保护创作者的个人品牌，如今日头条、企鹅媒体平台的原创计划，很有效地保障了创作者的权益。

（3）曝光。

一个好的平台如果不能为内容创作者提供更多的曝光机会，那么其营销价值会打折。现在主流的自媒体写作平台在打造和突出内容创作者的个人品牌时有不同的方式，例如，搜狐号的个人品牌曝光度较大；简书上高质量的内容可以与出版社合作，或成为简书的签约作者；今日头条的"千人计划"可以让自媒体人获得收益并进行签约，为自媒体人提供更多的机会；大鱼号的"大鱼计划"和企鹅号的"芒种计划"可以为自媒体人带来较大的经济效益等。所以，选择合适的自媒体平台才能获得更多的个人品牌曝光机会。

2．平台运营策略

表 8-13　自媒体写作平台运营策略

| 定位 | 自媒体写作平台的运营与微信公众号的运营类似，平台的选择、内容的推送等都应该与自我定位相符。现在主流的自媒体平台，因为其定位不同，吸引的用户也不一样，如简书的用户中文艺青年和大学生比较多，文章类型也以励志故事、情感故事、专业的干货文章为主，新闻、体育类文章的热度相对较低；今日头条的用户多为社会人群，他们对新闻、娱乐等文章比较感兴趣；豆瓣的用户多为都市青年，更关注图书、歌曲、电影、生活等类型的文章 |
|---|---|
| 写作内容 | 定位好新媒体写作平台后，还要明确运营的准则与误区。作为一个自媒体写作平台的营销人员，应该明确写作内容的准则，要在事实依据的基础上进行优质内容的输出，通过正能量吸引粉丝，切忌发布低俗、暴力、敏感性话题，恶意攻击或影射他人更非常不可取。当累积了一定的粉丝并拥有一定的影响力后，可以逐步向其他平台扩散，打造全平台的影响力 |
| 变现 | 运营良好的自媒体写作平台具有多方面的变现能力，如广告，包括平台广告、原生广告等，同时平台也会采用补贴的形式给予优质的原创作者奖励，出版社或其他知名平台通常会向有影响力的优质作者约稿，甚至有影响力的内容创作者也可以通过电商、社群的形式变现 |

## 【知识点总结】（见图 8-16）

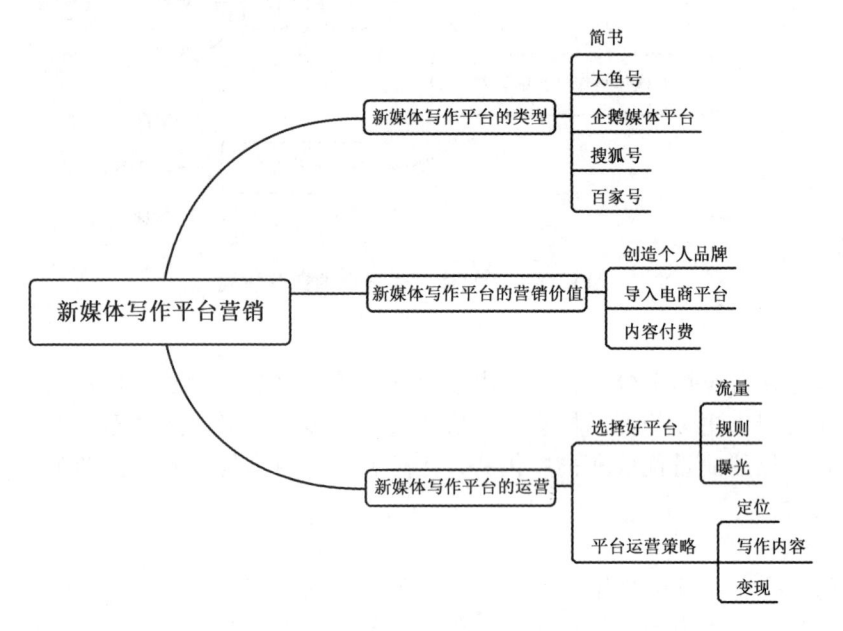

```
                           ┌─ 简书
                           ├─ 大鱼号
              新媒体写作平台的类型 ─┼─ 企鹅媒体平台
                           ├─ 搜狐号
                           └─ 百家号

                           ┌─ 创造个人品牌
新媒体写作平台营销 ─ 新媒体写作平台的营销价值 ─┼─ 导入电商平台
                           └─ 内容付费

                                      ┌─ 流量
                           ┌─ 选择好平台 ─┼─ 规则
                           │            └─ 曝光
              新媒体写作平台的运营 ─┤
                           │            ┌─ 定位
                           └─ 平台运营策略 ─┼─ 写作内容
                                        └─ 变现
```

图 8-16　新媒体写作平台营销总结

## 【任务评价】

### 1. 学生自评（见表 8-14）

表 8-14　新媒体写作平台任务学生自评表

| 班级 | | 学号 | | 姓名 | |
|---|---|---|---|---|---|
| 角色 | ○ 组长　○ 组员 | | 完成时间 | | |
| 任务 | | 完成情况记录 | | | |
| 了解新媒体写作平台的类型 | | | | | |
| 熟悉新媒体写作平台的营销价值 | | | | | |
| 熟悉新媒体写作平台的选择方式 | | | | | |
| 任务后的收获 | | | | | |

### 2. 生生互评（见表 8-15）

表 8-15　新媒体写作平台任务生生互评表

| 班级 | | 被评人学号 | | 被评人姓名 | |
|---|---|---|---|---|---|
| 评价者角色 | | 评价者学号 | | 评价者姓名 | |
| 任务 | | 完成情况记录 | | | |
| 了解新媒体写作平台的类型 | | | | | |
| 熟悉新媒体写作平台的营销价值 | | | | | |
| 熟悉新媒体写作平台的选择方式 | | | | | |
| 任务后的收获 | | | | | |

## 3. 教师评价（见表 8-16）

表 8-16　新媒体写作平台任务教师评价表

| 班级 | | 被评人学号 | | 被评人姓名 | |
|---|---|---|---|---|---|
| 任务 | | 完成情况记录 | | | |
| 了解新媒体写作平台的类型 | | | | | |
| 熟悉新媒体写作平台的营销价值 | | | | | |
| 熟悉新媒体写作平台的选择方式 | | | | | |
| 任务后的收获 | | | | | |

## 【拓展练习】（见表 8-17）

表 8-17　新媒体写作平台基础拓展练习表

| 练习名称 | 新媒体写作平台初步认识 |
|---|---|
| 练习目的 | 了解新媒体写作平台的营销价值 |
| 练习安排 | 在自己关注的新媒体平台中挑选 3～5 个粉丝数量较多的账号，分析其运营方式，并判断其产生的经济效应和营销价值 |
| 练习小结 | 学生小组各自交流分享，教师根据讨论成果进行 PPT 展示，讨论分享中的表现，给每小组打分 |

# 参考文献

[1] 谭贤. 新媒体营销与运营实战从入门到精通[M]. 北京：人民邮电出版社，2017: 12-361.

[2] 丁和根. 新媒体运营与管理概论[M]. 南京：南京大学出版社，"企业新闻与传播"系列教材，2018: 12-200.

[3] 秋叶，刘勇. 新媒体营销概论[M]. 北京：人民邮电出版社，互联网+新媒体营销规划丛书，2017: 1-165.

[4] 彭兰. 新媒体用户研究[M]. 北京：中国人民大学出版社，新闻传播学文库，2020: 5-397.

[5] 邓倩. 新媒体营销研究综述与展望[J]. 科学决策，2020(8): 67-88.

[6] 王羽慧. 跃动的字幕：从图文表意到媒介交互[J]. 北京电影学院学报，2020(11): 27-35.

[7] 何淼，李彬. 青年受众的微信公众号使用及满意度研究[J]. 传媒，2021(03): 65-67.

[8] 翟晓娟，张宇，史梅. 高校图书馆精品文化活动营销的实证研究：以南京大学图书馆为例[J]. 大学图书馆学报，2020，38(6): 12-18.

[9] 李政. 微博营销的现状及发展策略[J]. 中国经贸导刊，2011(16): 66-67.

[10] 周合强. 微博营销现状与发展态势初探[J]. 新闻世界，2011(4): 100-101.

[11] 袁琦. 基于市场上网络直播平台的电商营销策略研究[J]. 技术与市场，2019，26(3): 206.

[12] 曾军辉. 电视媒体与微博融合传播研究[D]. 北京：中国社会科学院研究生院，2013.

[13] 乐上泓. 短视频时代移动营销策略研究：以快手短视频平台为例[J]. 传媒，2021(4): 55-57.

[14] 谷学强，秦宗财. 竖屏时代抖音短视频创意营销传播研究[J]. 新闻爱好者，2020(9): 65-67.

[15] 陈明明. 从内容生产模式看短视频商业营销策略[J]. 中国广播电视学刊，2019(6): 25-27.

[16] 郭彬彬. 新零售社群营销发展模式：现状、问题及未来发展建议[J]. 商业经济研究，2020(20): 63-66.

[17] 彭兰. 如何在网络社群中培育"社群经济"[J]. 江淮论坛，2020(3): 123-129，144.